INHOUD

VOORWOORD

Zeventien jaar voor de uitgave van dit boek stelde Cliff (die eigenlijk Erik heette), de techniekleraar van het Haags Montessori Lyceum, twee jongens van dertien aan elkaar voor. Het was hem opgevallen dat de jongens een hobby deelden: de kunst van het goochelen. Daar, in het techniekloKaal, lieten de jongens elkaar hun allereerste goocheltrucs zien. Daarna was er geen weg meer terug.

De hierboven beschreven jongens, dat zijn wij, Victor Mids en Oscar Verpoort. Aangenaam! We hadden toen geen idee waar deze ontmoeting toe zou leiden, net zomin als waarom we Erik eigenlijk Cliff moesten noemen. Maar de ontmoeting was het startschot van een niet-aflatende reeks waanzinnige avonturen, ongekende lol en ambitieuze ondernemingen. De goochelkunst werd het fundament van een diepgewortelde vriendschap en passie voor alles wat met magie en illusies te maken heeft.

Terwijl de meesten van onze leeftijdsgenoten als bijbaantje een krantenwijk liepen of tomaten plukten in de kas, besloten wij om na deze ontmoeting kindergoochelshows te gaan geven. En zo geschiedde. We stonden op verjaardagsfeestjes, twee zenuwachtige goochelaartjes, tussen de schuifdeuren van de woonkamer en met op de achtergrond een aan statieven opgehangen laken en een verstopte rookmachine. De gevolgen waren soms geslaagd en soms angstaanjagend.

Van het geld dat we verdienden kochten we vervolgens weer nieuwe speelkaarten, sponsballen en andere gimmicks, en zo dompelden we ons jarenlang steeds verder onder in de (toen nog wat stoffige) wereld van de magie. In de loop der jaren ontstond zelfs het idee om ooit een goochelprogramma voor de televisie te maken. Een mooi idee, maar ach, in die jaren werd wel meer geroepen.

Na de middelbare school ging Victor geneeskunde studeren en Oscar naar de filmacademie. Dat bleken later de perfecte ingrediënten voor ons tv-programma

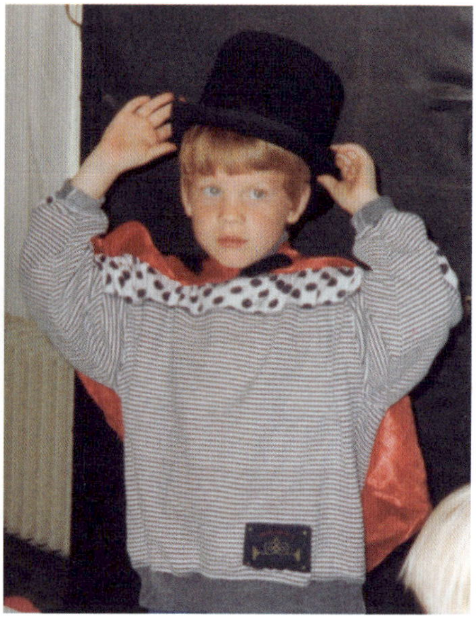

MINDF*CK. Victor is het gezicht van de show en doet het werk vóór de camera, Oscar is als producent en regisseur de onmisbare kracht die het programma karakter en smoel geeft.

Victor weet met zijn achtergrond als arts van alles over de werking van het menselijk lichaam, de zintuigen en de cognities die daarbij horen. Oscar heeft met zijn achtergrond als filmmaker en aanleg voor de bètawetenschappen weer veel kennis van natuurkunde, wiskunde en de manier waarop we de wereld waarnemen. Onze gedeelde kennis over de werking van illusies werd een gezamenlijke testcase over menselijk gedrag: hoe laat je iemand het allerbest een mindf*ck ervaren?

In de loop van de seizoenen MINDF*CK merkten we dat er behoefte kwam aan meer diepgang, inzicht en – eerlijk is eerlijk – uitleg over de trucs. Waar we in het televisieprogramma vaak beperkt zijn in deze uitleg, konden we met dit boek ons hart ophalen en alle kennis en ervaring die we tot nu toe hebben opgedaan delen. De geheimen achter sommige illusies zijn van zo'n schoonheid, zo geraffineerd en zo briljant dat het zonde is dat slechts weinigen ze te zien krijgen.

Maar horen goocheltrucs dan niet geheim te zijn, horen we je denken (ja, het gedachtenlezen is al begonnen!). Dat is de aloude discussie. Aan de ene kant bestaat de kunstvorm bij de gratie van het geheim (en sommige geheimen bewaken wij dan ook met ons leven), aan de andere kant hebben wij het zelf natuurlijk ook ergens moeten leren. En dat deden we met behulp van bibliotheekboeken, het internet, goochelwinkels en vooral door veel discussies met elkaar. De uitleg in dit boek is dan ook vooral bedoeld om te inspireren én te laten zien wat illusies ons over ons eigen handelen en functioneren vertellen. Voor iedereen die bang is de verwondering kwijt te raken na het leren van bepaalde geheimen: maak je geen zorgen. Zelfs al ben je na dit boek van het een en ander op de hoogte, als je de illusie daarna recht onder je neus ziet gebeuren, weet je vaak nog steeds niet waar je moet kijken. Zelfs voor ons is de 'magie', met al het inzicht dat we in de loop van de jaren vergaard hebben, er nog steeds niet vanaf.

Met dit boek hopen we iets wezenlijks bij te dragen aan de inzichten die illusies ons verschaffen. De kernboodschap hierbij is dat je zintuigen en je brein geen perfect objectief en onbelemmerd beeld van de werkelijkheid registreren, maar dat ze zich laten vormen en beïnvloeden door allerlei percepties, aannames en herinneringen. De 101 trucs en experimenten in dit boek maken gebruik van een heel palet aan wetenschappelijke disciplines: psychologie, fysiologie, neurowetenschappen, linguïstiek, sociologie, natuurkunde, scheikunde en wiskunde, aangevuld met een vleugje vingervlugheid.

Niets zou mooier zijn dan wanneer wij hiermee op onze beurt lezers weer inspireren hun eigen magische weg te bewandelen. Het klinkt misschien *cheesy*, maar wij hebben de magie daarvan inmiddels mogen ervaren, en geven dat (goochel)stokje graag door.

Geniet van de kracht van de mindf*ck!

Goed om te weten is dat interactie een belangrijke rol speelt in dit boek.
Over het hele boek verspreid zitten namelijk maar liefst 12 gorilla's voor jou verstopt!
Realiseer je dat ze overal verstopt kunnen zijn (het woord hierboven telt niet).
In geschreven tekst, in afbeeldingen en in illustraties bijvoorbeeld.
Laat de geschreven woorden uit H. 14 en de bronnenlijst weg bij je berekening.
Let er ook op dat je het boek af en toe van de zijkant of op z'n kop bekijkt.
Anders zie je er sowieso een paar over het hoofd. Veel succes!

01

EERST ZIEN, DAN GELOVEN

Ervaar de magie van change blindness

Om te beginnen ga je direct ervaren hoe het is om je gedachten te laten beïnvloeden. Dat heeft alles te maken met het magische oog hieronder. Staar je tien seconden lang in dit oog, dan stuurt het jouw gedachten in de richting van een vooraf bepaalde keuze. Klinkt onwaarschijnlijk? Meemaken is geloven!

Staar tien seconden goed naar het midden van het oog en probeer je hoofd helemaal leeg te maken, zo ben je ontvankelijker voor beïnvloeding.

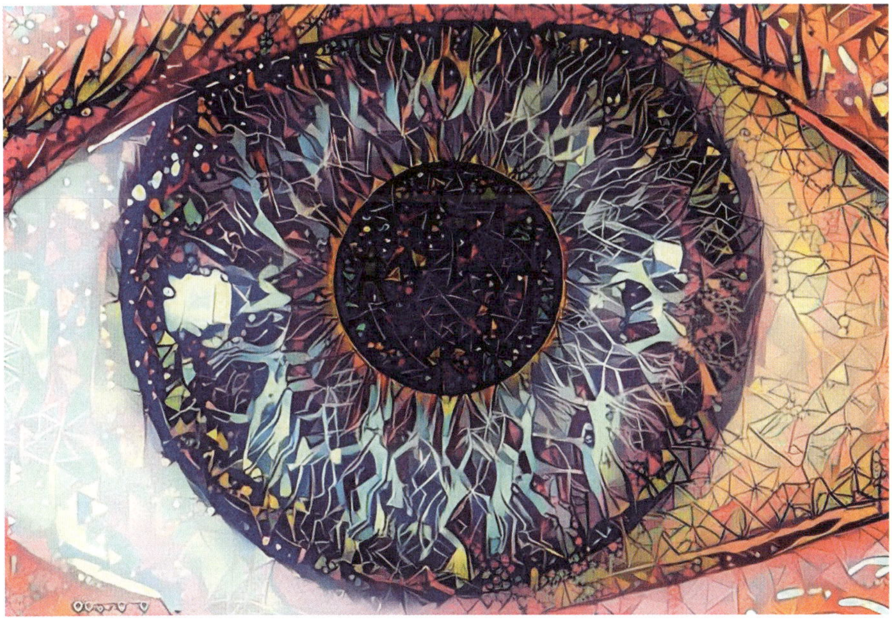

Kijk nu goed naar onderstaande vijf speelkaarten. Kies één van de speelkaarten en houd die goed in gedachten. Zeg de kaart hardop, zodat je hem niet meer vergeet.

Gelukt? Blader dan nu helemaal naar het einde van het hoofdstuk en ontdek of het magische oog jouw keuze heeft kunnen beïnvloeden.

Welkom terug! Wat je zojuist hebt meegemaakt heeft niets met een magisch oog te maken. Je bent beetgenomen door iets wat *'change blindness'* heet. Dit is een fenomeen dat zeer nauw samenhangt met *'inattentional blindness'*, waar je later meer over leest in hoofdstuk 14. Change blindness laat zien dat we heel slecht zijn in het onthouden van alle informatie die onze ogen binnenkrijgen. Daardoor merken we veranderingen in onze omgeving dus vaak niet op. Zo wist je in het experiment hierboven bijvoorbeeld wel jouw eigen speelkaart te onthouden, maar heb je waarschijnlijk niet goed gelet op de andere speelkaarten. Vergelijk de eerste en de laatste set speelkaarten nog maar eens met elkaar.

Inderdaad, alle vijf de speelkaarten uit het begin zijn vervangen door vier andere speelkaarten. Waarom merkte je dat (hopelijk) niet op? Dat komt doordat je een gerichte taak kreeg. Je moest je focussen op één specifieke speelkaart, waardoor je geen aandacht meer had voor de overige kaarten. In de tweede set kaarten ging je op zoek naar de kaart die je in gedachten had en toen je die niet kon vinden, trok je brein de conclusie dat-ie verdwenen was. Haal de test maar eens uit bij anderen, je zult zien hoe goed het werkt.

Change blindness werkt het best wanneer je een gerichte opdracht krijgt, bijvoorbeeld het onthouden van een speelkaart. Maar ook wanneer je de opdracht krijgt om juist alle details op een foto goed in je op te nemen en je van tevoren gewaarschuwd bent dat er dingen gaan veranderen, is het nog steeds zeer lastig deze veranderingen op te merken. Laten we eens de proef op de som nemen. Kijk goed naar deze foto van vier intensief overleggende mannen en probeer zo veel mogelijk details te onthouden.

Heb je alle details in je opgenomen? Sla dan de bladzijde maar om.

Iets in deze foto is veranderd. Kun jij het verschil zien (en nee, dat zit hem niet in de rode strepen!)? Nee? Er zit toch echt een flinke verandering in. Sla nog maar eens terug naar de vorige pagina en zoek het verschil.

Heb je het al door? Zo niet, lees dan niet verder, maar blijf rustig doorzoeken, tot je het op een gegeven moment toch echt moet gaan zien.

Inderdaad, het raam op de achtergrond is een stuk omhooggeschoven! Hoe kon je dat nou niet meteen zien?

Hier werd jouw aandacht niet zozeer afgeleid met één specifieke opdracht, zoals bij het in gedachten nemen van een speelkaart. Ditmaal bepaalde jouw brein zelf wat de opdracht was en lette je waarschijnlijk met veel meer aandacht op de ogenschijnlijk relevante details op de voorgrond, zoals de hoogst aantrekkelijke gezichten van dit kwartet, of de augurk op tafel (onmisbaar bij elke creatieve brainstorm). Het is voor je brein niet te doen om alle details uit een scène in één keer op te slaan. Je onthoudt alleen de meest karakteristieke details en vult de rest aan met wat je denkt te hebben gezien.

Het zijn principes als change blindness die aan de basis liggen van veel illusies. Neem het volgende voorbeeld. Bij deze truc kun je, door gebruik te maken van change blindness, de illusie wekken dat je de snelste goochelaar ter wereld bent.

Zoek een gezellig slachtoffer uit en vertel hem dat jij sinds het lezen van dit boek hebt geleerd hoe je sneller dan het licht kunt zijn. Jij hebt nu vingers die sneller bewegen dan het oog kan waarnemen en dat wil je maar al te graag demonstreren. Je pakt een spel kaarten en geeft hem de bovenste twee kaarten, in dit geval de klavertwee en de schoppendrie. Hij mag de kaarten zelf ergens in het midden van het spel steken en nu komt het… Je houdt het pak kaarten in je hand en gooit het door de lucht naar je andere hand, waarbij je als een echte samoerai in een flits twee kaarten uit het spel hebt weten te halen. Je draait de kaarten langzaam om en tot grote verbazing van je toeschouwer heb je de klavertwee en de schoppendrie weten te vinden. Het spel mag onderzocht worden en er zijn geen dubbele kaarten te vinden.

Deze truc werkt omdat mensen hier op een indirecte manier change blindness ervaren. Dat doe je door de twee kaarten van het begin van de truc niet dezelfde te laten zijn als de twee kaarten van het eind van de truc. De klavertwee en schoppendrie zijn eigenlijk de schoppentwee en de klaverdrie.

Omdat je de kaarten aan het begin van de truc niet benoemt en er een aantal handelingen tussen zitten voordat de toeschouwer ze weer ziet, zal hij het verschil niet zien en denken dat je dezelfde kaarten hebt teruggevonden.

Om deze truc uit te voeren heb je een gewoon pak kaarten nodig, dat je wel even moet prepareren. Je doet het volgende:

1 Leg op de bovenkant van het spel de schoppentwee, daaronder de klaverdrie en daaronder de klavertwee. Helemaal onder op het spel leg je de schoppendrie.

2 Pak de twee bovenste kaarten van het spel (de schoppentwee en klaverdrie). Toon ze aan je proefpersoon en zeg: 'Ik heb hier twee kaarten, een twee en een drie van de klaver en schoppen. Houd ze allebei goed vast.' Hierbij overhandig je hem de kaarten met de beeldzijde van de kaarten naar beneden.

3 Vraag de proefpersoon de twee kaarten op twee willekeurige plekken ergens midden in het spel te steken.

4 Nu zeg je: 'Ik ga proberen de klavertwee en schoppendrie op magische wijze terug te halen.' (Let op: je benoemt de kaarten hier expres fout, er zijn twee andere kaarten in het midden gestoken, maar hierdoor gaat je proefpersoon het zich hopelijk verkeerd herinneren.)

5 Neem nu het kaartspel in één hand, met je wijsvinger onderop en je duim bovenop. Vervolgens 'werp' je het spel kaarten in je andere hand, terwijl je met minieme druk alleen de bovenste en de onderste kaart overhoudt tussen je duim en wijsvinger. Het lijkt een beweging waar je zeer geoefend voor moet zijn, maar je krijgt 'm aardig snel onder de knie. Probeer het eerst maar een paar keer voor de spiegel. Door de snelheid is het voor je publiek onmogelijk te zien waar je deze twee kaarten vandaan haalt en lijkt het alsof je ze met een magische beweging uit het midden van het spel plukt.

6 Natuurlijk draai je nu met een grote grijns de kaarten om die je nog tussen duim en wijsvinger hebt zitten. Et voilà! Precies de kaarten die jouw proefpersoon midden in het pak gestoken had. Althans, dat denkt-ie.

Omdat je change blindness hier als indirecte methode gebruikt is het bijna niet te detecteren, tenzij je in het begin natuurlijk te veel nadruk legt op de kaarten. Het is daarom heel belangrijk dat je die achteloos introduceert en de focus vooral op je verhaal en de rest van de kaarten richt. En zo verander je binnen een mum van tijd in de snelste illusionist van Nederland (wellicht één uitzondering daargelaten).

Als het goed is ben je je nu heel sterk aan het concentreren op jouw speelkaart en leek het waarschijnlijk een vrije keuze. Toch heeft het magische oog je proberen te beïnvloeden. Op de onderstaande foto is één van de vijf kaarten verwijderd en als het experiment gelukt is, zit jouw kaart er nu niet meer tussen.

En, is jouw speelkaart verdwenen? Waarschijnlijk wel. Bizar toch? Want je kon elke speelkaart in gedachten nemen die je wilde. Probeer voordat je terugbladert eens te bedenken hoe dit mogelijk is. Heeft het magische oog werkelijk jouw brein beïnvloed en je keuze naar de verdwenen kaart gestuurd of is er meer aan de hand?

02

HET ZESDE ZINTUIG

Ontdek dat ook jij het hebt

Je wist waarschijnlijk al dat je vijf zintuigen hebt. Met je ogen zie je, met je oren hoor je, met je tong proef je, met je huid voel je en met je neus ruik je. Maar sommige mensen beweren dat ze een zesde zintuig hebben. En dat klopt, sterker nog: iedereen heeft een zesde zintuig. Doe maar eens mee met het volgende experiment.

Ga rechtop zitten en kijk recht voor je uit. Steek nu een arm boven je hoofd zodat je je hand niet meer ziet en zet de wijsvinger van je andere hand op het puntje van je neus. Probeer nu met diezelfde vinger de top van de duim van je omhooggestoken hand aan te raken, en zet je wijsvinger vervolgens weer terug op je neus. Zet hem daarna op de wijsvinger van je omhooggestoken hand en breng hem weer terug naar je neus. Zo ga je heen en weer tussen je neus en je vingertoppen tot je alle vingers geprobeerd hebt aan te raken. Lukt het? Niet heel ingewikkeld, toch?

Oké, nu probeer je hetzelfde nog een keer maar dan met je ogen gesloten. Niet stiekem kijken! Hoe ging dat? Waarschijnlijk was het nu een stuk lastiger of lukte het zelfs helemaal niet. Eigenlijk is dat heel gek, want je keek in beide gevallen niet naar je vingers. Bij de eerste poging waren je ogen weliswaar open, maar je armen waren helemaal uit beeld. Wat is hier aan de hand? Waarom lukt het wel met je ogen open en niet met je ogen dicht?

Dat komt door iets wat – moeilijke-woorden-*alert* – 'proprioceptie' heet. Proprioceptie houdt in dat je brein vanuit heel je lichaam continu signalen binnenkrijgt over de houding en stand van bijvoorbeeld je armen en benen. Eigenlijk net zoals je brein vanuit je andere zintuigen ook informatie over de buitenwereld binnenkrijgt. Vandaar dat het ook wel het zesde zintuig wordt genoemd. En nee, je kunt er dus helaas geen geesten mee detecteren.

Kleine meetsensoren in je spieren geven de hele tijd aan je brein door op welke plek ze zich in de ruimte bevinden. Althans, je brein maakt daar met die informatie een goede inschatting van. Hierdoor hoef je bijvoorbeeld niet naar je benen te kijken wanneer je aan het autorijden bent en lukte het je waarschijnlijk redelijk makkelijk de vingers van je omhooggestoken hand aan te tikken zonder dat je die met je ogen kon zien.

Maar waarom was dit lastiger toen je je ogen dicht had? Dat komt doordat proprioceptieve informatie in je brein wordt gecombineerd met informatie uit je evenwichtsorgaan en je ogen. Je evenwichtsorgaan zit vlak achter je oren verstopt, en is een soort biologische waterpas die je (letterlijk) in balans houdt.

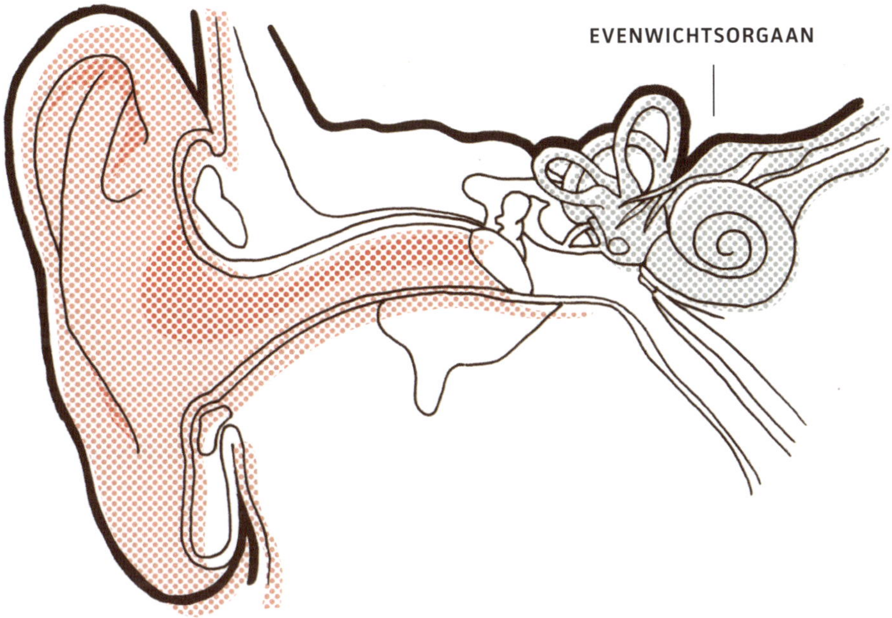

Je ogen vertellen je brein waar je lichaam zich bevindt ten opzichte van de horizon. Samen geven je ogen en je evenwichtsorgaan constant aan je brein door of je wel goed rechtop staat of niet. Sluit je nu een gedeelte van die informatiestroom af, zoals in de test hiervoor, dan raakt je proprioceptieve systeem ook in de war en is het ineens een stukje lastiger te weten waar je vingers zich bevinden.

Er zijn nog veel meer manieren om je proprioceptieve systeem en je evenwichtsorgaan van slag te brengen. Veruit de populairste manier is volkssport nummer één op de vrijdagavond: het drinken van alcohol. Je coördinatie en evenwicht worden voor een belangrijk deel geregeld in het cerebellum, ook wel de kleine hersenen genoemd. Alcohol verstoort de informatiestroom in je cerebellum en knoeit zo ook met je proprioceptie. En een verstoorde proprioceptie levert het bekende beeld van zwalkende zuiplappen op.

Je hebt misschien ook weleens het testje gezien van een politieagent die aan een dronken automobilist vraagt of hij met zijn wijsvinger het topje van zijn neus kan aanraken of met gesloten ogen stap voor stap over een rechte lijn kan lopen. Daarmee test hij onder andere de proprioceptie.

Niet alleen wanneer je te veel gedronken hebt raakt het proprioceptieve systeem in de war, ook wanneer je lijf in zeer korte tijd verandert van vorm. Wanneer je bijvoorbeeld snel groeit. Dat is waarom slungelige pubers op het hoogtepunt van hun groeispurt zo onhandig met hun armen zwiepen. Dus ben je een puber en stoot je per ongeluk een vaas bloemen om? Haal voortaan je schouders op en leg iedereen uit dat je gewoon je proprioceptieve zenuwbaangeleidingssysteem aan het optimaliseren bent.

Nu je van het zesde zintuig op de hoogte bent, is het tijd om er een mindf*ck mee uit te halen. Daarvoor zoek je natuurlijk eerst een gewillige proefpersoon uit.

1 Vraag je proefpersoon plat op zijn buik op de grond te gaan liggen met de armen uitgestrekt boven zijn lichaam. Nu pak je hem op aan beide handen en trek je hem zo zo'n 30 graden de lucht in, zodat ook zijn hoofd de grond niet meer raakt. Vraag hem zijn ogen te sluiten en gesloten te houden. Houd dit zo'n 30 seconden vol. Het hele tafereel moet er ongeveer uitzien zoals in onderstaande afbeelding.

2 Laat nu de armen van de ander langzaam naar de grond zakken. Eerst zul je geen reactie krijgen, maar halverwege (op zo'n 15 graden boven de grond) ervaart je proefpersoon opeens dat zijn handen door de grond lijken te zakken. Maximaliseer dit gevoel door zijn handen het laatste stukje heel langzaam te laten zakken. Als het effect helemaal is uitgewerkt, draai je de rollen om, om het ook zelf te kunnen ervaren.

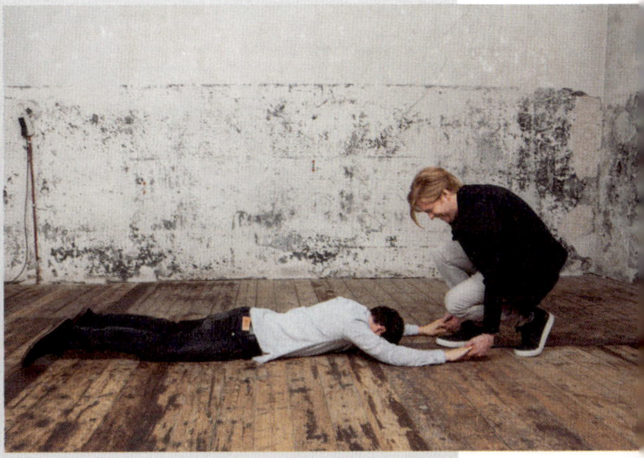

Dit bizarre gevoel komt waarschijnlijk doordat je brein constant proprioceptieve feedback nodig heeft om correcte inschattingen van de lichaamspositie te blijven maken. Doordat de armen van je proefpersoon een tijdje stil in de lucht hangen (en hij met gesloten ogen ook geen visuele informatie binnenkrijgt), weet hij na een tijdje niet meer precies hoe hoog of laag z'n armen hingen. En omdat bij het zakken zijn gezicht veel sneller de grond raakt dan zijn armen, schat het brein in dat z'n armen op dat moment parallel aan de grond zouden moeten zijn. Zakken die vervolgens door, dan lijkt het alsof ze door de grond zakken.

Veel plezier met het experimenteren op vrienden en collega's. En besef wel dat het voor mensen die toevallig langslopen de indruk kan wekken dat je een lijk aan het verslepen bent en ze je wellicht wat vreemd zullen aankijken (of gillend wegrennen).

03

DE PERFECTE BALANS

Word een evenwichtskunstenaar

Een succesvolle illusionist maakt lange dagen. Iedere ochtend moet je vroeg op om je konijnen eten te geven en iedere avond moet je tot laat overal in het land goochelshows opvoeren. Om dat vol te houden moet je je aan een gezond dieet houden met de perfecte balans tussen vezels en vitamines. Het geheim achter dat dieet vind je in dit hoofdstuk, dus pak je keukenweegschaal en de sapcentrifuge er alvast maar bij.

Ho wacht! Niet meteen doorbladeren, dat was een grapje! Dit hoofdstuk gaat niet over zelf muesli maken of stoelgangbevorderende, linksdraaiende yoghurtbacteriën. Dit hoofdstuk gaat over natuurkunde.

Kijk eens goed naar de balancerende munt boven op dit bankbiljet. Ondanks dat het er onmogelijk uitziet, kan iedereen deze stunt uitvoeren. En wel op de volgende manier:

1 Neem een bankbiljet, het liefst eentje die niet te kort is, dus van 10 euro of meer, en die ook niet al te oud is.

2 Maak dwars over het midden een vouw in het briefje, zodat het biljet van bovenaf gezien de vorm van een V heeft. Zet het briefje rechtop op een plat, niet te ruw, oppervlak, bijvoorbeeld een gladde tafel of dit boek.

3 Leg dan het muntje op de punt van de V, zodat het er niet af valt. Nu pak je de uiteinden van het gevouwen bankbiljet vast en trek je ze heel rustig naar buiten. Je ziet het muntje soms een beetje wiebelen, maar als je niet te veel trilt met je handen kun je het briefje helemaal rechttrekken terwijl de munt perfect op de bovenzijde van het biljet blijft balanceren! Met een beetje oefening kan je het biljet daarna zelfs voorzichtig optillen. Dit is overigens ook een prima truc om een weddenschap op af te sluiten (en te winnen).

Hoe werkt dit eigenlijk? Het muntje blijft balanceren omdat het, net als ieder ruimtelijk object, een zwaartepunt heeft. Dat is het punt waarop het gewicht van een object (in dit geval het muntje) helemaal gelijk verdeeld is. Als je een object precies op het zwaartepunt ondersteunt, zal het altijd blijven balanceren.

Maar hoe komt het muntje dan op z'n zwaartepunt op het bankbiljet te liggen? Goeie vraag! Dat kun je het best zelf ervaren met een iets groter object, bijvoorbeeld een bezem, een paraplu of een rol cadeaupapier.

Steek je armen recht vooruit en strek je vingers. Je handen moeten 'rechtop' staan, dat wil zeggen, je pink onder en je wijsvinger boven. Leg een bezemsteel of een ander langwerpig voorwerp op je handen. Je handen staan nu nog ver uit elkaar. Breng nu heel langzaam je handen naar elkaar.

Wat zie je gebeuren? Als het goed is gaan je handen niet precies even snel.

Natuurlijk zal je de bezem soms iets harder op je rechterhand voelen drukken en soms iets harder op je linker. Maar wanneer je je handen bij elkaar hebt gebracht blijft het voorwerp balanceren. Op deze manier kun je altijd van elk langwerpig voorwerp het zwaartepunt vinden. Bij voorwerpen die aan één uiteinde zwaarder zijn zul je zien dat het zwaartepunt vaak niet in het midden ligt.

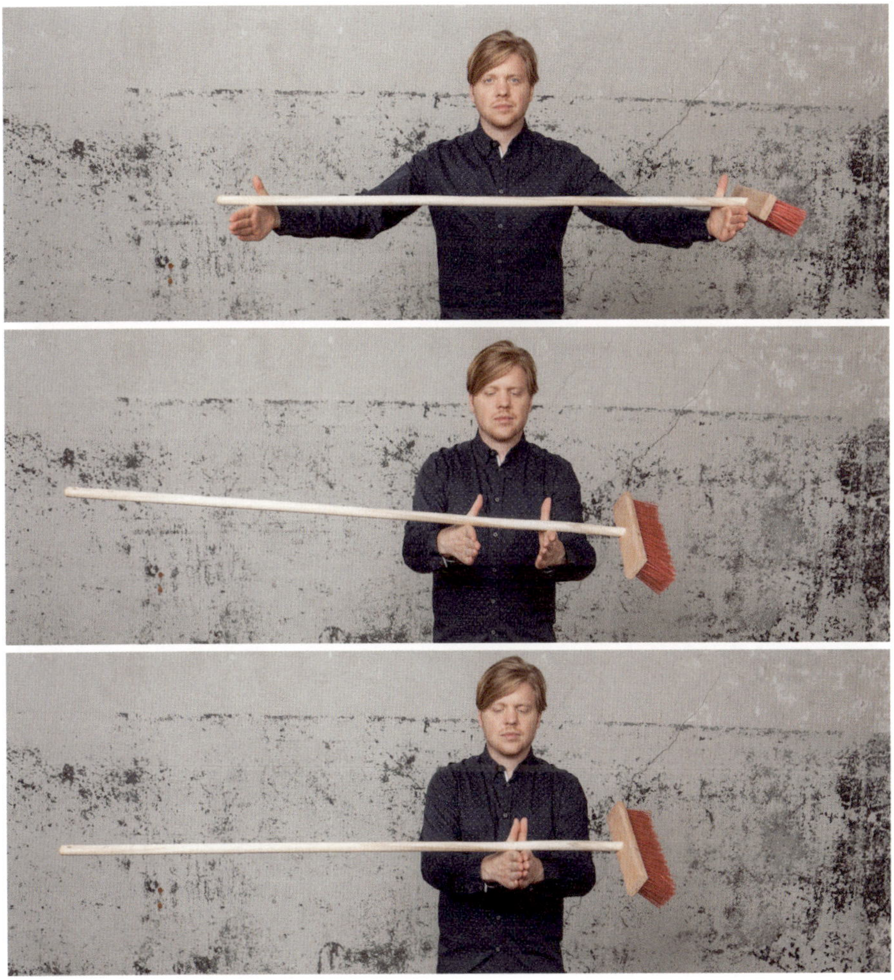

Op dezelfde manier schuift het bankbiljet vanuit een stabiele positie onder de munt totdat hij het zwaartepunt heeft gevonden.

Ook het menselijk lichaam heeft een zwaartepunt. Dat zit zo'n beetje ter hoogte van je navel. Daarom zijn hekken bij bruggen of aan de rand van gebouwen meestal net iets hoger dan de navel van een gemiddelde volwassene, zo kunnen we er niet overheen vallen.

Omdat we onbewust zo gewend zijn aan de wetten van de natuur, ervaren we het altijd als een mindf*ck als we iets zien wat natuurkundig gezien niet mogelijk lijkt. Met de volgende truc kun je voor even alle wetten van de natuurkunde overtreden en mensen laten geloven in jouw magische krachten.

Vertel je proefpersoon dat jij een manier hebt gevonden om de zwaartekracht te verslaan. Leen een bankbiljet van een van je toeschouwers en vouw het briefje overlangs in drieën door de ene zijde naar het midden te brengen en de andere zijde daaroverheen te vouwen. Nu heb je een smal, opgevouwen bankbiljet. Begin nu je praatje (bijvoorbeeld over het belang van een evenwichtig monetair beleid in de eurozone, of een inleidend praatje over wat je zojuist hebt geleerd over zwaartepunten) en laat het bankbiljet balanceren op de vingertoppen van je beide handen. Vervolgens laat je, tot verbazing van je proefpersoon, je rechterhand onder het ene uiteinde van het biljet langzaam wegzakken. Het bankbiljet zweeft/balanceert aan het andere uiteinde op de toppen van je vingers!

Met je andere hand kun je over het biljet zwaaien om aan te geven dat het niet aan onzichtbare draadjes hangt. Daarna kun je het biljet meteen uit handen geven om het door iemand anders te laten proberen, uiteraard zal het niemand lukken.

Hoe het werkt? Deze truc kun je altijd en overal vertonen. Het enige wat je nodig hebt is een bankbiljet en… een munt. Met die munt ga je ongezien het zwaartepunt van het opgevouwen bankbiljet verleggen. Zoals je net hebt gezien bij het experiment met de balancerende bezem, ligt het zwaartepunt een stuk uit het midden als het object aan één kant zwaarder is.

1 Buiten het zicht van je proefpersoon, bijvoorbeeld onder de tafel of terwijl hij afgeleid is, verstop je een muntje in één van de uiteinden van het gevouwen biljet.

2 Laat nu eerst het biljet zogenaamd balanceren op de vingertoppen van je beide handen. Gebruik dit moment om aan te voelen waar het evenwichtspunt zit en verbloem dit met je mooie verhaal over zwaartepunten (of je verhaal over het monetair beleid in de eurozone, als dat meer aanslaat).

3 Als je nu je andere hand langzaam laat zakken zal het bankbiljet horizontaal blijven rusten op de toppen van je vingers. Zorg dat je proefpersoon recht van voren kijkt en niet schuin het biljet in kan kijken, want anders ziet hij misschien per ongeluk het muntje verborgen zitten.

4 Zeg tegen je proefpersoon dat hij het gerust zelf mag uitproberen en reik hem het briefje aan. Op dat moment kantel je het briefje en laat je stiekem de munt uit het bankbiljet in je handpalm glijden. Je proefpersoon kan de truc proberen te herhalen tot-ie een ons weegt, het zal hem niet lukken jou na te doen. Een leuke manier om zelfs zijn gedachten uit balans te brengen!

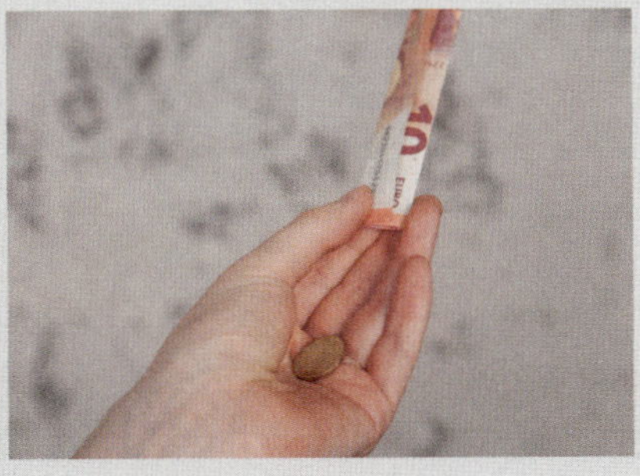

04

KLEUR BEKENNEN

Je weet niet wat je ziet

Op 26 februari 2015 werd er een foto op het almachtige internet geplaatst waardoor het leven op aarde nooit meer hetzelfde zou zijn. Tot op de dag van vandaag raken vriend en vijand er maar niet over uitgepraat. Dit gaat natuurlijk over '*The Dress*'. Wat vind jij? Is onderstaande jurk blauw met zwart of goud met wit?

Uit onderzoek blijkt dat iets meer dan de helft van de mensen, 58 procent, vindt dat de jurk goud met wit is en de overige 42 procent ziet hem duidelijk als blauw met zwart. De echt belangrijke vraag is natuurlijk niet welke kleur de jurk heeft, maar hoe het kan dat men op dezelfde afbeelding verschillende kleuren ziet.

Wat de foto onmiskenbaar laat zien is dat je brein de beelden die via je ogen binnenkomen niet letterlijk registreert. Je brein ziet een bepaalde absolute kleurwaarde van een object, maar kijkt daarbij ook naar de omgevingskleuren. Op basis daarvan beslist het welke kleur het object zou moeten hebben. Eigenlijk is dat heel erg knap en handig. Een groene appel aan een boom kunnen we in het witte daglicht bestempelen als groen. Maar ook in rood schemerlicht kunnen we nog steeds zien dat de appel groen is, terwijl de absolute kleur (door de veranderde lichtomstandigheid) behoorlijk anders is. De wetenschappelijke term daarvoor is 'kleurconstantie' en omdat dit automatisch gebeurt, kunnen we ons brein er flink mee mindf*cken. Neem bijvoorbeeld onderstaande klassieker.

Welk van deze twee vlakken is donkerder: vlak A of vlak B?

Als jij zoals de meeste mensen kiest voor vlak A is het kleurconstantieproces in je brein goed bezig en ben je dus stiekem ook behoorlijk gemindf*ckt. Vlak A en B lijken allebei een andere tint te hebben, maar in werkelijkheid hebben beide vlakken precies dezelfde kleur. Leg je wijsvinger maar eens over de rode stippellijn heen, zodat je het gehele middengedeelte van het object bedekt, dan zie je dat het grijs van beide vlakken uit één doorlopende kleur bestaat.

Ook hier gebruiken we de omgevingsinformatie om te bepalen welke kleuren vlak A en B zouden moeten hebben. Je brein denkt dat op vlak A de zon schijnt en dat vlak B in de schaduw staat. Je ogen meten in eerste instantie dat de kleur van zowel A als B precies hetzelfde is, maar omdat je uit de omgeving opmaakt dat vlak A door de zon wordt belicht, zou het er (volgens je interpreterende brein) in werkelijkheid lichter uit moeten zien dan vlak B, dat meer in de schaduw ligt. Maar aangezien je ogen meten dat ze dezelfde kleur hebben, concludeert je brein vervolgens dat vlak A donkerder zal zijn dan vlak B.

Een ander voorbeeld van kleurconstantie zie je in dit hippe behangmotiefje.

Wat zie je hier? Waarschijnlijk een spiraal van dikke paarse, groene en blauwe stroken met daardoorheen dunne, oranje lijntjes. Althans, dat is wat je brein ervan maakt. Want – echt waar – de groene en de blauwe stroken zijn in werkelijkheid precies dezelfde kleur.

Als je goed kijkt zie je dat de dunne, oranje lijntjes alleen door de 'groene' en paarse stroken heen lopen. De 'blauwe' strook wordt gekruist door paarse lijntjes. Hierdoor gebeurt eigenlijk hetzelfde als met de schaduwvlakken uit het vorige experiment, alleen nu met felle kleuren. Doordat de omgevingskleur van de linkerstrook oranje is, zien we de kleur als 'groen' en doordat de omgevingskleur van de rechterstrook paars is, zien we die als 'blauw'. Misschien vind je het nog steeds moeilijk om te bevatten. Kijk daarom nog maar eens naar dezelfde plaatjes, alleen nu zonder paars en oranje. De kleuren zijn echt hetzelfde.

Met deze kennis keren we weer terug naar de foto van de jurk. Ook daar is de omgeving van grote invloed. In de verschillende typen licht die we dagelijks zien, zitten grote verschillen in kleur die we in de wetenschap uitdrukken in 'kleurtemperatuur'. De kleurtemperatuur wordt meestal uitgedrukt in kelvin (K). Licht met een lage kleurtemperatuur ervaren we als 'warm': de meeste gloeilampen en andere binnenverlichting (ook wel kunstlicht genoemd) zitten rond de 3200 kelvin. Licht met een hoge kleurtemperatuur ervaren we als 'koud': daglicht heeft een kleurtemperatuur van rond de 5600 kelvin.

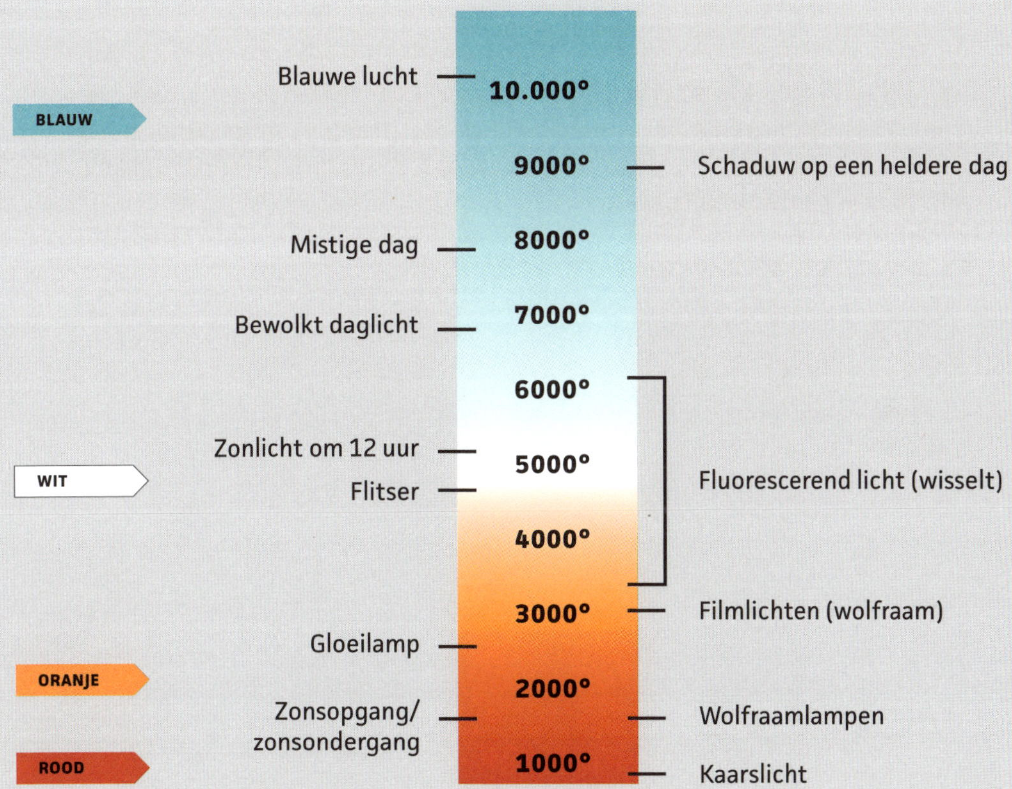

Natuurlijk was het bij de foto van de jurk heel moeilijk in te schatten of de jurk in 'koud' daglicht is gefotografeerd, of juist onder 'warm' kunstlicht. Kijk nog maar eens naar de foto. De eerste keer dat je de foto ziet doet je brein als het ware een gok of de jurk binnen of buiten hangt, en op het moment dat je iets hebt besloten over de omgeving, maakt je brein op basis van dat licht een inschatting van hoe de jurk eruit zou moeten zien. Vandaar dat mensen de jurk in verschillende kleuren kunnen waarnemen. Maar mocht je ooit nog in een verhitte discussie terechtkomen: de jurk is toch echt blauw met zwart. En foeilelijk.

Fun Fact:
Het plaatje van De Jurk is tot nu toe het grootste internetfenomeen ter wereld. Het begon als een meningsverschil tussen een Schotse bruid en haar moeder, die de jurk naar de bruiloft aan wilde doen en de afbeelding mailde. Moeder en dochter kregen direct discussie over de kleur en ook hun vrienden kwamen er niet uit. Na de bruiloft postte een vriend van de bruid het plaatje op Tumblr. Binnen een dag sprak de hele wereld erover en waren overal op internet in het Engels, Japans, Thai, Chinees en Arabisch verhitte debatten te vinden over welke kleur het kledingstuk precies had. Op het hoogtepunt van de discussie werd het plaatje 14.000 keer per seconde bekeken.

05

COMPLEET INCOMPLEET

Hoe je een sjaal dwars door je eigen nek kunt trekken

Je hebt vast weleens een illusionist zijn assistente zien doorzagen, met magische krachten een lepel zien buigen of een stuk touw dwars door zijn nek zien trekken. Misschien heb je die laatste truc zelfs in MINDF*CK gezien, maar dan met een sjaal in plaats van een touw. De bovenstaande voorbeelden lijken misschien drie heel verschillende trucs maar toch maken ze allemaal gebruik van hetzelfde principe. Om dat principe te kunnen begrijpen moet je eerst kennismaken met de volgende drie dames. Kijk eens goed naar deze afbeelding. Wat zie je? Of beter gezegd: wat zie je niet?

Op de volgende bladzijde staat de foto nogmaals, alleen dan zonder de rode gatenkaas.

Dat had je zeker niet verwacht? Zoals je merkt gebeurt hier iets geks. Terwijl op de eerste afbeelding de vrouwen veel meer bedekt zijn (met rode gatenkaas), lijken ze toch naakter dan precies dezelfde vrouwen op de tweede foto. Dit voorbeeld laat zien dat onze hersenen vaak te snel een verkeerde conclusie trekken; in de neurowetenschappen heet dit fenomeen 'amodale completie'. Amodale completie treedt op wanneer er delen van een beeld missen; je brein vult dan automatisch de rest van dat beeld aan. Omdat je brein in dit geval de informatie niet krijgt aangereikt dat alle drie de vrouwen een bikini aanhebben, bedenkt je brein er de rest van hun naaktheid als het ware bij. *A dirty mind is a joy forever.*

Ook de beroemde goocheltruc van het doorgezaagde weesmeisje werkt met amodale completie. Aan het einde van een optreden vol vliegende speelkaarten en duiven die opstijgen uit de mouw van de goochelaar, wordt het licht gedimd en klinkt een spannend tromgeroffel. De lieftallige assistente van de illusionist stapt dapper en met een grote glimlach in een grote houten kist. Ze steekt haar hoofd uit het ene uiteinde van de kist, uit het andere uiteinde lijken haar voeten te piepen. Dan pakt de goochelaar er een huiveringwekkende zaag bij en begint te zagen tot hij er met de zaag aan de onderkant weer uit komt. Het publiek houdt de adem in, de lieftallige assistente lijkt te zijn doorgezaagd. De illusionist kan de kist zelfs in twee helften uit elkaar trekken en de losse helften aan het publiek tonen. En nog steeds lacht de ene helft van de assistente en wiebelt de andere helft met haar voeten!

In werkelijkheid ligt de assistente natuurlijk niet plat op haar rug en wordt ze ook niet echt doorgezaagd, maar vouwt ze zich op in de ene helft van de kist, terwijl een andere, ook opgevouwen assistente uit de andere helft haar voeten steekt. Ook hier is het voor de toeschouwer heel moeilijk om twee assistentes te 'zien' en niet te blijven aannemen dat er één vrouw in de kist ligt.

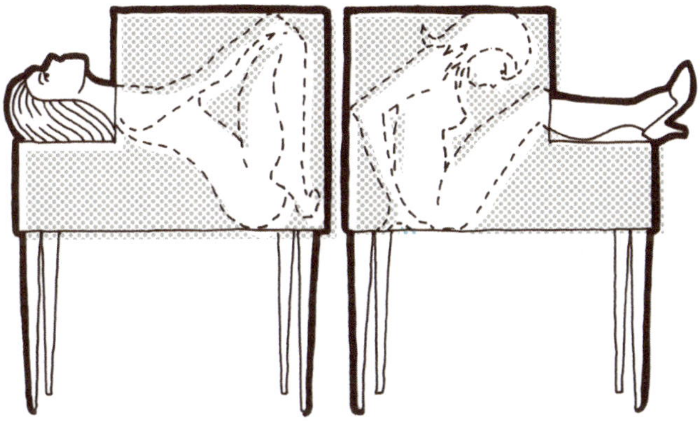

Illusionisten maken dus dankbaar gebruik van het feit dat je brein beelden aanvult waarvan het eigenlijk helemaal niet weet of het resultaat wel strookt met de werkelijkheid.

Zelfs de 'paranormaal begaafde' Uri Geller, die wereldberoemd werd met het mentaal buigen van lepels, maakt gebruik van dit fenomeen. Voor zijn act houdt Geller twee lepels tussen zijn duim en wijsvinger vast. Dan staart hij met een intense blik naar het bestek. Het lijkt alsof de lepels onder de kracht van Gellers concentratie langzaam slap worden en ombuigen, zonder dat hij enige zichtbare fysieke druk op de metalen lepels uitoefent.

Helaas voor Uri is het niet zijn paranormaal begaafde brein dat achter deze goochelact zit. De truc gaat zo: terwijl het lijkt alsof de illusionist bij de start twee rechte lepels vasthoudt, begint de act eigenlijk met twee reeds gebogen lepels. Op de afbeelding hieronder zie je hoe dat werkt.

De illusionist heeft de lepels van tevoren al gebogen en houdt ze bedekt vast bij hun buigpunt. Omdat je brein ervan uitgaat dat ze recht zijn, trekt het de lepels in gedachten achter je vingers door. Je brein registreert twee rechte lepels, terwijl je die strikt genomen helemaal niet ziet. En terwijl de goochelaar heel intens naar de lepels staart en zijn paranormale praatje afsteekt tegen het publiek, buigt hij de lepels niet, maar ontspant hij alleen langzaam zijn duim en wijsvinger. Zo wekken Geller en zijn collega's de indruk dat de lepels smelten. Je kunt dit zelf ook proberen, bij voorkeur met de bestekla van een ander.

Tot slot zul je zien dat ook de truc met de sjaal uit MINDF*CK werkt met amodale completie.

1 Voor deze illusie heb je een lange, niet al te dikke sjaal nodig en moet je een trui aandoen (en een broek wanneer je de truc opvoert buiten intieme kring). Buiten het zicht van je publiek tref je eerst wat kleine voorbereidingen: leg de sjaal dwars op je borst bij de kraag van je trui.

2 Druk de sjaal nu voorzichtig onder de voorkant van de kraag van je trui, begin in het midden en werk de sjaal langzaam onder je trui. Tot nét achter je nek de uiteinden van de sjaal onder je trui vandaan komen. Kijk als dat kan even in de spiegel: het moet nu lijken alsof je gewoon een sjaal om hebt – hij lijkt achter je nek door te lopen. Op de foto's zie je hoe de truc eruitziet met en zonder het verbergen van je sjaal: amodale completie in optima forma.

Als je het middenstuk van de sjaal goed onder je trui hebt verstopt en de uiteindjes lijken heel gewoontjes om je nek te hangen, is er geen toeschouwer in je publiek die zich afvraagt: goh, waar zou het middenstuk van de sjaal zijn? Iedereen gaat er automatisch van uit dat dat om je nek hangt.

3 Houd een praatje tegen je publiek, bijvoorbeeld over het belang van warme winterkleding, of het feit dat je zo moet wennen aan het dragen van een broek en trek dan, plots, met twee handen de sjaal naar voren door je handen zo ver mogelijk te spreiden. Het lijkt nu alsof je de sjaal dwars door je nek trekt. De illusie is perfect.

Vergeet niet je applaus in ontvangst te nemen en in ruil voor je prestaties een warme chocolademelk op te eisen.

06

ZOEK DE MUNT

Leer lichaamstaal analyseren

We vertellen vaak meer met ons lichaam dan we denken. Sta je bijvoorbeeld te kletsen met iemand en doet diegene z'n armen over elkaar, dan vindt-ie het waarschijnlijk geen interessant gesprek meer. Wijzen z'n schoenen in de richting van de deur, dan wil-ie waarschijnlijk zelfs de kamer uit. En iemand die een vuist maakt om z'n duim heen wil ook het liefst ergens anders zijn. Maar wanneer iemand tijdens een gesprek ontspannen z'n armen beweegt of laat hangen, en lange perioden oogcontact maakt, dan weet je dat diegene het naar z'n zin heeft.

Deze non-verbale aanwijzingen kunnen een enorme rol spelen in communicatie. Bij verkopers die aan een klant een auto of een nieuwe printer proberen te slijten, wordt ongeveer 53 procent van de boodschap die ze overbrengen bepaald door hun woorden (verbaal), 32 procent door hun lichaamshouding (non-verbaal) en 15 procent door de toon en het geluid van hun stem (vocaal).

Het gegeven dat je met je lichaam vaak onbewust communiceert, kun je inzetten als methode voor verschillende illusies. Een leuk voorbeeld daarvan is het volgende.

Vraag een vriend om een muntstuk in zijn hand te nemen. Vervolgens vertel je hem dat hij het muntje achter zijn rug in een van zijn handen mag verstoppen en beide vuisten dan gesloten weer voor zich uit mag houden. De kunst is nu om – zonder dat hij het je vertelt – te achterhalen in welke hand de munt zit. Let op, de volgende tips zijn gebaseerd op persoonlijke ervaringen van meerdere goochelaars en mentalisten, maar nooit wetenschappelijk hardgemaakt.

In eerste instantie moet je goed kijken hoe de handen naar voren worden gebracht. Het lijkt bijvoorbeeld zo te zijn dat de hand die de persoon als eerste naar voren steekt, ook al is het maar een miniem verschil met de andere hand, vaker de munt heeft. Dat komt wellicht doordat diegene onbewust meer aandacht en concentratie schenkt aan de hand waar de munt in zit. De hand met de munt zit 'vooraan' in iemands gedachten en zal daarom ook net iets vlugger achter de rug vandaan komen dan de andere hand.

Mocht je niet kunnen zien welke hand als eerste achter de rug vandaan komt, dan is er nog een andere visuele hint: zijn neus. Deze zal vaak onbewust net iets meer in de richting van de hand met de munt wijzen. Maar wat nou als iemand een scheve neus heeft? Of wanneer je simpelweg het verschil niet ziet? Dan kun je altijd nog vertrouwen op statistiek: de meeste mensen zijn rechtshandig en de kans is het grootst dat een rechtshandige persoon je opdracht 'neem de munt in een hand' met zijn dominante (rechter)hand zal uitvoeren.

Is het je niet gelukt om de locatie van de munt te achterhalen aan de hand van non-verbale signalen of statistiek, dan is er altijd nog een andere methode, die bijzonder magisch lijkt, maar die slechts gebruikmaakt van zoiets simpels als de zwaartekracht en de menselijke bloedsomloop.

1 Je instructies moeten hierbij net ietsje anders zijn. Nadat je vriend de munt in een van zijn handen heeft gestopt, draai jij je om zodat je hem niet kunt zien en verzoek je hem vervolgens de hand met de munt naar zijn voorhoofd te brengen.

2 Dan is het tijd voor een stukje parlando, een ouderwets woord om aan te duiden dat je een verhaal gaat vertellen om je truc wat aan te dikken. Dat moet in dit geval omdat je je vriend een minuut lang in deze houding wilt laten staan. Dus vertel hem bijvoorbeeld dat hij zich uit alle macht moet concentreren op het muntje, om zijn psychische concentratie dwars door z'n schedel en door z'n vuist op het muntje te richten. Vertel over het belang van deze psychische concentratie, of hoe hij al zijn aandacht, focus en concentratie in de munt moet stoppen – zolang het maar iets met concentratie of muntjes te maken heeft.

3 Natuurlijk maakt het niet uit waarover je het hebt, zolang je maar ruim een minuut lang praat over iets dat met concentratie of muntjes te maken heeft. Na een minuut vraag je je vriend om zijn hand met het muntje bij z'n voorhoofd vandaan te halen en beide handen weer op gelijke hoogte te houden (met de vuisten uiteraard nog steeds gesloten).

4 Nu draai je je snel om en let je goed op zijn vuisten. Door de werking van de zwaartekracht zit er nu minder bloed in de hand mét de munt (die omhoog is gehouden) dan in de hand zonder de munt. Het geheim is dus simpel: de hand die het lichtst van kleur is, bevat de munt. Kijk maar eens naar onderstaande afbeelding, in welke hand bevindt de munt zich hier?

Inderdaad, in zijn rechterhand (op de foto dus links te zien)! Zorg wel dat je deze truc doet in een ruimte met voldoende licht. In een donker café of in een discotheek met zwiepende, van kleur veranderende lampen kun je het verschil niet zien tussen de doorbloede en de minder doorbloede hand. Ook zal de hand die omhooggehouden is binnen een paar seconden weer vollopen met bloed waardoor het verschil niet meer te zien is, dus wees er snel bij en maak geconcentreerd je inschatting.

Het allerleukst is om alle bovenstaande principes door elkaar heen te gebruiken. Op die manier kun je bijvoorbeeld drie keer op rij raden in welke hand iemand de munt heeft verstopt. Iets waar je waarschijnlijk al je hele leven op zat te wachten.

07

VERKOOPTRUCS

Boordevol salestechnieken, gratis tips en exclusieve informatie!

Stel je voor: je bent nog niet de trotse eigenaar van dit literaire hoogstandje en surft op een luie zondag lekker over het wereldwijde web. Opeens kom je dit boek tegen. Je hebt drie keuzemogelijkheden: je neemt het e-boek, het echte boek of allebei. Kijk even goed naar alle onderstaande opties, en besluit dan voor jezelf welke van deze deals je zou aanklikken. Optie A, B of C? Maak je keuze en lees dan pas verder.

De kans is groot dat je voor optie C bent gegaan. Althans, als we moeten vertrouwen op de bevindingen van gedragseconoom Dan Ariely. Hij heeft namelijk onderzoek gedaan naar de verkooptruc die schuilgaat achter deze aanbieding. In zijn onderzoek schotelde hij de proefpersonen ongeveer dezelfde keuzemogelijkheden voor als hiernaast (alleen ging het bij hem over abonnementsvormen op kranten). De resultaten waren indrukwekkend. Slechts 16 procent koos voor optie A, 0 procent voor optie B en 84 procent voor optie C. Net als jij zojuist, waarschijnlijk.

Maar de keuzes veranderden toen Ariely de tweede optie uit de keuzemogelijkheden weghaalde. Hij gaf een andere groep proefpersonen maar twee opties: alleen de digitale versie (A) of de gedrukte én de digitale versie (C). Nu was de uitslag totaal anders: maar liefst 68 procent koos voor de digitale versie terwijl slechts 32 procent koos voor de combideal.

Hoewel in het eerste experiment 0 procent van de proefpersonen koos voor de optie van alleen de gedrukte versie, zorgde die optie ervoor dat de combideal plots veel aantrekkelijker leek. Dit heet het '*decoy*-effect'. Optie B dient hier slechts als 'decoy' (lokkertje) voor optie C. Zo blijkt deze misschien domme optie een heel slimme zet van de verkoper. En dat terwijl er helemaal geen e-boek van dit boek bestaat.

Het decoy-effect is lang niet de enige verkooptruc die winkels inzetten om jou te verleiden tot een aankoop. Neem bijvoorbeeld de supermarkt. Dat is één groot uitgestippeld pad vol psychologische trucs. Zo liggen de A-merken (waar een supermarkt het meest aan verdient) vaak op ooghoogte, zodat die het meest in het oog springen, en liggen de B-merken, die minder geld in het laatje brengen, juist in de onderste schappen. Wanneer je de winkel in wandelt stuit je altijd eerst op het groente-en-fruitschap, zodat het eerste wat je in je mandje of karretje doet je direct een goed (en gezond) gevoel oplevert. De producten die bijna alle Nederlanders dagelijks eten, namelijk brood, vlees en zuivel, staan zo ver mogelijk uit elkaar, waardoor je zo veel mogelijk tijd in de supermarkt doorbrengt. Ook zijn supermarkten vaak op zo'n manier ingericht dat je tegen de klok in van de ingang naar de kassa moet lopen, want mensen schijnen langzamer te lopen wanneer ze tegen de klok in wandelen. En sta je eenmaal in de rij voor de kassa? Dan liggen daar natuurlijk de meest verleidelijke snacks en chocoladerepen waar kinderen de hele wachttijd bij de kassa om zullen zeuren.

Als je zelf weleens iets moet verkopen, of dat nou zelfgemaakte limonade is op Koningsdag of een vaderdagkano op Marktplaats, zijn hier nog vijf slimme verkooptechnieken.

HOOFDSTUK 07

1 Schep een band via iemands naam

Als je iemand iets probeert te verkopen doe je er goed aan om je eerst voor te stellen. Als iemand dan zijn eigen naam noemt zeg je: 'Wat leuk, mijn vader/moeder/zus/broer heet ook zo!' De persoon heeft nu direct en onbewust een band met jou. Een leuke variant hierop is vragen naar iemands geboortedatum, en vervolgens doen alsof je zelf ook op die dag geboren bent.

2 Gebruik het wederkerigheidsprincipe

Mensen die een klein presentje krijgen van een winkel of deur-aan-deurverkoper, zijn veel sneller geneigd om na die gift iets aan te schaffen. Zo ligt het gratis pepermuntje dat je in een restaurant samen met de rekening krijgt daar echt niet alleen omdat je te veel knoflook hebt gegeten. Een extra presentje stimuleert jou om meer fooi te geven. Dit heet het 'wederkerigheidsprincipe': omdat je gratis iets krijgt, voel je eerder de neiging iets terug te geven.

3 Creëer schaarste

Hoe vaak zie je niet in een winkel de mededeling OP=OP of ZOLANG DE VOORRAAD STREKT? Dat is geen heel behulpzame informatie, want natuurlijk is iets op als het op is. Het creëert bij klanten het gevoel dat ze nog maar één kans hebben om een product aan te schaffen. Het speelt in op onze oerdrift dat als iets schaars is, we het zo snel mogelijk moeten bemachtigen om te kunnen overleven.

4 Impliceer een keuze

Als jij bij een autodealer komt, vraagt de verkoper nooit: 'Wilt u een auto?' Nee, als het goed is vraagt hij eerder iets als: 'Wat voor auto zou u liever willen? Een rode of een blauwe?' Daarmee impliceert de verkoper namelijk al dat er sowieso een auto gekocht gaat worden en dat jij alleen nog maar een kleurkeuze hoeft te maken. Het is heel lastig om zulk soort vragen te negeren, en voordat je het weet heb je indirect toegezegd dat je iets gaat kopen.

5 Up-sell

Is de deal eenmaal rond of ben je in ieder geval van plan het product te gaan kopen waarvoor je aan het winkelen bent, dan is er vaak nog een mogelijkheid tot *'up-sell'* (letterlijk: omhoog verkopen).

Dat betekent het aanbieden van een betere variant van hetzelfde product: meer opslagruimte op je telefoon of extra lange garantie op je laptop. Een variant daarvan heet *'cross-sell'*, waarbij je accessoires of bijpassende producten worden aangesmeerd. Kijk maar eens naar chique kleermakers, die verkopen je eerst een maatpak van 4000 euro en daarna bieden ze je nog aan om er een stropdas van 100 euro bij te kopen. De stropdas lijkt in vergelijking met de 4000 euro ineens een koopje. Terwijl je zonder dit contrasteffect van het dure maatpak misschien wel helemaal niet bereid zou zijn om 100 euro neer te tellen voor een das.

Niet alleen op straat en in de winkel ben je kwetsbaar voor dit soort technieken, ook via het internet word je de hele tijd bespeeld. Een van de beste manieren om mensen online naar een product (of filmpje) te lokken is met het opwekken van gevoelens. Bijvoorbeeld met plezier, geluk of zelfs verdriet. Het internet staat vol met zogeheten *'clickbaits'*. Heb jij ooit geklikt op een link met 'Je gelooft nooit hoe blij je wordt van dit filmpje', of 'Je zult erg boos zijn als je ziet wat er straks gebeurt'? Ook zie je in de titels vaak oneven getallen: '13 bizarre manieren om je veters te strikken', of '27 krachtige lessen die we van korfbalspelers kunnen leren'. Dat komt doordat oneven getallen meer de aandacht trekken. We kunnen ze als het ware moeilijker plaatsen dan bijvoorbeeld een rijtje van tien opsommingen, en gaan om die reden sneller op onderzoek uit (en klikken op de link).

Exact dat is ook de achterliggende gedachte van de ondertitel van dit boek. Die had ook makkelijk '100 illusies en experimenten' kunnen luiden, en dat klinkt misschien zelfs als een meer logische keuze. Maar juist door die 101 ga je je afvragen hoe het zit met dat getal. Zit daar nog een reden achter? Bij dezen weet je de reden. Overigens zat er in de verkoopoverwegingen van dit boek natuurlijk nóg een oerwet uit de commercie verstopt: *sex sells*. Geen woord dat meer de aandacht trekt dan iets wat met seks te maken heeft. Het is dan ook geen toeval dat MINDF*CK MINDF*CK heet. Excuus voor de manipulatie en eeuwig dank voor de aanschaf van dit boek!

08

GEESTIG

Hoe je spoken en geesten kunt oproepen

Je kent vast wel de mysterieuze illusionisten van vroeger die met een donkere cape, priemende blik en een tulband op hun hoofd geesten en bovennatuurlijke krachten opriepen. Hun belangrijkste instrument daarvoor was een pendel. In feite is een pendel niets anders dan een gewichtje (bijvoorbeeld een sieraad of bijzonder kristal) aan een kettinkje.

Een pendel wordt voor allerlei doeleinden ingezet: om contact met overledenen te maken, op een landkaart schatten te vinden of vragen over je eigen levensloop te beantwoorden. Dat gaat meestal als volgt: de illusionist nodigt iemand uit het publiek uit om een vraag aan de pendel te stellen. Beweegt de slinger van voor naar achter dan zegt de pendel 'ja', beweegt hij van links naar rechts dan geeft de pendel 'nee' door.

Als je zo'n illusionist met een pendel bezig ziet op een podium denk je misschien dat het een truc is. Maar er schuilt wel degelijk een wetenschappelijke waarheid achter dit mysterieuze fenomeen. Je kunt het zelf ervaren door aan een dun stukje touw van ongeveer 20 centimeter iets zwaars te knopen. Bijvoorbeeld een moer of je sleutelbos. Hoe zwaarder het voorwerp, hoe beter het werkt. Pak vervolgens een groot vel papier en teken met een zwarte stift een grote plus. Aan de beide uiteinden van de verticale lijn schrijf je JA, aan de uiteinden van de horizontale lijn schrijf je NEE.

Houd nu je zelfgemaakte pendel tussen duim en wijsvinger aan de bovenkant van het touw vast en laat hem precies boven het midden van het kruis hangen. Concentreer je. Haal rustig adem en probeer je hand stil te houden. Nu stel je hardop een vraag over jezelf aan de slinger. 'Ben ik een vrouw?' 'Moet ik weer eens naar de kapper?' 'Ga ik later trouwen met Victor Mids?' Als je je sterk concentreert, zul je merken dat de pendel na een tijdje vanzelf een kant op begint te zwenken. En, geeft de pendel het goede antwoord? Is er dan toch meer tussen hemel en aarde?

Dat ongetwijfeld, maar in dit geval zijn er geen magische krachten of geesten in het spel. Nee, jij deed het zelf. En zonder dat je het doorhad. De verklaring is dat je lichaam door middel van minuscule bewegingen reacties vertoont op je gedachten. Toen jij jezelf die vragen stelde wist je dat voor 'ja' de pendel verticaal moest slingeren en voor het antwoord 'nee' horizontaal. Omdat je het antwoord al wist (of bedacht) kreeg je lichaam de heel zwakke suggestie van die beweging mee en slingerde je met je hand ongemerkt een heel klein beetje de ene of de andere kant op. Het zware object aan het uiteinde van het touwtje vergroot deze minuscule, onbewuste beweging en voor je het weet is de pendel aan het slingeren. Dit fenomeen, waarbij kleine mentale suggesties automatisch een motorische reactie teweegbrengen, wordt de 'ideomotorische respons' genoemd. Vergelijk het maar met het lezen van iets gruwelijks in een boek. Veel mensen bewegen bij zo'n scène naar achteren, al is het maar een heel klein beetje. Ondanks dat het hele verhaal zich in hun hoofd afspeelt, vertonen ze toch een fysieke reactie.

Een andere beruchte methode om een voorwerp te laten bewegen en schijnbaar in contact te komen met geesten, is het ouijabord. Dat is een houten bord waarop ook de woorden JA en NEE geschreven zijn, evenals het alfabet en de cijfers 0 tot en met 10. Deelnemers aan een ouijaseance (zag je ooit eerder een woord met zoveel klinkers?) gaan met twee of meer personen aan het bord zitten, zetten een glas omgekeerd op het midden van het bord en plaatsen hun vingers op het glas. Ze kunnen vragen stellen aan geesten, waarna de geesten het glas laten bewegen naar de letters om op die manier een woord te spellen. Ook hier zijn het natuurlijk de deelnemers zelf die onbewust het glaasje over het bord heen duwen. Maar omdat je dat zelf niet doorhebt, kan het echt lijken alsof je met je overleden grootvader contact kunt maken, of met Napoleon (als de lijn niet bezet is).

Fun Fact:
Sinds het bord een nogal verontrustende rol speelde in de klassieke horrorfilm The Exorcist *denken veel mensen dat het een behekste, exotische en eeuwenoude manier is om met geesten te praten. Helaas, ook dat is flauwekul: ouija draagt gewoon het trademark van het Amerikaanse bordspelbedrijf Hasbro – dat onder andere pictionary en monopoly op de markt bracht.*

Al sinds jaar en dag proberen mensen in contact te komen met geesten. Zogeheten 'seances', waarbij je met meerdere mensen in een kamer rondom een tafel gaat zitten om contact met het hiernamaals te zoeken, werden vanaf halverwege de negentiende eeuw zeer populair. In een slecht verlichte kamer ervoeren aanwezigen allerlei onverklaarbare verschijnselen. Zelfs de beroemde illusionist Harry Houdini was een groot fan van seances. Nadat hij zijn moeder had verloren, liep hij alle mediums en paragnosten af die hij kon vinden om maar in contact te komen met zijn overleden moeder. Ze hadden een codewoord afgesproken dat alleen hij wist. Als hij ooit tijdens een seance dit woord door zou krijgen, wist hij zeker dat zijn moeder contact met hem zocht. Na jaren was er nog steeds tijdens geen enkele seance het codewoord naar boven gekomen. Hij kwam tot de conclusie dat de seancewereld een wereld van list en bedrog was en hij maakte er uiteindelijk zelfs een sport van de seances te ontmaskeren door de technieken die werden gebruikt aan het grote publiek te vertellen.

Een klassiek onderdeel dat tijdens seances vaak naar voren komt is het ervaren van een aanraking die van niemand (behalve de geest) afkomstig kan zijn geweest. Misschien vind je dat ongeloofwaardig klinken, maar veel mensen ervaren dat heel regelmatig, namelijk als fantoomtrilling.

Natuurlijk gaat het hier niet echt om een fantoom, maar om het gevoel. Een fantoomtrilling is het gevoel dat we ervaren als we denken dat onze mobiele telefoon trilt in onze zak terwijl dat eigenlijk niet zo is. Het is een fenomeen dat sterk in opkomst is sinds mensen hun telefoon de hele dag in hun zak kunnen meedragen. Daardoor raken we als het ware overgevoelig voor het detecteren of er berichten binnenkomen en kan een kleine, toevallige beweging van de stof van je broek er al voor zorgen dat je denkt iets te voelen.

Wil je iemand, net zoals tijdens de seances van vroeger, een aanraking laten ervaren zonder dat-ie ogenschijnlijk wordt aangeraakt? Dan kan dat nu zonder geesten én zonder telefoon. Doe het volgende experiment.

Zet iemand tegenover je en leg uit dat je altijd een geest om je heen hebt zweven die de gekste fratsen uithaalt. Dan vraag je je proefpersoon zijn ogen te sluiten, waarbij je uitlegt dat je twee vingers op zijn oogleden zult houden om er zeker van te zijn dat ze gesloten blijven en hij zich goed kan blijven concentreren.

Nadat je dit hebt gedaan en zegt: 'Oké, hier gaan we', doe je plots alsof je nog wat bedenkt en haal je je vingers weer van zijn oogleden af. Je legt uit: 'Het is belangrijk dat als je zo meteen wat voelt of ervaart, je dan niet van schrik je ogen opent, maar dat je je ogen gesloten houdt totdat ik aangeef dat je ze mag openen, oké?' Als dit duidelijk is, vraag je hem zijn ogen wederom te sluiten en beweeg je gelijktijdig, zodat hij het nog net ziet, beide wijsvingers naar zijn ogen. Maar op het moment dat hij zijn ogen dicht heeft, maak je met je linkerhand het vredesteken, en zet je je linkerwijsvinger op zijn linkeroog en je linkermiddelvinger op zijn rechteroog.

Je vriend zal nu nog steeds denken dat jij beide handen op zijn ogen hebt zitten, terwijl je stiekem een hand vrij hebt gemaakt. Je zegt dat jij zelf nu ook je ogen sluit (dit hoef je niet te doen) en dat je je nu heel erg gaat concentreren op het spook. Wacht een aantal seconden en tik dan je vriend met je vrije rechterhand twee keer kort op zijn schouder.

Je hoeft hierna, na een paar seconden, alleen nog maar met je rechterhand terug te gaan in de startpositie en je linkerhand daarna snel weg te trekken, terwijl je vervolgens vraagt of je vriend langzaam zijn ogen wil openen. Dan vraag je: 'Ik voelde zelf wel iets, heb jij ook wat gevoeld?' Als je dit goed speelt zal je vriend met een niet-begrijpende blik vertellen wat hij zojuist heeft gevoeld en speel jij natuurlijk de vermoorde onschuld. Doe dit wel in een kamer waarin niemand anders aanwezig is, anders zal je vriend ongetwijfeld denken dat diegene in het complot zit en stiekem zijn schouder heeft aangeraakt. Geestig, toch?

09

SYSTEEMHACK

Ontdek dat je brein twee verschillende manieren van denken heeft

Ben jij meer een systeem 1-denker of een systeem 2-denker? Je hebt misschien geen idee waar die vraag over gaat, maar gelukkig kan het getest worden. Beantwoord de volgende vraag maar eens.

Hoeveel negens zitten er in de getallenreeks tussen 1 en 100?

Bereken het antwoord in je hoofd, zeg het hardop en lees dan pas verder.

En, wat dacht je? Tien? Helaas, dat is niet goed. Heel veel mensen zullen op dat antwoord komen wanneer je ze deze vraag stelt. Als ze er net wat langer over nadenken komen ze misschien op negentien, maar ook dat is niet goed. Het zijn er in totaal twintig! Waarschijnlijk paste je een snelle strategie toe om tot het antwoord te komen. Je telde de negen in elk tiental, dus 9, 19, 29, 39 enzovoorts. Misschien bedacht je daarna ook nog wel dat er in het tiental 90 ook nog elke keer een negen zit, dus 91, 92, 93 enzovoorts. Maar hoogstwaarschijnlijk vergat je daarna wel om 99 tweemaal mee te tellen (99 bevat immers twee negens). Tenzij je natuurlijk een genie bent, maar in dat geval moet je nu dit boek wegleggen en verder werken aan de oplossing voor wereldvrede.

Hoe kan het dat je die ene negen over het hoofd zag en (waarschijnlijk) het foute antwoord gaf? Voordat je het antwoord krijgt op die vraag, eerst nog een andere kwestie. Stel, een goochelwinkel heeft een aanbieding: je kunt een konijn én een goochelstok voor slechts € 1,10 kopen. Een superdeal dus, zeker met de huidige prijzen voor biologisch vlees. Verder is het enige wat je weet dat het konijn precies 1 euro duurder is dan de goochelstok. Beantwoord nu, wederom voordat je verder leest, deze vraag: hoeveel kost de losse goochelstok?

Wat dacht je? 10 cent? Waarschijnlijk wel. En ook wanneer je er eens goed voor bent gaan zitten om de vraag op te lossen dacht je toch zeker op enig moment dat het antwoord 10 cent zou moeten zijn.

Terwijl dat niet zo is, reken maar eens mee. Als de goochelstok 10 cent kost en het konijn precies 1 euro duurder is, dan zou het konijn zelf € 1,10 moeten kosten en dan zou het totaalpakket (stok + konijn) € 1,20 moeten zijn. Het juiste antwoord is dus dat de stok 5 cent kost. Immers, het konijn is 1 euro duurder, de stok kost 5 cent en het konijn € 1,05. Wat in totaal neerkomt op € 1,10.

Maar waarom was het zo moeilijk om bij het juiste antwoord uit te komen bij deze twee vragen? Professor en Nobelprijswinnaar Daniel Kahneman legt dat uit door een onderscheid te maken tussen de twee manieren waarop ons brein informatie verwerkt. Hij noemt dat systeem 1-denken en systeem 2-denken.

Systeem 1 is je snelle, alledaagse denken dat weinig moeite kost en dat je inzet om vlug en vooral zonder te veel energie te verbruiken, een beslissing te nemen. Je gebruikt het bijvoorbeeld om snel iemands stemming in te schatten of om direct te reageren als er tijdens het autorijden voor je ineens iemand hard op de rem gaat staan. Je denkt dan niet na over wat je moet doen, maar je handelt gewoon. Je voelt alleen maar 'gevaar!' Pas later kun je analyseren wat er op dat moment precies gebeurde en hoe je reageerde.

Systeem 2 is het diepere, rationele, overwogen denken waar je moeite voor moet doen en dat inspanning en energie kost. Dat gebruik je bijvoorbeeld wanneer je ingewikkelde rekensommen moet oplossen, complexe rationele verbanden moet leggen of een hypotheek gaat afsluiten (hopelijk).

Systeem 1 is zeer efficiënt, maar het heeft wel een grotere kans op het maken van fouten. Het bestaat omdat het voor je brein (evolutionair) voordelig is om energie te besparen. Precies dat gebeurde er bij de vragen aan het begin van dit hoofdstuk. Bij het tellen van de negens bedenk je kort hoe je het gaat aanpakken, en zodra je tot die methode hebt besloten (het tellen van de tientallen) laat je het nadenken los en voer je de taak uit, met een onjuist antwoord tot gevolg. Bij het konijnenvraagstuk krijg je drie stukjes informatie, namelijk de prijs van beide objecten en het feit dat één object een bepaalde hoeveelheid duurder is dan het andere. Je systeem 1 denkt het dan vervolgens met die informatie snel af te kunnen handelen en redeneert met een shortcut dat de goochelstok 10 cent kost, waarna het de opdracht weer loslaat. Het beschermt je als het ware zodat je energie kunt besparen op iets waar je op een snelle manier waarschijnlijk ook het goede antwoord op weet. Pas als je er wel actief energie en aandacht aan besteedt (je activeert je systeem 2), besef je dat de vork toch iets anders in de steel zit. En dat het een superdeal is, zo'n prachtige goochelstok voor 5 cent.

Goochelaars doen maar al te graag een beroep op het systeem 1-denken van hun publiek. Dat zie je bijvoorbeeld terug in de klassieke truc van de verdwijnende vingerhoed. Voor deze truc moet je op zoek naar een ouderwets vingerhoedje of, misschien wat makkelijker, je knutselt zelf een niet al te strak zittend dopje van aluminiumfolie dat je over het topje van je wijsvinger kunt schuiven. Belangrijk daarbij is dat het aluminiumfolie niet al te strak zit, het dopje moet makkelijk van je vinger af kunnen. Als het gelukt is, ga je vervolgens zo te werk.

1 Je gaat recht tegenover je proefpersoon staan en zet het hoedje op de wijsvinger van je dominante hand (ben je rechts, op je rechterwijsvinger; ben je links, op je linkerwijsvinger).

2 Zeg tegen je proefpersoon: 'Ik ga dit vingerhoedje op magische wijze laten verdwijnen.' Tel, terwijl je grote, theatrale gebaren maakt met de hand waarop het hoedje zit, tot drie.

3 Bij de derde tel steek je snel je hand onder de oksel van je andere arm en trek je hem er direct ook weer onder vandaan, zónder vingerhoedje.

4 Houd vervolgens de arm waaronder je net je hand hebt gestoken dicht tegen je lichaam geklemd. Kijk daarbij wat overdreven trots naar je proefpersoon.

5 Hij zal beginnen te lachen en roepen dat dit de slechtste goocheltruc is die hij ooit heeft gezien omdat je het hoedje gewoon onder je oksel hebt geklemd. Hij denkt dat hij je doorheeft, of liever gezegd: zijn systeem 1 denkt dat het je doorheeft.

6 Kijk op dat moment verbaasd, trek de verkeerde arm omhoog (de arm met de hand waar net het hoedje op zat) en zeg: 'Bedoel je onder deze oksel?' Als je proefpersoon lachend naar je andere arm wijst, draai je je om en trek je nog een keer de verkeerde arm op. 'Deze?'

7 Zo houd je je proefpersoon vrolijk aan het lijntje, want wat hij niet weet is dat jij eigenlijk het vingerhoedje helemaal niet onder je oksel hebt verstopt. Wat je wel deed was het volgende: op het moment dat je hand onder je oksel verdween, boog je je wijsvinger met hoedje naar je handpalm toe en nam je met de rest van je vingers het hoedje eraf. Terwijl jij je oksel goed dichthoudt en je proefpersoon z'n geld terugvraagt voor deze belabberde goochelshow, heb jij het hoedje eigenlijk al de hele tijd in je dichte hand.

8 Nu is het tijd om de arm op te trekken waarvan je proefpersoon denkt dat het hoedje eronder zit en te laten zien dat het daar helemaal niet is.

9 'Kijk,' leg je uit terwijl je je hand waar het hoedje in verstopt zit in je broekzak steekt, 'ik had het hoedje al de hele tijd hier zitten.' Wanneer je hand in je broekzak zit neem je het snel tussen duim en wijsvinger, en doe je net alsof het al de hele tijd in je broekzak zat.

Het systeem 1 van je proefpersoon denkt hier dat-ie de goochelaar betrapt heeft en stopt dus, heel zelfvoldaan, met verder denken. Zodra je je arm weer optrekt en vervolgens het hoedje uit je broekzak vandaan tovert is systeem 1, en daarmee je proefpersoon, helemaal in de war.

Ook bij de verkoop van producten kun je proberen systeem 1 te bespelen. Onder winkeliers is het een algemeen bekend feit dat sommige producten (bijvoorbeeld kettingen in een sieradenwinkel) beter verkopen bij een hoge prijs dan bij een lage prijs. De gedragsonderzoeker Robert Cialdini noemt het voorbeeld van een mevrouw die sieraden verkocht in Arizona en die de halskettingen met turquoise stenen maar niet kwijtraakte. Totdat ze de prijs verdubbelde en de kettingen als warme (en dubbel zo dure) broodjes over de toonbank vlogen. Hoe dat kan? Ons wordt van jongs af aan geleerd dat goedkoop duurkoop is. En dat producten die van hoge kwaliteit zijn, of dat nou een maatpak is of biologische biefstuk, juist duur zijn. We weten: producten van goede kwaliteit kosten veel geld. Maar jouw systeem 1 draait deze logica in zijn shortcutgewoonte om: alles wat duur is, moet dus ook wel van goede kwaliteit zijn. Dus kun je beter de dure dan de goedkope ketting kopen.

Wil je zelf proberen om mensen met behulp van hun systeem 1 geld uit de zak te kloppen? Dat kan met het volgende experiment.

1. Neem een leeg luciferdoosje en een stift en zorg ervoor dat je twintig euro bij je hebt. Loop vervolgens op iemand af en vraag hem of je heel even twintig euro mag lenen. Als je het briefje krijgt, vouw je het op en stop je het in het luciferdoosje.

2. Vervolgens zeg je: 'Weet je wat, ik maak dit doosje tweemaal zoveel waard, ik doe er ook twintig euro van mijzelf in!' Stop jouw twintig euro erbij en schrijf met grote letters '€ 40' op het doosje.

3. Zeg nu: 'Ik heb een superaanbieding voor je. Jij mag van mij dit doosje, dat nu veertig euro waard is, kopen voor slechts dertig euro. Goeie deal, toch? Doe je het of niet?' Laat je toeschouwer vooral niet te lang nadenken. Zijn systeem 1 zal namelijk roepen: 'Doen, veertig euro kopen voor dertig euro! Je bent een dief van je eigen portemonnee als je dat laat lopen!'

Natuurlijk is de truc heel simpel. Als hij er even over nadenkt (daar moet je 'm dus vooral de tijd niet voor geven) zal hij zien dat het toch iets anders uitpakt. Want hoeveel geld heeft jouw goedgelovige slachtoffer in totaal ingelegd wanneer hij het doosje koopt voor dertig euro? Twintig in de eerste inleg, plus dertig om het doosje vervolgens aan te schaffen. In totaal dus vijftig euro. En wat krijgt diegene ervoor terug? Veertig euro. Dus jij hebt altijd tien euro winst! Stel je eens voor hoeveel goochelstokken je daarvan kunt kopen.

10

RAAD MAAR RAAK

Ontdek dat we als groep slimmer zijn dan alleen

In misschien wel de beroemdste scène uit de film *Rain Man* laat een serveerster per ongeluk een doos vol tandenstokers op de grond vallen. De hoofdpersoon, op briljante wijze gespeeld door Dustin Hoffman, weet in één oogopslag te vertellen dat het er 246 zijn. Een sterk staaltje. Dat lijkt onmogelijk, maar voor kleine aantallen voorwerpen bestaan er teltechnieken die het tellen kunnen versnellen. Tijd om de proef – hoe kan het ook anders in dit boek – op de spreekwoordelijke som te nemen. Hieronder zie je een plaatje met een onbekend aantal knopen. Geef jezelf drie seconden om in te schatten hoeveel het er zijn, daarna lees je direct verder. *Go!*

Als je het eerlijk hebt gespeeld en jezelf echt maar drie seconden de tijd hebt gegeven, is het je waarschijnlijk niet gelukt alle knopen te tellen. Het geheim waarmee dat wel lukt – of wat het in ieder geval een stuk makkelijker maakt – heet 'subitizeren'. Dat is een techniek waarbij je voor het tellen patroonherkenning gebruikt. In dit voorbeeld zou je de knopen bijvoorbeeld in losse patronen van vijf kunnen verdelen, zoals je de vijf stippen op de zijkant van een dobbelsteen kent.

Doe je dat en kijk je dan nog eens naar de foto met alle knopen, dan zie je ineens vier groepjes van vijf knopen. Je kunt dan direct uitrekenen dat het hier om 4 x 5 = 20 knopen gaat. Dat gaat dus een stuk sneller dan de knopen één voor één tellen.

Helaas is het lang niet altijd mogelijk ergens een patroon in te herkennen. Gelukkig zijn er nog andere technieken om het juiste aantal van een groep voorwerpen te achterhalen. Al zul je daarvoor wel een paar van je hulptroepen moeten inschakelen.

Eerst zelf maar weer eens proberen. Op de volgende pagina zie je een glazen pot met kauwgomballen. Neem een minuut de tijd om uit te rekenen (of in te schatten) hoeveel kauwgomballen er in de pot zitten en schrijf je antwoord vervolgens op.

Gedaan? Je kunt kijken of je antwoord een beetje in de buurt zit van het juiste aantal. Het antwoord staat onder aan de pagina.

En, zat je een beetje in de buurt? Tijd voor het vervolg van dit experiment! Je neemt het boek mee naar je werk of naar school en gaat nu aan zo veel mogelijk mensen vragen of ze ook een inschatting willen maken van hoeveel kauwgomballen er in de pot zitten. Alle antwoorden noteer je op een stukje papier of in je telefoon. Als je ongeveer vijftig antwoorden binnen hebt (maar hier geldt: hoe meer, hoe beter), bereken je het gemiddelde van al deze antwoorden. (Dat doe je door alle antwoorden bij elkaar op te tellen en de uitkomst daarvan te delen door het aantal deelnemers.) De kans is aannemelijk dat het gemiddelde van de groep dichter bij het juiste antwoord zit dan jouw individuele gok. En, klopt dat in dit geval?

Dit fenomeen werd ontdekt door de Britse wetenschapper Francis Galton in 1906. Hij bezocht een braderie waar de lokale boeren mochten raden hoe zwaar een tentoongestelde koe zou zijn nadat zij geslacht en schoongemaakt was. Galton dacht, net als de meeste mensen, dat de gemiddelde braderiebezoeker geen enkel benul zou hebben van wat de koe zou wegen. Om die hypothese te testen nam hij alle papiertjes met daarop de antwoorden mee naar huis. Hij rekende het gemiddelde uit en was vervolgens met stomheid geslagen. Het gemiddelde van alle schattingen was 1197 pond. Het juiste antwoord was 1198 pond, dus gemiddeld zaten de braderiebezoekers slechts één pond (ongeveer een halve kilo) van het antwoord af!

Dit merkwaardige verschijnsel, waarbij een individu vaak niet in staat is om een juist antwoord te geven op een inschattingsvraag, maar een hele menigte gemiddeld genomen wél in de buurt van het juiste antwoord kan komen, noemt auteur James Surowiecki *'the wisdom of crowds'* (oftewel: 'de wijsheid van de menigte').

Het principe is er onder andere op gebaseerd dat je heel (foute) hoge en heel (foute) lage antwoorden min of meer tegen elkaar kunt wegstrepen bij het uitrekenen van het gemiddelde. Ze cancelen elkaar uit. Ervan uitgaande dat je groep deelnemers groot genoeg is (en vijftig is daarbij aan de lage kant!), kom je op die manier vaker dicht bij het juiste antwoord te zitten. Dit zie je bijvoorbeeld ook in de spelshow *Weekend Miljonairs*, waarin je met vijftien meerkeuzevragen 1 miljoen euro kunt winnen. Van de drie hulplijnen die je daarbij mag inzetten (de helft van de antwoorden weg laten strepen, een slimme kennis bellen of het publiek om hulp vragen) blijkt die laatste hulplijn veruit het meest succesvol te zijn. Ook al snap je er als individu misschien geen knoop van, met z'n allen zijn we toch een stuk slimmer dan je denkt.

Antwoord: 121 kauwgomballen.

11

HOUSE OF THE RISING CARD

Hoe je brein beweging registreert

Kun je iets zien bewegen wat eigenlijk stilstaat? Het antwoord daarop wordt je al vrij snel duidelijk wanneer je naar de onderstaande afbeelding kijkt.

Het lijkt alsof de cirkels ronddraaien. Als je snel met je ogen over de afbeelding beweegt, dan zie je de bewegingen toenemen en fixeer je je ogen op één punt, dan stopt het gedraai. Het lijkt onmogelijk, maar je ziet het toch gebeuren.

Ook de allereerste illusie die ooit in MINDF*CK te zien was, had met een onmogelijke beweging te maken. Op de boulevard van Scheveningen wisten willekeurige voorbijgangers niet wat ze zagen toen Victor op onverklaarbare wijze een door hen gekozen kaart uit een pak speelkaarten liet opstijgen. Illusionisten noemen deze truc '*the rising card*'. Je kunt trouwens ook gewoon 'de stijgende kaart' zeggen, maar in het Engels klinkt alles nou eenmaal een stukje stoerder.

Er bestaan veel methodes en geheime technieken om deze goochelklassieker mogelijk te maken. Sommige illusionisten gebruiken flinterdunne draden (onzichtbaar voor het blote oog) die aan de speelkaart vastzitten of magneten die op vernuftige wijze in het spel zijn verborgen. Maar de simpelste én meest elegante methode vereist slechts wat kennis van de manier waarop je brein bewegingen registreert en een beetje vingervlugheid.

Ons brein vindt het soms namelijk lastig te bepalen hoe een beweging precies in elkaar steekt. Je herkent het misschien wel: je zit in de trein te wachten tot je vertrekt en staart door het raampje naar de trein op het spoor naast je. En jawel, eindelijk begin je te rijden, je beweegt. Tot dat gevoel abrupt wordt verstoord wanneer je uit het raam aan de andere kant van de coupé kijkt en ziet dat je gewoon nog stilstaat op het perron. Niet jouw trein, maar de trein naast je begon te rijden. Toch vertelde je brein je op dat moment heel even dat je zelf bewoog. Als twee objecten ten opzichte van elkaar bewegen, kan het menselijk brein soms niet goed bepalen welk van de twee werkelijk beweegt en welk stil blijft staan. De illusie van beweging treedt voornamelijk op omdat je visuele blikveld geen ander referentiepunt heeft dan, in dit geval, de andere trein. En dat gegeven is precies waar we bij de risingcard-illusie gebruik van gaan maken.

Je kunt de truc het best uitvoeren bij één iemand, of bij een heel klein publiek. De uitvoering van deze illusie is namelijk redelijk eenvoudig, maar, zoals dat heet in de wereld van illusionisten, '*angle sensitive*' (hoekgevoelig): het maakt veel uit vanuit welke hoek je publiek je bekijkt en hoe meer publiek je hebt, hoe groter de kans dat iemand iets ziet wat eigenlijk niet helemaal de bedoeling is. Zorg er dus voor dat je toeschouwers precies recht tegenover je zitten.

1 Voordat je begint leg je de hartenvrouw achter op het spel kaarten. Vertel je toeschouwers dat je iets bijzonders wilt laten zien en dat je hen daarvoor verzoekt heel geconcentreerd te denken aan de mooiste kaart uit het spel: de hartenvrouw. Dit praatje dient om je publiek heel even af te leiden. Zorg dat je handen tijdens het geklets uit het zicht

zijn van je publiek, bijvoorbeeld onder een tafelblad of achter je rug. Hier voer je de volgende geheime handelingen uit om de kaarten in de goede startpositie te krijgen: pak van de achterkant de hartenvrouw en schuif de kaart in het midden van het spel tot precies halverwege omhoog – alleen de hartenvrouw steekt nu uit het pakje kaarten. Zorg dat je de voorste kaart daarna net zo ver omhoogschuift als de hartenvrouw. Als het goed is heb je nu dus een pak kaarten waarbij alleen de voorste kaart en de hartenvrouw in het midden van de stapel uitsteken.

2 Zet het pak, met de twee omhoogstekende kaarten, nu rechtop, dwars in je handpalm en bedek de onderste helft met je vingers. Zorg ervoor dat niemand tussen je vingers de rest van de kaarten kan zien. Breng je hand met daarin het pak kaarten in het zicht van het publiek, met de voorkant van de kaarten naar de mensen toe. Voor hen lijkt het nu net alsof je een normaal pak kaarten vasthebt, terwijl het zijaanzicht op de foto hieronder laat zien hoe de geheime constructie werkelijk in je hand zit. Je ziet dat deze truc angle sensitive is. Dus denk erom: het enige wat je publiek mag zien is het vooraanzicht.

3 Natuurlijk heb je nu een verhaal klaar over hoe je vrouwen altijd tot grote hoogte laat stijgen (of verzin een nog foutere tekst) en dat je dat nu met de mooiste speelkaart uit het spel gaat proberen: de hartenvrouw. Concentreer je op de speelkaarten en verzoek iedereen om mee te doen met deze intensieve concentratieoefening.

4 Maak vervolgens twee bewegingen tegelijkertijd. Beweeg je hele onderarm naar voren en naar achteren, alsof je met het pak kaarten wappert (doe het niet te snel, anders ziet je publiek het pak kaarten niet meer, maar ook niet te langzaam). Ondertussen voer je de geheime beweging uit: heel voorzichtig trek je met je vingers de voorste kaart naar beneden. Omdat iedereen zich concentreert op het opstijgen van de hartenvrouw en het menselijk brein niet kan zien wat er nou precies beweegt in jouw hand – het hele pak, alleen de voorste kaart of alleen de hartenvrouw – zal het voor je publiek lijken alsof de kaart daadwerkelijk uit het pak omhoogkomt. Precies zoals op de foto's hieronder.

Oefen het maar eens voor de spiegel en je zult zien dat je met deze illusie zelfs je eigen ogen voor de gek kunt houden.

Het kan trouwens best gebeuren dat een paar slimmeriken in het publiek denken dat ze je doorhebben. Zij zullen waarschijnlijk roepen dat je de hartenvrouw helemaal achter op het pak hebt gelegd en omhoog hebt geduwd met je duim. Neem die twijfel snel weg door het pak na afloop zijwaarts te draaien en laat de kaarten onderzoeken. Dan kunnen ze zien dat de opgestegen kaart echt midden in het spel zit, en zijn ze een illusie rijker.

Fun Fact:
De risingcard-illusie laat een belangrijke wet uit de wereld van het illusionisme zien: een grote beweging verhult een kleine beweging. Dus terwijl je met grote bewegingen het pak speelkaarten voor de neus van je publiek heen en weer beweegt, ziet het niet dat je met een kleine beweging van je vingers de voorste kaart stiekem naar beneden schuift. Dit principe komt in een aantal illusies in dit boek terug, dus wees er alert op.

12

GEEN GEZICHT?

Waarom we graag patronen herkennen

Beeld je het volgende eens in. Je bent een holbewoner, het is zo'n veertigduizend jaar geleden en je bent samen met een goede vriend een boswandeling aan het maken terwijl jullie discussiëren over welk berenvel het lekkerst zit. Jullie genieten van de natuur. Een paar meter verderop zien jullie ineens deze boom staan.

Wat doe je? Ren je weg of loop je verder? Je vriend rent er in ieder geval met een noodgang vandoor. Je verbaast je hierover, maar veel tijd heb je niet, want een seconde later word je opgegeten door de jaguar die zich rechtsonder bij de boom verscholen hield.

In dit voorbeeld is het je vriend die het overleeft, en niet jij. Hij had een evolutionair voordeel ten opzichte van jou, omdat hij eerder het gezicht van de jaguar herkende. Om die reden zal hij zich dus kunnen voortplanten, en hebben zijn kinderen een kans deze eigenschap te erven. Waarschijnlijk zijn we door dit evolutionaire proces als mensheid verhoogd sensitief ingesteld om gezichten te herkennen.

Maar hierdoor zijn we ook geneigd om sneller gezichten in iets te herkennen dan misschien noodzakelijk is. Want zoals je je kunt voorstellen, is het veiliger als je brein een paar keer gevaar herkent daar waar het niet is ('fout-positieven', zoals dat in de wetenschap heet) dan wanneer het daar maling aan heeft. In dat geval word je – zoals je hiervoor merkte – sneller opgepeuzeld door een roofdier.

Ons brein probeert op een actieve manier de wereld om zich heen te begrijpen en te interpreteren. Dat klinkt misschien logisch en voor de hand liggend, maar toch beleef je dat waarschijnlijk niet zo. Kijk maar eens om je heen. Je ervaart de externe wereld waar je naar kijkt als een driedimensionale ruimte gevuld met allerlei objecten. Die informatie zie je met je ogen en die sturen de beelden vervolgens door naar je brein. Deze vorm van informatieverwerking heet bottom-upmodulatie. De informatie stroomt als het ware van de onderste laag (de werkelijkheid om je heen) via je ogen naar een hoger gebied (je brein). Maar andersom kan het ook. Dit heet top-downmodulatie: het proces waarbij je brein zijn eigen interpretatie van de wereld naar beneden stuurt en die als het ware over de werkelijkheid heen legt.

Top-downmodulatie speelt een grote rol bij pareidolie. Dat klinkt misschien als een mentale geslachtsziekte, maar dat is het gelukkig niet. Pareidolie is het verschijnsel waarbij we patronen of gezichten in willekeurige zaken denken te herkennen. Het is een prachtig fenomeen dat we allemaal kennen en waar we ook geen antibioticakuur tegen in hoeven te nemen. Kijk maar eens naar de onderstaande afbeelding.

Eerlijk zeggen, wat zie je hier? Een zandkleurige ruïne waar verdwaalde toeristen hun behoefte in kunnen doen of een kaal mannetje dat zich het apelazarus schrikt en het uitgilt? Hoogstwaarschijnlijk het laatste. Dit is het gevolg van het feit dat jouw vriend de holbewoner zijn brein aanleerde om de jaguar in het bos vooral niet over het hoofd te zien.

Gezichtsherkenning is zo belangrijk dat we meerdere hersengebieden hebben die zich ermee bezighouden. Een fundamenteel gebied voor gezichtsherkenning heet het 'fusiforme gezichtsgebied'. Het is gespecialiseerd in het analyseren van (onderdelen van) gezichten. Dat geldt echter alleen voor gezichten in hun normale oriëntatie. Zet je een gezicht op z'n kop, dan gebeurt er iets merkwaardigs. Kijk maar eens goed of je aan deze omgedraaide foto iets geks kunt ontdekken.

Niets geks te zien? Draai het boek dan nu 180 graden en kijk nog eens (niet schrikken). Bizar, toch? Hoe kan het dat dit je nog niet was opgevallen? Omdat we niet gewend zijn een gezicht ondersteboven te herkennen of te analyseren, is het blijkbaar ook veel moeilijker om op te merken dat er iets aan zo'n gezicht niet helemaal klopt. Het is goed mogelijk dat we in een omgedraaid gezicht de losse onderdelen (zoals mond en ogen) individueel analyseren in plaats van het gezicht in zijn geheel. En omdat die losse onderdelen qua oriëntatie wel herkenbaar zijn voor je fusiforme gezichtsgebied, valt het niet op dat ze in relatie tot het volledige gezicht verkeerd staan. Maar hoe dit precies zit, is zelfs voor de wetenschap nog een mysterie.

In de volgende foto zie je dit effect trouwens nog veel sterker. Wanneer je hem omdraait schrik je je rot.

Aan sommige gezichten zal het fusiforme gezichtsgebied nooit kunnen wennen.

13

KOP: IK WIN, MUNT: JIJ VERLIEST

Vier slimme methodes om je winkans te vergroten

Wie mag de wedstrijd aftrappen? Wie mag er boven in het stapelbed? En wie is de bob? We worden dagelijks geconfronteerd met vraagstukken waar makkelijk onenigheid over kan ontstaan. Daarom vertrouwen mensen voor dit soort kwesties het liefst op het lot. En de meest eerlijke manier om dat te doen is natuurlijk het oude, vertrouwde opgooien van een muntje. Zelfs in situaties waarin het om grote geldbedragen gaat, zoals internationale voetbalwedstrijden, wordt de aftrap nog steeds bepaald door het opwerpen van een muntstuk. Daar kan niets mis mee gaan. Toch?

Om te laten zien dat je nooit een illusionist als scheidsrechter moet inzetten, leer je in dit hoofdstuk niet één maar vier verschillende methodes om altijd te winnen met kop of munt. Met een paar simpele vingervlugge ingrepen, en soms wat stiekeme manipulatie, ben jij straks heer en meester van het lot.

De Flip

Voor de eerste methode moet je zorgen dat jij degene bent die het muntstuk opgooit en vangt. Je gooit de munt op zoals bij een voetbalwedstrijd: leg de munt op je opgekrulde wijsvinger en flip hem omhoog met je duim. Dan vang je het muntje met diezelfde hand en sla je het vervolgens op de rug van je andere hand.

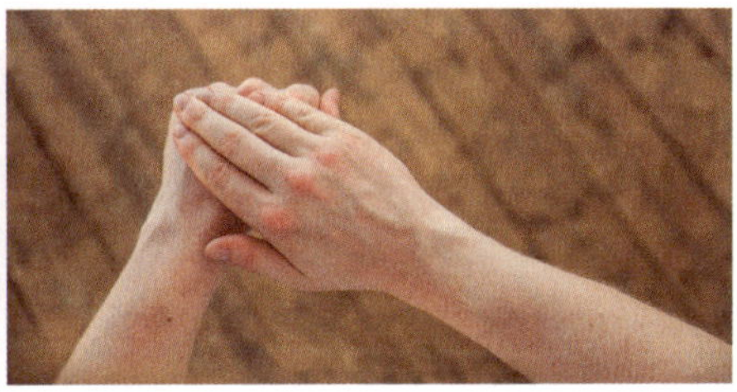

Alleen ga je nu een klein, ongezien stapje inbouwen, zodat je altijd wint. Laat vooral je tegenspeler kiezen tussen kop of munt, dat lijkt wel zo eerlijk. Stel: je tegenstander kiest munt, dan heb jij dus kop. Gooi het muntstuk omhoog en vang het op. Het is belangrijk dat je het niet midden in je hand vangt, maar op het uiteinde van je vingers. De truc is dat je vervolgens zeer snel kijkt. Landt het geldstuk met munt omhoog, dan leg je het op de rug van je andere hand en win jij, want uiteindelijk is het dan dus kop. Maar zie je in de gauwigheid dat het muntstuk met kop omhoog is geland, dan zet je een extra stap: terwijl je de hand waarin het muntstuk ligt naar de rug van je andere hand brengt, sla je je vingers naar binnen, waarmee je de munt dus stiekem omdraait. Zo landt hij alsnog met kop omhoog op de rug van je andere hand. Deze geheime extra beweging is niet heel makkelijk, in slow motion ziet het eruit zoals in de afbeeldingen op de volgende pagina.

De grote omslagbeweging van je hand maskeert hier de flipbeweging van je vingers. Oefen de beweging vaak en zorg er ook voor dat je het spiekmoment zo snel en onzichtbaar mogelijk maakt.

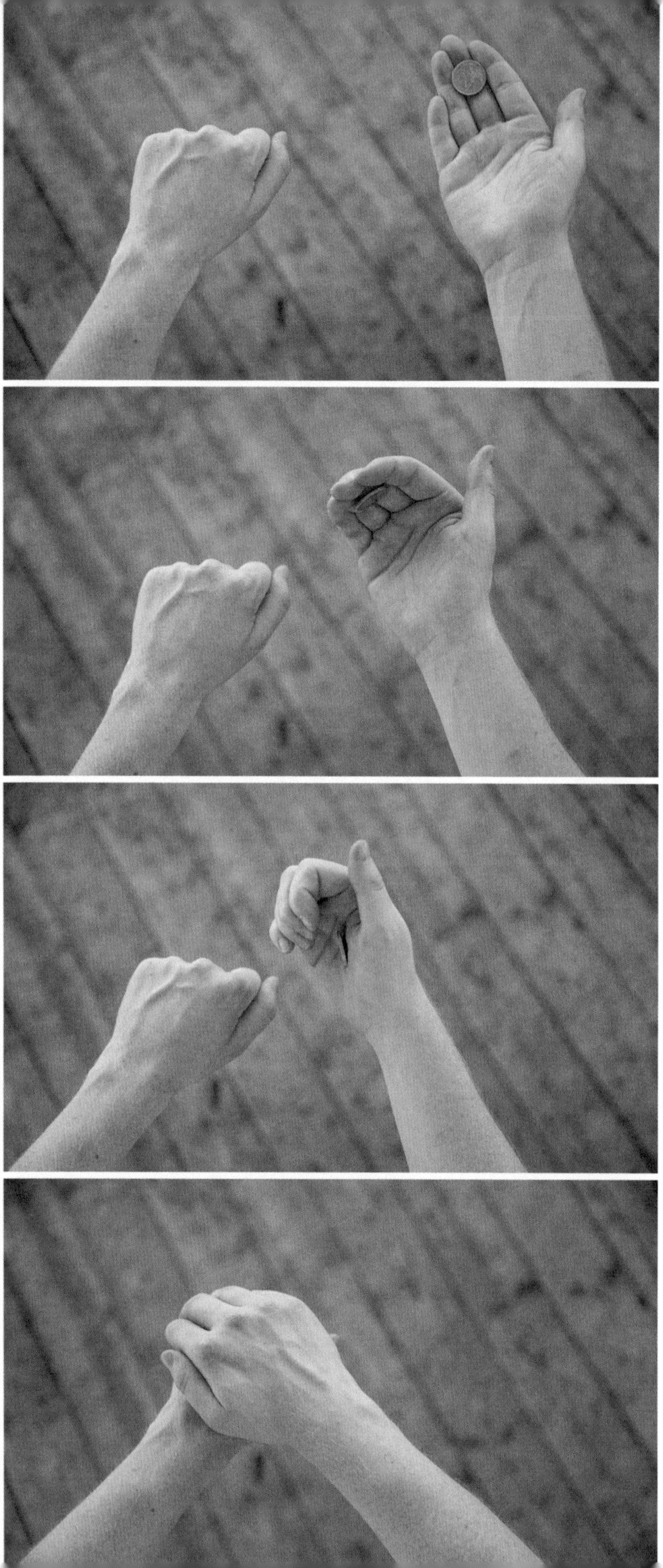

De Tol

De volgende methode heeft als voordeel dat je je tegenspeler een beslissende rol geeft. Althans, dat zal-ie denken.

Voor deze versie gooi je de munt niet omhoog, maar zet je het muntstuk op z'n kant op een plat vlak, zoals een tafel of een bar. Je geeft dan met je andere hand een draai aan de munt zodat hij een tijdje om z'n eigen as tolt. Het is aan je tegenspeler om met de vlakke hand het muntje plat op tafel te slaan. Zo lijkt het alsof de tegenstander beslist wanneer het draaien stopt en het geldstuk op kop of op munt valt.

Ook bij deze versie moet je van tevoren vragen of je tegenspeler kop of munt kiest. Stel dat hij munt kiest. Dan zet je het muntje op z'n kant, maar voordat je met je andere vingers de munt laat tollen, kantel je het muntstuk een heel klein beetje zodat kop naar buiten staat. Zoals op de afbeelding hieronder. Het muntstuk moet een klein beetje overhellen, een klein beetje maar, zodat het muntje wel goed in het rond tolt. Toch zorgt de hoek waaronder het muntstuk om z'n as draait ervoor dat hoe jouw tegenstander er ook op slaat, jouw zijde altijd bovenop zal eindigen.

De Reeks

Een ander leuk, maar iets ingewikkelder wedstrijdje om te winnen met een muntstuk is het volgende. Je tegenstander kiest een combinatie van drie uitkomsten, bijvoorbeeld kop, munt, munt of munt, kop, munt of kop, kop, kop. Het kan iedere combinatie van drie uitkomsten zijn. Vervolgens kies jij ook een combinatie van drie.

Nu laat je jouw tegenstander het muntje een aantal keer opgooien en houd jij op een vel papier bij of er kop of munt valt. Je krijgt dan een reeks, bijvoorbeeld zoiets: K, M, K, K, M, M, K, M, K, M.

De spelregels zijn nu als volgt: als jouw winnende volgorde valt (bijvoorbeeld K, M, M) dan krijg je een punt en voor je tegenstanders reeks geldt hetzelfde. Zo blijven jullie de munt opgooien tot een van jullie als eerste vijf punten heeft en als winnaar uit de bus komt. Klinkt als een eerlijk kansspel? Als je het slim speelt kun je je winkansen sterk vergroten.

De truc is dat jouw combinatie niet willekeurig gekozen is, maar dat je die op een slimme manier baseert op de keuze van je tegenstander. Een professor met de naam Walter Penney (en bereken maar eens de kans dat dát je achternaam is als je je met de kansverdeling van muntspelletjes bezighoudt) ontdekte een wetmatigheid die je op de volgende manier kunt toepassen:

1 Onthoud de combinatie van je tegenstander. Stel hij kiest: kop, munt, munt.

KMM

2 Plaats de tweede uitkomst van je tegenstander aan het begin van jouw reeks en draai hem om. In dit geval is zijn tweede uitkomst munt, dus moet je jouw reeks laten beginnen met kop. De laatste uitkomst van zijn reeks kun je wegstrepen.

3 De combinatie waar jij het spel mee gaat spelen wordt dus: kop, kop, munt.

KKM

Het is misschien moeilijk voor te stellen, maar op basis van deze truc heb jij altijd een veel grotere winkans. Hoe groot die kans is, hangt af van de initiele vrije keuze van je tegenstander.

Keuze van jouw proefpersoon	**Jouw keuze**	**Winkans**
KKK	MKK	7 op 1
KKM	MKK	3 op 1
KMK	KKM	2 op 1
KMM	KKM	2 op 1
MKK	MMK	2 op 1
MKM	MMK	2 op 1
MMK	KMM	3 op 1
MMM	KMM	7 op 1

De wiskunde hierachter is onverbiddelijk: als jij een combinatie hebt van drie en je tegenstanders eerste twee uitkomsten zijn altijd jouw laatste twee, dan zul jij meestal een combinatie van drie afgerond hebben voordat hij bij zijn derde uitkomst zal komen.

De List

Mocht je geen zin hebben in al die ingewikkelde regels, dan is er altijd nog de volgende methode om snel een spelletje kop of munt te winnen. Hij is even simpel als briljant, het enige wat je moet doen is een simpele spelregel aan je tegenspeler voorleggen. Zeg het vlug en met zelfvertrouwen: 'Oké, kop: ik win. Munt: jij verliest.' Je drukt de munt in zijn hand en laat hem gooien zonder dat hij tijd heeft om na te denken over wat je precies tegen hem gezegd hebt. Valt munt, dan zeg je meteen: 'Helaas, munt: jij verliest!' en valt kop, dan zeg je: 'Mooi, kop: ik win!' De kans is groot dat niemand het doorheeft. Wedden?

14

OOGVERBLINDEND

Het verschil tussen kijken en waarnemen

Zie jij alles wat er om je heen gebeurt? Je denkt waarschijnlijk van wel, maar toch ben je voor de meeste zaken die recht onder je neus te zien zijn hartstikke blind. Wil je dat zelf eens ervaren? Doe dan mee met het volgende experiment.

Uit onderzoek is gebleken dat mensen gemiddeld 221 keer per dag op hun smartphone kijken. Je zou dus een aardig idee moeten hebben van hoe je scherm eruitziet. Dat gaat nu getest worden. Probeer het scherm van je telefoon met alle verschillende app-iconen in gedachten voor je te zien. Dan nu de vraag: welk app-icoon staat helemaal rechtsboven in je scherm? Niet stiekem kijken! Maak je keuze en noem de naam van de app hardop.

Lastig? Pak je telefoon er maar bij en kijk of je het goed had. Nadat je het hebt gecontroleerd, leg je hem weer weg.

En? Had je het goed? Of zat je er toch naast? Is het niet opmerkelijk dat je het waarschijnlijk niet correct wist te noemen, terwijl je er toch zo vaak per dag naar kijkt?

Deze test was eigenlijk slechts een afleiding om ervoor te zorgen dat je even op je telefoon zou kijken. Want nu komt de echte vraag: hoe laat is het? Waarschijnlijk heb je daar geen idee van en dat is behoorlijk vreemd, aangezien je net nog op je telefoon hebt gekeken, waar het hartstikke groot in beeld staat. Het kan niet zo zijn dat je de tijd op het scherm niet gezien hebt, de getallen kwamen zeker langs in je blikveld toen je het icoon op je smartphone opzocht. Het verschil zit 'm erin dat je de tijd wel hebt gezien, maar waarschijnlijk niet hebt waargenomen.

Wat je zojuist hebt ervaren heet in de psychologie 'inattentional blindness'. Onderzoekers Christopher Chabris en Daniel Simons hebben dit fenomeen op de kaart gezet met een experiment waar jij misschien ook al eens aan hebt deelgenomen. In de eerste aflevering van MINDF*CK kregen de kijkers de opdracht om te tellen hoe vaak een basketbalteam een bal overspeelde. De meeste mensen hadden het antwoord goed, maar hadden niet gezien dat er een grote harige gorilla dwars door het beeld wandelde. Sindsdien is de gorilla een soort MIND-F*CK-mascotte geworden en staat hij symbool voor het feit dat we veel zaken niet goed waarnemen.

Uit het experiment met de basketballers en de gorilla dat Chabris en Simons uitvoerden met hun studenten aan Harvard bleek dat ongeveer de helft van de studenten de gorilla niet waarnam. Hoe is het toch mogelijk dat slimme tv-kijkers of studenten van Harvard een wandelende aap missen? Het ligt niet aan je ogen die op de een of andere manier de gorilla niet zien, maar het ligt aan je brein dat de informatie niet verwerkt. En dat is in veel gevallen maar beter ook; om goed te kunnen functioneren moet je brein zich nou eenmaal kunnen concentreren en niet alle zintuigelijke informatie tegelijk verwerken.

In de medische wereld is een soortgelijk gorilla-experiment ook weleens uitgevoerd. Radiologen – artsen die onder andere gespecialiseerd zijn in het maken en bestuderen van röntgenfoto's – kregen een röntgenfoto te zien van iemands longen, met de opdracht om een specifiek soort afwijking te vinden. Dit is de foto die ze te zien kregen.

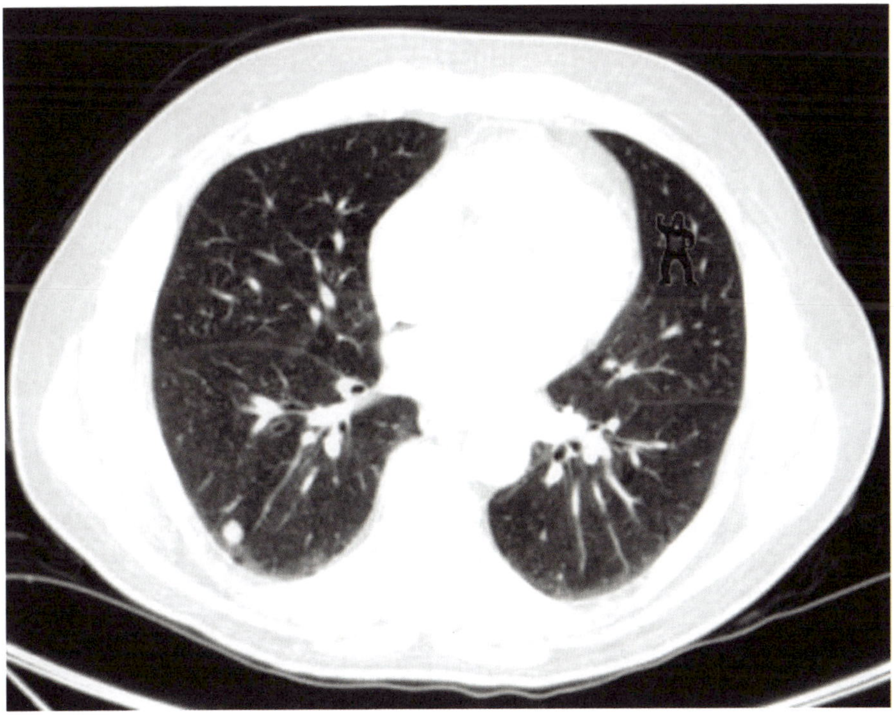

Wat de radiologen niet wisten, is dat de onderzoekers een afbeelding van een zwaaiende gorilla in de foto verstopt hadden. Maar liefst 83 procent van de radiologen zag de gorilla volledig over het hoofd! Ze deden het overigens wel beter dan een controlegroep niet-artsen, mocht dat een kleine geruststelling zijn. Kon jij 'm vinden?

De onderzoekers volgden tevens de bewegingen van de ogen van de radiologen om te kijken of de gorilla misschien aan hun blikveld ontsnapte. Dat was niet het geval. Ieder blauw puntje op de foto hieronder staat voor een kort moment waarop de ogen naar een bepaald gedeelte van de foto kijken.

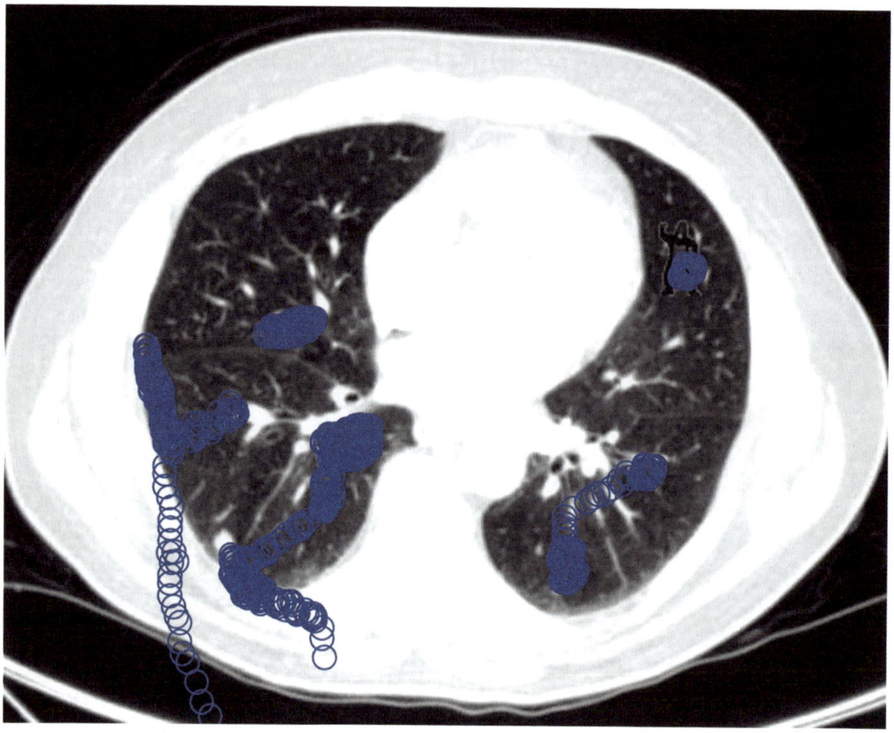

Boven op de afbeelding van de gorilla zie je een dikke blauwe stip, dat geeft aan dat sommige radiologen wel degelijk naar de gorilla hadden gekeken. En toch zei 83 procent van de artsen achteraf dat ze geen gorilla hadden waargenomen.

De onderzoekers legden met hun experiment een fenomeen bloot dat al heel lang dankbaar gebruikt wordt door illusionisten, namelijk dat je blind kunt zijn voor iets binnen je blikveld als je focus op een andere taak ligt. Niet voor niets wordt bij een goocheltruc de toeschouwer altijd gevraagd zich te concentreren op een speelkaart, een gedachte, een muntstuk of noem het maar op. Dat is een vorm van cognitieve afleiding waardoor de goochelaar (hopelijk) recht onder iemands neus een geheime handeling kan uitvoeren.

Het cognitieve proces van aandacht werkt namelijk als een soort schijnwerper. De 'schijnwerper' richt zich op één punt en onderdrukt actief wat er om de lichtstraal heen gebeurt. En zelfs al valt iets wel in het licht van die schijnwerper, dan nog neem je het alleen waar als het belichte gebied ook relevant is voor de taak waar je op dat moment mee bezig bent.

Of het nou om een app of een aap gaat, je brein negeert veel informatie als die niet direct relevant is. De zintuigelijke informatie die bij mensen binnenkomt is dus maar het halve verhaal; voordat iemand aan de slag kan met die informatie moet die nog verwerkt, vervormd en geordend worden door je brein.

Dankzij dit verschijnsel kunnen er gorilla's dwars door je blikveld lopen zonder dat je het registreert. Sterker nog, herinner je je nog de opdracht uit het voorwoord om 12 gorilla's in dit boek te vinden? Tot aan dit hoofdstuk zijn er al 7 gorilla's langsgekomen. En nee, zoals je al in het voorwoord las, tellen alle gorilla's uit dit hoofdstuk niet mee. Denk je alle gorilla's gevonden te hebben en wil je controleren of je het goed hebt? Stuur dan een mailtje met je antwoord naar gorilla@mindfck.nl. Bedelen om hints heeft geen zin, al is de redactie erg gevoelig voor warme appeltaart.

15

AANGENAAM

Vergeet nooit meer iemands voornaam

Kijk eens naar deze twee vrolijke figuren. Een van deze twee heet Boeba en de ander heet Kiki. Kun jij raden welk figuur welke naam heeft?

De kans is groot dat je het linkerfiguur Kiki hebt genoemd en het rechter Boeba. En met jou ongeveer 95 procent van de wereldbevolking. Ja, dat lees je goed: volkeren over de hele wereld associëren het puntige, scherpe figuur links met de naam Kiki en het rondere figuur rechts met de naam Boeba. Het maakt blijkbaar niet uit of je Chinees, Tahitiaans, Spaans of Limburgs praat, het lijkt erop dat in ieder menselijk brein de gevoelsmatige koppeling tussen de klanken en de vormen op dezelfde manier plaatsvindt.

Het voelt ook logisch, immers: Ki-ki bestaat uit twee harde en hoge klanken, ze hebben iets scherps, net zoals de hoeken van het linkerfiguur harder en scherper zijn. Terwijl Boe-ba juist weer ronde en zachte klanken zijn, net zoals het rechterfiguur ronde en zachte uitstulpsels heeft.

De namen Boeba en Kiki zul je nu niet meer zo snel vergeten. Maar heel veel andere namen kunnen behoorlijk lastig zijn om te onthouden. Je hebt het vast weleens meegemaakt: op een verjaardag word je door een vriend voorgesteld aan allerlei nieuwe mensen. Maar je hebt de handen van drie gasten nog niet geschud of van twee ben je de voornaam alweer vergeten. Hier volgen drie handige trucs om dit in de toekomst te voorkomen.

1 Herhaal de naam hardop

Wanneer je aan iemand wordt voorgesteld of wanneer iemand z'n naam noemt, herhaal je zijn of haar naam hardop. Dus niet:

'Hallo, ik ben Caren.'
'Hoi, ik heet Victor.'

Maar:

'Hallo, ik ben Caren.'
'Hoi Caren, ik ben Victor.'

Repetitie van informatie zorgt in het brein voor – dure-woorden-alert – consolidatie. Hoe vaker je iets langs hoort komen, hoe eerder de zenuwcellen in je brein die informatie blijven vasthouden. Kijk maar eens goed naar MINDF*CK, als Victor zich op straat aan mensen voorstelt, dan herhaalt hij bijna altijd hun naam. Zo vergeet hij (hopelijk) niet met wie hij het genoegen heeft.

2 Schrijf het woord op iemands hoofd

Probeer op het moment dat iemand zich aan je voorstelt zijn naam in gedachten op zijn voorhoofd te schrijven. Echt doen kan natuurlijk ook, maar je hebt nou eenmaal niet altijd een watervaste stift op zak. Het inbeelden van het opschrijven van de naam werkt zo goed omdat je daarmee de naam van je gesprekspartner visueel maakt, en vervolgens ook nog eens koppelt aan het beeld van zijn gezicht. Je creëert zodoende een betere plek voor de naam in je geheugen dan wanneer je alleen maar passief naar de naam luistert.

3 Maak een koppeling

De derde voornaamtruc werkt misschien nog wel het best: het koppelen van iemands naam aan een visueel kenmerk. Dus wanneer je iemand tegenkomt die Peter heet, probeer je hem in gedachten een beetje op een bos peterselie te laten lijken. En heet iemand Oscar, dan beeld je jezelf in dat zijn gezicht op die beroemde filmprijs staat afgebeeld.

Kun je zo snel niks bedenken? Je kunt de naam ook op iets visueels laten rijmen. De naam Gert bijvoorbeeld rijmt op snert, dus beeld je je in dat Gert een kom warme erwtensoep aan het eten is of, beter nog, erin zwemt. Hoe gekker het beeld, hoe beter je het onthoudt.

Een slimme truc voor als je na deze gouden tips toch iemands naam bent vergeten, is de volgende. Je vraagt simpelweg: 'Hoe heette je ook alweer?' Dan krijg je misschien als antwoord: 'Thomas.' Vervolgens lieg je en zeg je: 'Ja, dat weet ik, ik bedoel je achternaam!' Een typisch voorbeeldje van hoe een goochelaar informatie achterhaalt zonder dat de ander doorheeft dat er een truc met hem wordt uitgehaald.

Fun Fact:

Uit een grootschalig bevolkingsonderzoek in de Verenigde Staten kwam een paar jaar geleden een vreemd feit bovendrijven: er lijkt een verband te zijn tussen de voornaam van mensen en hun woonplaats. Zo zijn er opvallend veel vrouwen die Georgia heten en die in de loop van hun leven verhuizen naar de Amerikaanse staat Georgia. Het lijkt zelfs te werken met de eerste paar letters van je naam, zo gaan er vrij veel Mildreds naar de stad Milwaukee. Ook kiezen mensen vaker een beroep dat dezelfde beginletters heeft als hun voornaam. Heet je Dennis, dan word je vaker dentist *(tandarts) en Lawrence heeft een grotere kans om* lawyer *(advocaat) te worden. Onderzoekers noemen dit fenomeen* 'implicit egotism'*: we hebben zoveel goede associaties bij onze eigen naam, dat we er onze woonplaats en ons beroep op uitkiezen. In Nederland komt het ook voor: zo is er een bekende chef-kok die Onno Kokmeijer heet en een (eind)redacteur die naar de naam Emma Punt luistert. Ongelooflijk maar waar.*

Omdat een naam het meest persoonlijke is wat we hebben, reageren mensen ook altijd heel sterk op illusies waarbij hun naam in het spel is. De volgende truc kun je gebruiken om op een feestje iemands naam op onverklaarbare wijze op je onderarm te laten verschijnen.

Deze illusie vergt wel een beetje voorbereiding. Het belangrijkste is dat je ervoor moet zorgen dat je de voornaam van een andere feestganger te weten komt zónder dat hij daarachter komt. Er zijn verschillende manieren om dat te regelen. Je kunt het gewoon vragen aan degene die het feestje organiseert. Of als je een uitnodiging via Facebook krijgt, kun je daar vaak al zien wie er allemaal nog meer komen. Een derde optie is om op het feestje zelf stiekem mee te luisteren als iemand zich aan iemand anders voorstelt. Het maakt niet uit hoe je de naam achterhaalt, als diegene maar niet weet dat jij zijn naam al wist.

Daarnaast is dit waarschijnlijk de enige truc ter wereld waarvoor je een lippenbalsem en een gevulde asbak nodig hebt. De lippenbalsem ga je, uit het zicht van de rest van de feestgangers, gebruiken als een soort vet potlood. Verstop jezelf even in de wc, stroop je mouwen op en schrijf met de vette punt de naam van je slachtoffer op je onderarm. Als het goed is zie je de stift (bijna) niet zitten, tenzij hij toevallig in de zon reflecteert.

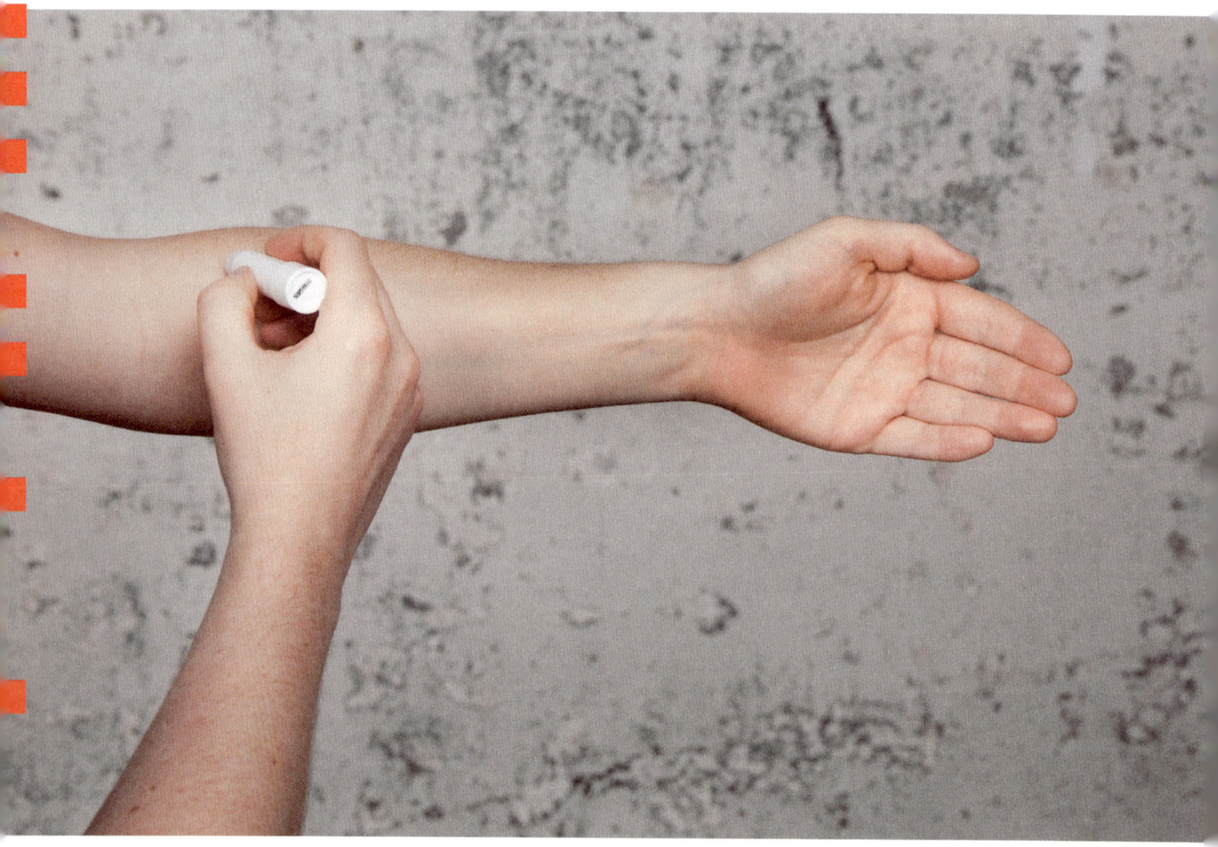

Nadat je de lippenbalsem weer hebt opgeborgen begint het leuke gedeelte. Stap op je nietsvermoedende slachtoffer af, stel jezelf voor en vraag naar zijn naam. Als hij vertelt dat hij Thomas heet, zeg je: 'Ik ben normaal gesproken heel slecht in het onthouden van voornamen. Vind je het goed als ik een tijdelijke tatoeage laat zetten?' Thomas zal je ongetwijfeld vreemd aankijken, maar jij laat je niet uit het veld slaan. Pak de gevulde asbak (waar die vervelende oom al een paar flinke sigaren in heeft uitgedrukt – tenzij hij gestopt is met roken, dan gebruik je de as uit zijn urn), grijp er een flinke hand met as uit en smeer die langzaam over je onderarm uit. Langzaam ziet Thomas zijn naam op jouw onderarm verschijnen en zijn mond zal openvallen van verbazing. Het resultaat ziet er als volgt uit.

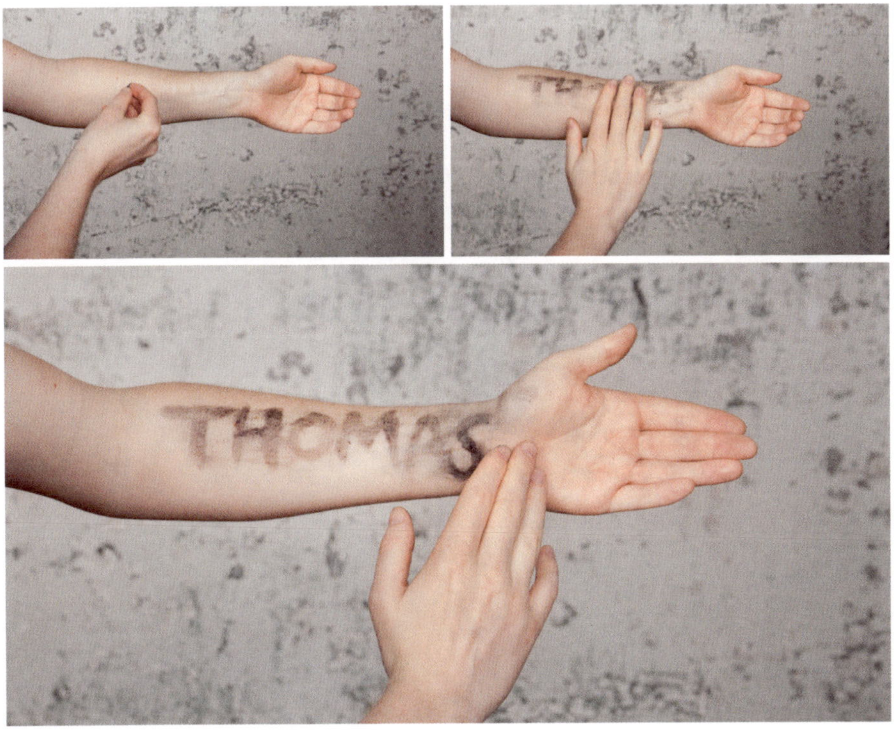

Zoals je ziet blijft de as nergens op je onderarm zitten, behalve op het plakkerige vet.

'Zo, jouw naam zal ik niet meer zo snel vergeten!' zeg je. En hij die van jou waarschijnlijk ook niet!

16

DE MYTHE VAN HET MULTITASKEN

Waarom het onmogelijk is om meerdere dingen tegelijk te doen

Tijd om te testen hoe goed jij bent in multitasken! Steek beide handen voor je uit en maak van je linkerhand een pistool door je wijsvinger en duim te strekken. Tegelijkertijd maak je met je rechterhand een vredesteken door je wijs- en middelvinger te strekken. Precies zoals op de bovenste afbeelding op de volgende pagina.

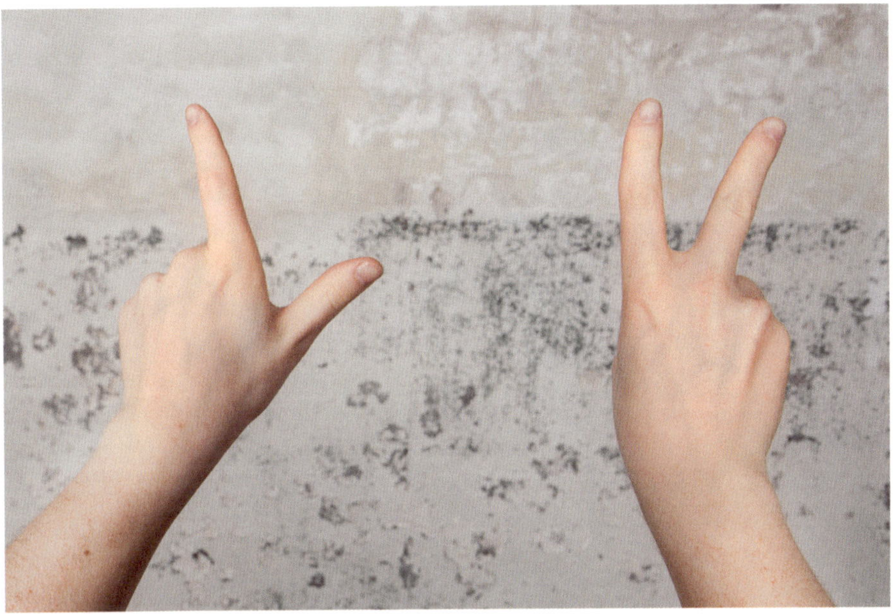

Vervolgens maak je met je linkerhand een vredesteken en met je rechterhand een pistool.

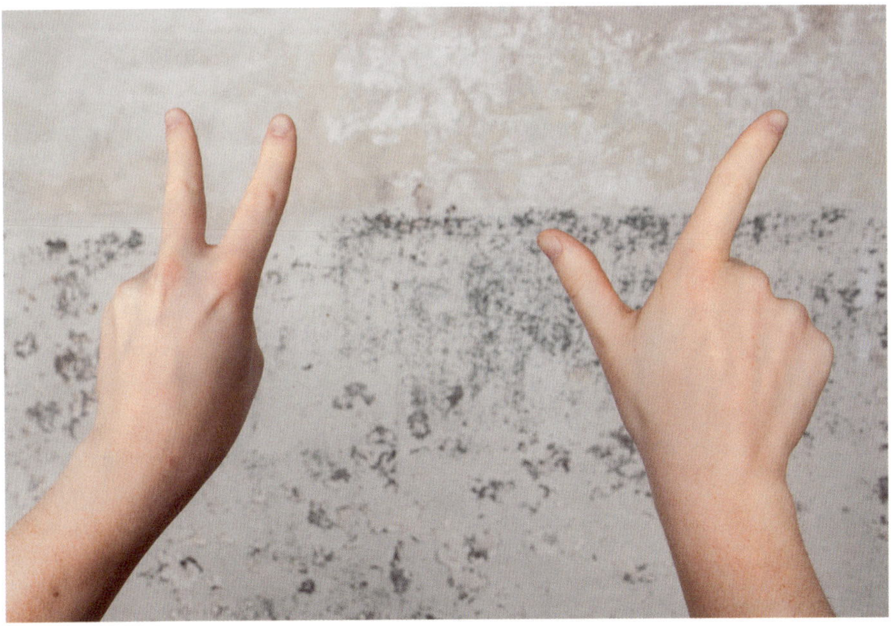

Gelukt? Mooi! Nu is de opdracht deze gebaren zo snel mogelijk van hand te laten wisselen. Dus verander het pistool in je rechterhand weer terug in een vredesteken terwijl je tegelijkertijd met je linkerhand weer een pistool nabootst. Wissel de gebaren tegelijkertijd zo snel als je kunt.

Gaat 't lastig? Waarschijnlijk wel. Dat komt doordat je brein nieuwe taken altijd sequentieel (dus achtereenvolgend) moet uitvoeren, het kan zeer moeilijk twee losse opdrachten parallel (dus tegelijkertijd) aan. Bij het handenexperiment hiervoor moet je brein dus als het ware steeds even stoppen met het aansturen van je ene hand, om de beweging van je andere hand te coördineren (en vice versa), wat al snel een mindf*ck oplevert.

Interessant is dat je brein er minder moeite mee heeft als het om een gezamenlijke taak van je handen gaat, vooral als je die taak al vaker hebt gedaan. Denk bijvoorbeeld aan het typen op een toetsenbord of het strikken van je veters. Hoe bijzonder dat eigenlijk is kun je zelf ervaren met de volgende test. Maak de veter van je schoen los en blijf gehurkt zitten. Vraag iemand om naast je te komen zitten. Nu mogen jullie samen, jij met je linkerhand en je hulpje met zijn rechterhand, proberen de veter te strikken. Je zult zien dat dit bijna onmogelijk is. Voor typen op een toetsenbord geldt hetzelfde. Probeer maar eens samen, tegelijkertijd, allebei met één hand een mail te typen naar multitasken@mindfck.nl. Degene die dit als eerste lukt wint een luchtgitaar.

Terwijl het gezamenlijk veterstrikken waarschijnlijk een zooitje werd, is het voor jouw eigen twee handen een fluitje van een cent om een gecoördineerde taak uit te voeren. Dat komt doordat het door oefening een automatisch proces geworden is, je brein speelt als het ware een routineprogramma af, en het vergt geen aandacht of concentratie meer. Maar zodra je twee handelingen gaat uitvoeren die wel aandacht vragen, ga je de mist in. Om die reden blijft het ook nog steeds gevaarlijk om tijdens het autorijden te bellen, ook al doe je dat handsfree. Het besturen van de auto zelf is misschien wel een automatisme geworden, maar inhoudelijke gesprekken aan de telefoon kunnen ervoor zorgen dat je aandacht niet meer volledig uitgaat naar wat er op de weg gebeurt.

Heb je toch het idee dat jij wel meerdere dingen tegelijk kunt doen? Dat is dan helaas een illusie. Het enige wat je eventueel zou kunnen is iets wat *'switchtasken'* heet: je brein schiet dan heel snel heen en weer tussen de verschillende taken. Maar twee aandachtsintensieve processen tegelijkertijd uitvoeren is helaas praktisch onmogelijk. Daarnaast schijnt switchtasken ook ten koste te gaan van de kwaliteit van beide processen, dus je kunt beter je aandacht op één taak tegelijk richten.

Onder het motto ervaren is geloven, volgt hier een test waarbij gemeten gaat worden hoe goed jouw switchtaskvermogen (leuk scrabblewoord!) is. Hiervoor heb je pen en papier nodig, en een stopwatch (bijvoorbeeld die op je telefoon).

Maak je stopwatch gereed en meet dan eens hoeveel tijd het kost om de getallen 0 tot en met 10 op te schrijven. Gelukt? Hoe snel ging het? Meet dan nu eens iets heel anders: hoeveel tijd kost het je om de eerste letters van het alfabet tot en met 'j' op te schrijven? Gedaan? Waarschijnlijk ging dat ongeveer net zo vlot.

Nu draai je het papier om en ga je op een leeg vlak beginnen met switchtasken: hoeveel tijd kost het je om om de beurt een letter van het alfabet en een cijfer in de juiste volgorde op te schrijven? Dus: a0, b1 enzovoorts.

Theoretisch gezien zou de laatste opdracht je net zoveel tijd moeten kosten als de opgetelde tijden van de bovenstaande losse taken. Maar waarschijnlijk kostte het je veel meer dan twee keer zoveel tijd om de combinatie van cijfers en letters op te schrijven dan alleen de letters of alleen de cijfers.

Fun Fact:
Hoe vaak heb je al op je telefoon gekeken tijdens het lezen van dit boek? Dat vraagt een stuk meer van je tijd en energie dan je misschien denkt. Onderzoek wijst uit dat wanneer je een geconcentreerde taak onderbreekt, het gemiddeld 23 minuten en 15 seconden duurt voordat je weer terug bent op het niveau van aandacht en scherpheid van vóór je onderbreking. Als je bedenkt dat we op een dag gemiddeld 221 keer 'even' op onze telefoon kijken, is het nog maar de vraag of iemand dit boek ooit uitgelezen krijgt.

Over multitasken bestaat nog één hardnekkige mythe: veel mensen denken dat vrouwen beter zijn in twee dingen tegelijkertijd doen dan mannen. Ook dat is (helaas, dames) niet waar. Mannen en vrouwen zijn er allebei even slecht in. Er is maar één groep mensen die werkelijk kan multitasken, en dat zijn natuurlijk illusionisten.

Met de volgende truc kun je niet één, niet twee, maar in totaal drie taken tegelijk uitvoeren. Het enige wat je nodig hebt is een pak speelkaarten en een beetje oefening.

1 Je vertelt je proefpersoon dat het voor mensen onmogelijk is om meerdere dingen tegelijk te doen. Dat het menselijk brein nu eenmaal sequentieel te werk gaat, maar dat jij door jarenlange mindfulnesstraining een manier hebt gevonden om taken ongezien te combineren – je bent sinds kort zelfs kampioen multitasken. Geef hem het pak kaarten en vraag hem het goed te schudden.

2 Neem het pak weer terug en vertel je proefpersoon dat jij de kaarten nu nog verder door de war gaat gooien door sommige kaarten met het plaatje omhoog en andere met het plaatje naar beneden door elkaar te husselen. Probeer tijdens deze truc rustig tegen je proefpersoon te blijven praten en schud de kaarten als volgt. Je neemt het pak in je hand met de plaatjes naar boven. Je schuift de eerste paar kaarten van het pak af, tot je bij de eerstvolgende kaart met een andere kleur komt (in dit voorbeeld volgt na drie rode kaarten een zwarte kaart). Daar stop je en je draait je hele hand met het kleine pakje kaarten om.

3 Plaats je hand met het kleine pakje kaarten nu op het grote deel van het pak en schuif een nieuwe hoeveelheid kaarten onder het kleinere pakje, tot je weer bij de andere kleur aankomt (in dit geval is dat na vijf zwarte kaarten).

4 Draai je hand met het pakje met kaarten weer om en herhaal dit keer op keer. Steeds pak je het aantal kaarten van dezelfde kleur dat na elkaar ligt tot je weer bij de andere kleur uitkomt, om vervolgens de stapel weer 180 graden te draaien. Dit doe je tot je alle kaarten van de ene hand naar de andere hebt verplaatst.

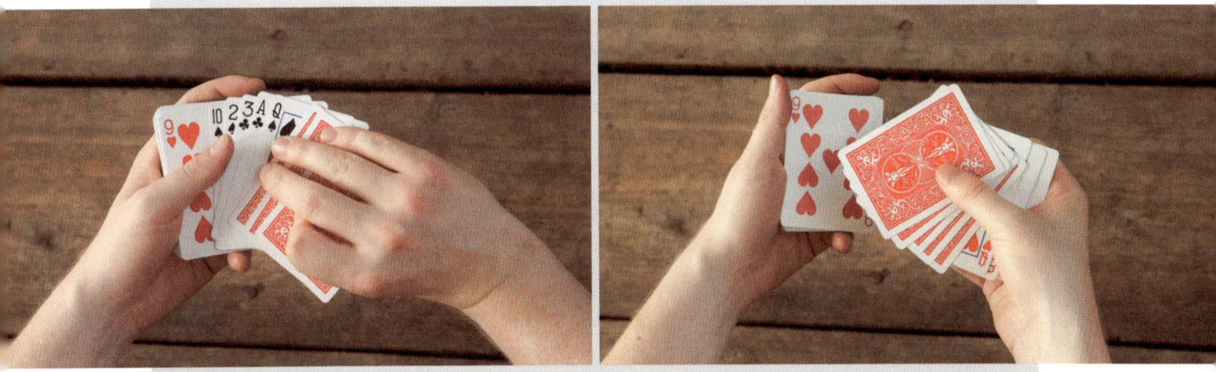

5 Voor je proefpersoon lijkt het alsof je daadwerkelijk de kaarten met beeldzijde naar boven en beeldzijde naar beneden dwars door elkaar schudt. Het ziet er voor hem volkomen willekeurig uit. Kijk zelf maar eens in de spiegel hoe realistisch 'chaotisch' deze manier van schudden er – zeker op snelheid – uitziet.

6 Hoewel het lijkt alsof alle kaarten door elkaar gaan, vorm je in feite slechts twee stapeltjes: alle rode kaarten met de beeldzijde naar beneden, en alle zwarte kaarten met de beeldzijde naar boven. Zoek nu stiekem de scheiding van de twee kleuren op (precies in het midden) en draai de onderste helft vlug om.

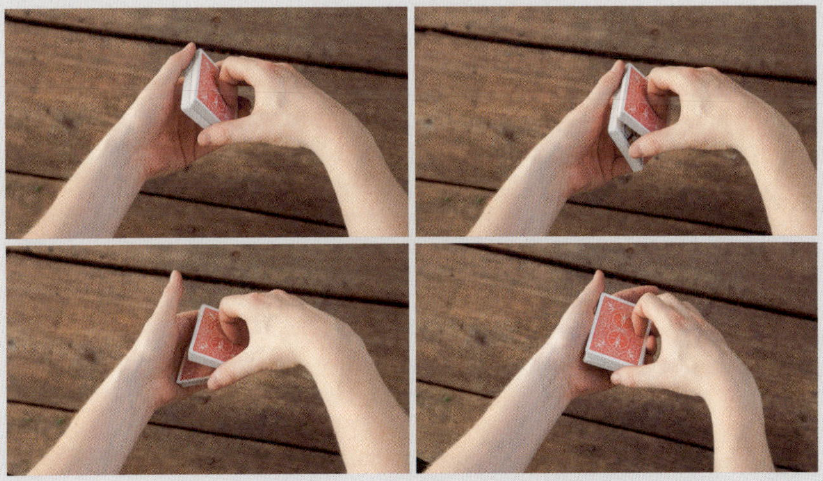

7 Je proefpersoon denkt nog steeds dat alle kaarten kriskras door elkaar liggen, terwijl het spel in werkelijkheid perfect gesorteerd is. Om nu te bewijzen dat jij een echt multitaskwonder bent, knip je een keer met je vingers en spreid je alle kaarten over tafel uit. Alle kaarten liggen weer met hun neus de goede kant op!

8 Als echte *kicker* – want zo heet dat in goocheljargon als je nog een verrassing achter de hand hebt – vertel je dat je zó goed kunt multitasken dat je zelfs alle kaarten op kleur hebt gesorteerd. Draai alle kaarten nu om en ziedaar: rood ligt bij rood en zwart ligt bij zwart.

17

DE GROTE VOORSPELLING

Gebruik dit boek om gedachten te voorspellen

Tijd om de handen uit de mouwen te steken!

Staar 5 seconden lang naar deze afbeelding en neem dan een getal onder de 100 in gedachten.

Heb je een getal in je hoofd? Verander nog maar eens van gedachten. En nog eens. Zodat je nu aan een tweecijferig getal zit te denken dat echt geheel willekeurig is gekozen en dat niemand kan weten.

Nu tel je deze twee cijfers bij elkaar op. Denk je bijvoorbeeld aan 73, dan doe je 7 + 3 = 10. Vervolgens trek je dit nieuwe getal van het oude af, dus bijvoorbeeld 73 - 10 = 63. Gebruik gerust je telefoon of je rekenmachine als je er niet uit komt.

Je bent op een nieuw, willekeurig getal uitgekomen. Blader nu naar de bijbehorende bladzijde in dit boek en zoek op de bovenste regel van die bladzijde het eerste woord uit. Als je bijvoorbeeld op 92 was uitgekomen, zou je naar die pagina zijn gegaan en zou je van de bovenste regel het eerste woord uitzoeken, wat in dit geval 'scherper' is. Zoek het eerste woord op jouw bladzijde op, en kom dan terug naar dit hoofdstuk.

Welkom terug! Het is goed om te weten dat dit boek meer dan 60.000 woorden bevat waarvan jij er nu 1 in gedachten hebt genomen, niemand kan weten welk woord dat is. Waarschijnlijk heb je niet het idee dat je beïnvloed bent en denk je dat het al helemáál onmogelijk is om te voorspellen welk woord je zou gaan kiezen. Kijk nu nog eens naar de afbeelding op de vorige pagina. Wat je niet wist is dat dit plaatje eigenlijk een voorspelling is waarin een woord verstopt zit. Wil je weten of de voorspelling klopt? Pak het boek dan met beide handen vast en kantel het langzaam naar voren. Kijk zo schuin mogelijk over de bladzijde. Het duurt misschien even, maar als je schuin genoeg langs het plaatje kijkt, zie je langzaam één woord ontstaan.

En, was dit het woord dat jij in gedachten had? Het lijkt misschien onmogelijk, maar er is een logische verklaring voor. Als je even vlug door het boek bladert, zie je dat elke eerste zin van een bladzijde andere woorden bevat. Ook kon je zelf een getal kiezen en dus op elke willekeurige pagina uitkomen. Ben je dan toch onbewust beïnvloed door het plaatje?

Hier komt het geheim, zodat je deze illusie voortaan ook aan anderen kunt laten zien. De truc zit hem niet in het staren naar het plaatje, maar in de som die je uitvoert. Als je de instructies opvolgt (denk aan een getal onder de 100, tel de twee cijfers bij elkaar op en trek dit getal van het origineel af), dan beland je altijd op een van de volgende getallen: 9, 18, 27, 36, 45, 54, 63, 72, 81. Inderdaad, de tafel van negen. En laat het nou net zo zijn dat precies op die pagina's in dit boek op de eerste regel het eerste woord overal 'natuurlijk' is. Controleer het maar eens.

De wiskunde doet dus het werk. Als je deze truc bij anderen gaat opvoeren is jouw enige taak te verhullen dat het om een wiskundig principe gaat. Dat kun je doen door iemand zich ergens anders op te laten concentreren, zoals de voorspellingsafbeelding, of door een extra lang verhaal te vertellen over hoeveel woorden er wel niet in dit boek geschreven staan.

In dit geval zit de grote voorspelling verborgen in de afbeelding. Maar je kunt het woord 'natuurlijk' ook van tevoren op een bierviltje of een stukje papier schrijven. Dan heb je alleen dit boek nodig om het woord in te laten opzoeken. Je kunt ook afstappen van het feit dat het een voorspelling is en niks van tevoren opschrijven. Je gaat dan, nadat iemand zogenaamd vrijwillig een woord heeft geselecteerd, proberen zijn gedachten te lezen. Kijk je proefpersoon diep in de ogen en zeg langzaam het woord. Zo lijkt het nog meer alsof jij – en niet dit boek – magische krachten hebt. Een kwestie van presentatie dus. En komt je toeschouwer op een ander woord uit? Dan sta je behoorlijk voor aap en moet je misschien een andere invalshoek gebruiken.

18

BEAM ME UP, SCOTTY

Teleporteren kun je leren

Volgens de Amerikaanse natuurkundige Lawrence Krauss schijnt het aantal Amerikanen dat nog nooit de zin '*Beam me up, Scotty*' heeft gehoord vergelijkbaar te zijn met het aantal mensen dat niet weet wat ketchup is. Mocht de zin je toevallig toch niet bekend voorkomen: het is de beroemdste quote uit de sciencefictionserie *Star Trek*, waarin kapitein Kirk een teleportatiemachine heeft en aan zijn assistent Scotty met deze klassieke uitspraak het bevel tot teleportatie geeft. In dit hoofdstuk leer je twee trucs om zelf de illusie van teleportatie te creëren, net zoals kapitein Kirk in *Star Trek*. En ketchup is trouwens een soort tomatenpuree.

Materie teleporteren zoals in *Star Trek* blijft voorlopig nog even toekomstmuziek, maar het mooie aan illusies is dat ze een kijkje in de toekomst kunnen bieden. Jij laat vandaag al zien wat morgen misschien wel mogelijk is.

In de eerste illusie ga je dat illustreren door een lucifer uit een nieuw, vol luciferboekje te scheuren, om die vervolgens op magische wijze weer terug te teleporteren. Deze truc heeft wel enige voorbereiding nodig, maar dan heb je ook wat. In de eerste plaats moet je ervoor zorgen dat je buiten staat. Daarnaast moet je aan een luciferboekje zien te komen. Die vind je vooral in cafés en andere horecagelegenheden (vaak in een grote glazen schaal op de bar), maar je kunt ze ook eenvoudig online bestellen. Als je er eentje hebt weten te bemachtigen, doe je het volgende. Van de voorste rij lucifers buig je stiekem de middelste om naar buiten, met het buigpunt zo dicht mogelijk bij de rand van het boekje. Als je dit hebt gedaan, steek je de kop van deze omgebogen lucifer aan met een lucifer uit een ander boekje of een aansteker. Pas op dat de rest van de lucifers geen vlam vat en blaas hem snel weer uit.

Nu vouw je het boekje dicht terwijl je de afgestoken lucifer er buiten houdt, de lucifer buig je verder naar achteren en verberg je achter je duim. Voor je toeschouwer lijkt het alsof je een normaal luciferboekje vasthebt. De show kan beginnen!

Vertel een vriend of vriendin dat het je na lang oefenen is gelukt een klein object te teleporteren. Open het boekje (houd de lucifer goed verborgen achter je duim) en scheur een van de middelste lucifers uit het boekje. Terwijl je dit doet laat je goed zien dat alle lucifers nog in het boekje zitten en uiteraard niet afgebrand zijn. Geef de lucifer aan je toeschouwer en vraag of hij de lucifer wil onderzoeken. Tegelijkertijd draai jij het luciferboekje om en terwijl je dat doet breng je de dubbelgevouwen lucifer weer in zijn originele positie. Uiteraard doe je dit met de binnenkant van het boekje richting de grond, zodat niemand ziet wat je doet. Daarna vouw je het boekje weer dicht. Oefen deze geheime handeling een paar keer voordat je de truc gaat opvoeren. Als het goed is zal het niemand opvallen omdat de aandacht bij de afgescheurde lucifer ligt, die op dat moment grondig wordt onderzocht.

Je legt uit dat je deze lucifer gaat proberen te teleporteren, en dat je om dat te bewijzen de lucifer even afsteekt en snel uitblaast. Voeg direct de daad bij het woord door de lucifer aan het boekje af te strijken.

Nu komt het moeilijke gedeelte. Je gaat de lucifer laten verdwijnen. Als het goed is sta je buiten. (Tenzij je de instructies aan je laars hebt gelapt. Hup, naar buiten!) Je wappert de lucifer nu uit door een paar keer hard heen en weer te zwaaien met de hand waarmee je hem vasthoudt. Zodra je ziet dat hij uit is blijf je met steeds grotere uithalen de lucifer heen en weer wapperen. Bij de derde uithaal laat je de lucifer los, zodat die op de grond valt. Niet recht voor iemands schoenen natuurlijk, maar een beetje gemikt naast de plek waar jullie staan. Je blijft doorwapperen, ook nu je de lucifer niet meer in je handen hebt. Maak je bewegingen steeds kleiner, totdat je na een seconde of vijf langzaam laat zien dat de lucifer tussen je vingers is verdwenen. Het klinkt kinderlijk eenvoudig, maar je zult verbaasd staan over hoe goed deze verdwijning werkt.

Vervolgens leg je uit dat je zojuist een teleportatie hebt bewerkstelligd. Geef je toeschouwer het boekje en vraag hem het langzaam te openen. De afgebrande lucifer zit terug in het boekje en de reactie zal vol ongeloof en verbijstering zijn. Wie zei dat teleportatie onmogelijk was?

Mocht je in geen velden of wegen deze luciferdoosjes kunnen vinden, dan is er ook nog een andere teleportatievariant die je kunt demonstreren. Het enige wat je daarvoor nodig hebt zijn twee elastiekjes (en dit keer geen geheime voorbereiding).

Leg één elastiekje om de wijs- en middelvinger van je dominante hand. Je houdt je hand omhoog en je vingers uitgestrekt uit elkaar, een beetje à la de bekende groet van Mister Spock, om toch een beetje binnen het *Star Trek*-thema te blijven. Draai je hand een keer om en weer terug en laat zien dat het elastiekje echt alleen om je wijs- en middelvinger zit.

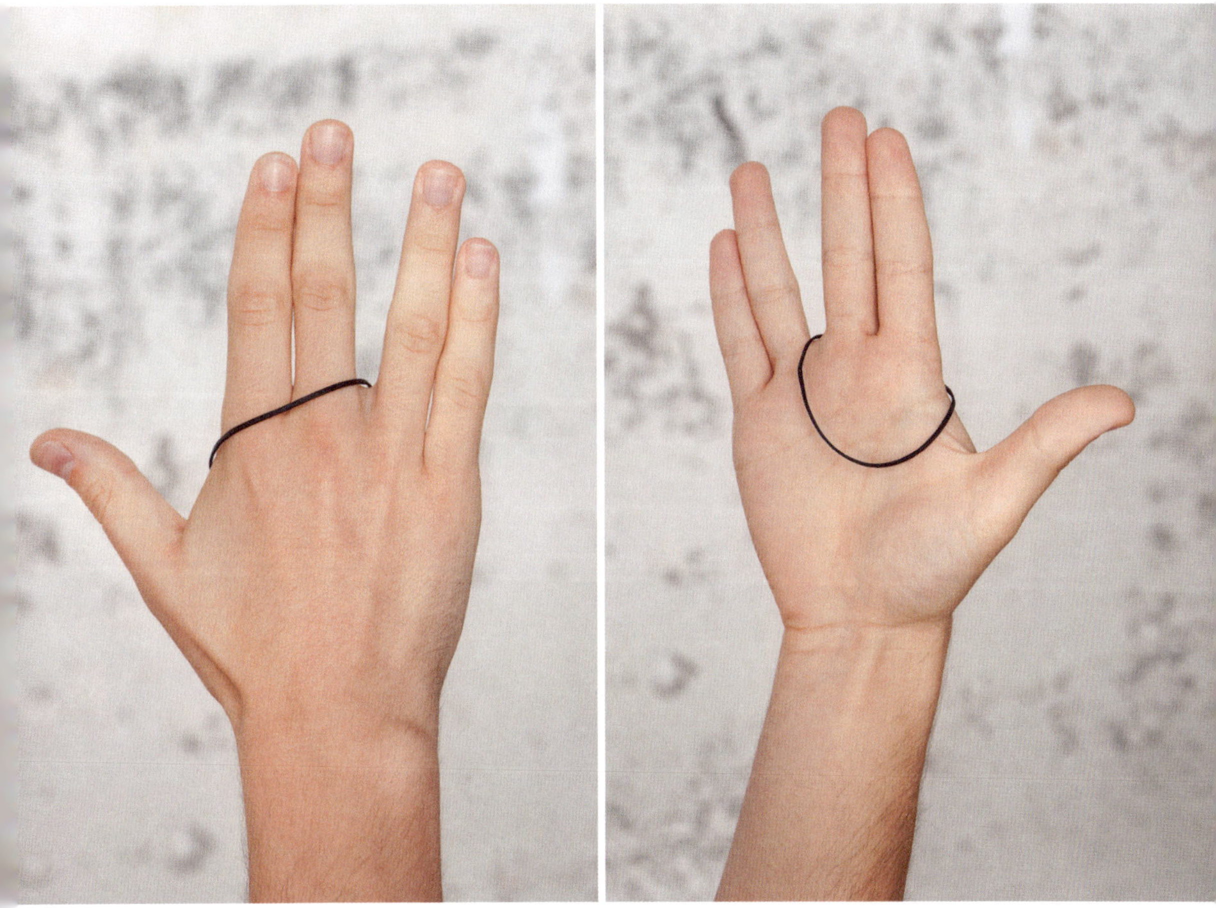

Je pakt het elastiek met je andere hand en trekt het een paar keer naar voren en naar achteren om te bewijzen dat het echt om je vingers zit. Daarna sluit je je hand tot een vuist en houd je 'm recht voor je publiek. Vraag een proefpersoon om tegen het elastiekje te blazen. Vervolgens open je vlug je hand en *pats*: het elastiekje zit plotseling om je ringvinger en pink. Het elastiek is in één klap naar de andere kant van je hand geteleporteerd!

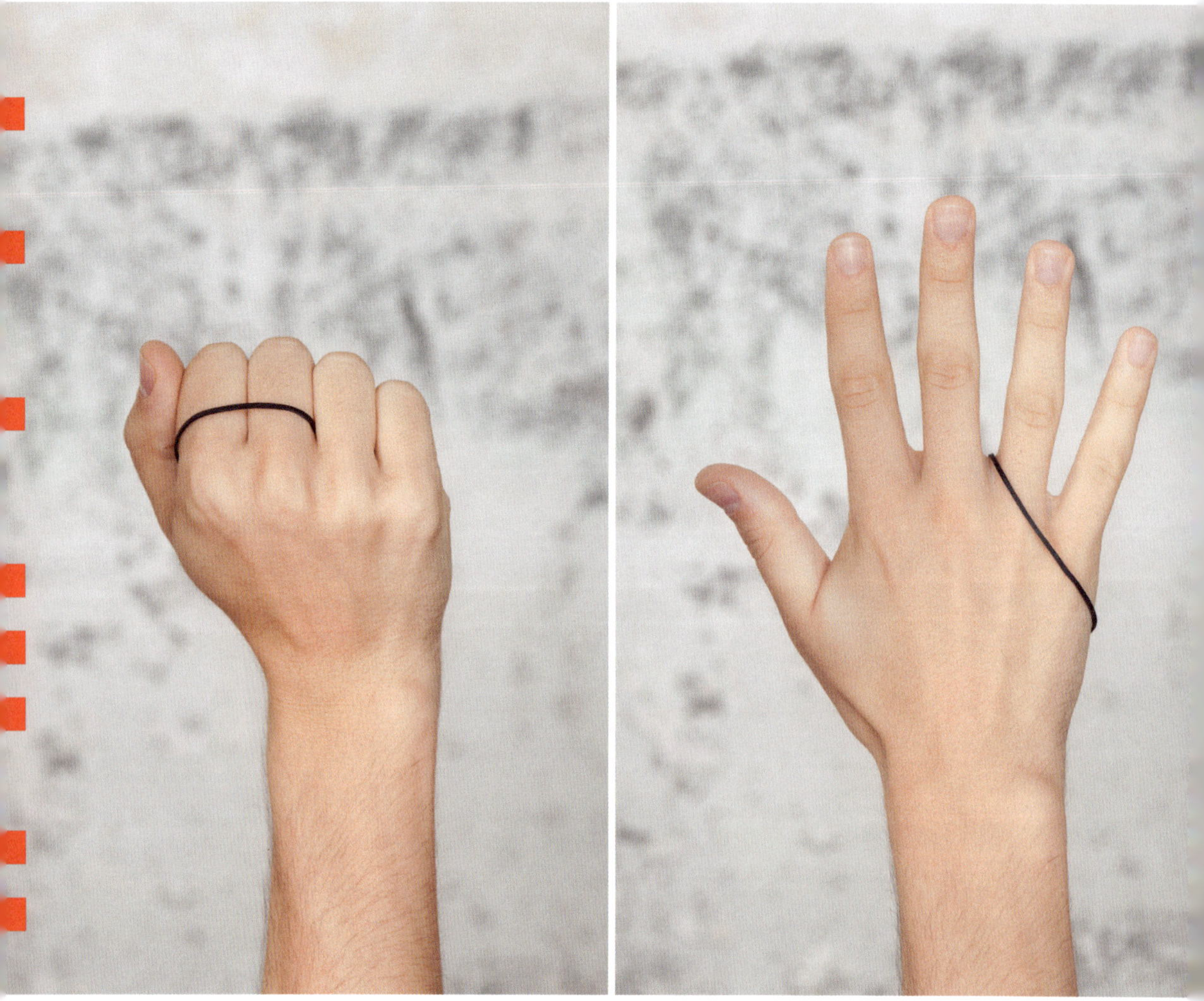

Hoe deed je dat nou? Om deze teleportatie mogelijk te maken moet je een kleine, verborgen handeling uitvoeren. Je doet dit op het moment dat je je hand sluit. Vlak daarvoor heeft je andere hand het elastiek nog vast, zogenaamd om te bewijzen dat het elastiekje nergens naartoe kan. In het geheim trek je daarbij het elastiekje naar achter en plaats je het om de toppen van je vier vingers.

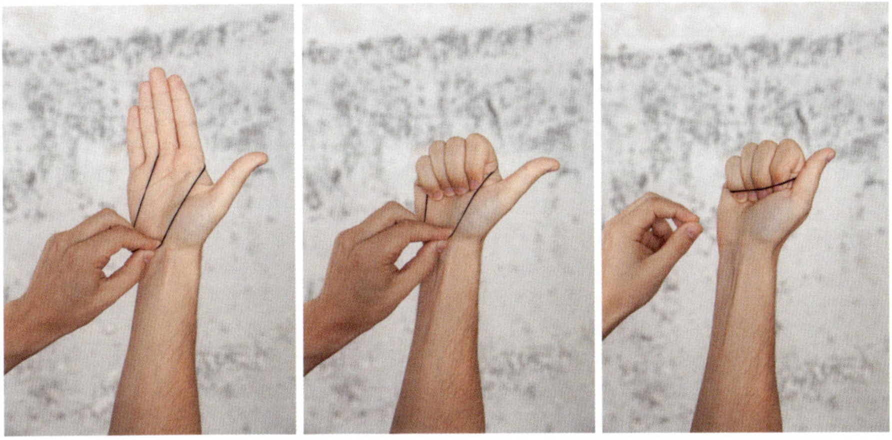

Let op: de foto's zijn genomen vanuit jouw perspectief, je publiek mag dit natuurlijk niet zien; dat ziet gewoon een vuist met een elastiekje om de eerste twee vingers.

Om ervoor te zorgen dat dit niet opvalt, vertel je je publiek, terwijl je aan het elastiek trekt: 'Kijk, het elastiek zit alleen om mijn wijs- en middelvinger, nergens anders.' Je hebt hierdoor een reden om aan het elastiek te trekken. Het publiek denkt dat die reden is dat je het goed wilt informeren over de positie van het elastiek. Maar jouw eigenlijke reden is dat je het elastiek zo in deze geheime positie kunt brengen. Wat je hiermee hebt gedaan heet binnen het illusionisme 'afleiding door intentie'.

Laat je publiek eenmaal krachtig tegen het elastiek blazen. Wanneer je nu je hand weer opent, schiet het elastiek automatisch naar je ringvinger en pink en lijkt het een onmogelijke teleportatie gemaakt te hebben. Let op: de eerste keer dat je dit probeert, lijkt het waarschijnlijk alsof het elastiekje van je vingers gaat springen, maar wees niet bang en zet gewoon door!

Een goochelaar mag gewoonlijk nooit twee keer dezelfde truc laten zien, tenzij die tweede keer een variatie is op de eerste keer, en daar leent deze truc zich uitstekend voor. Je vraagt: 'Geloof je niet dat het elastiekje werkelijk wordt geteleporteerd? Ik zal het nog een keer demonstreren, maar nu met een tweede elastiek eroverheen, zodat je zeker weet dat het niet kan ontsnappen.'

Pak vervolgens een tweede elastiek en nodig iemand uit om dit elastiek om de bovenste kootjes van je vier vingers te vlechten door het eerst om je wijsvinger te doen, het elastiek dan een slag te draaien, het dan om je middelvinger te doen, weer een slag te draaien, enzovoorts. Zoals hieronder.

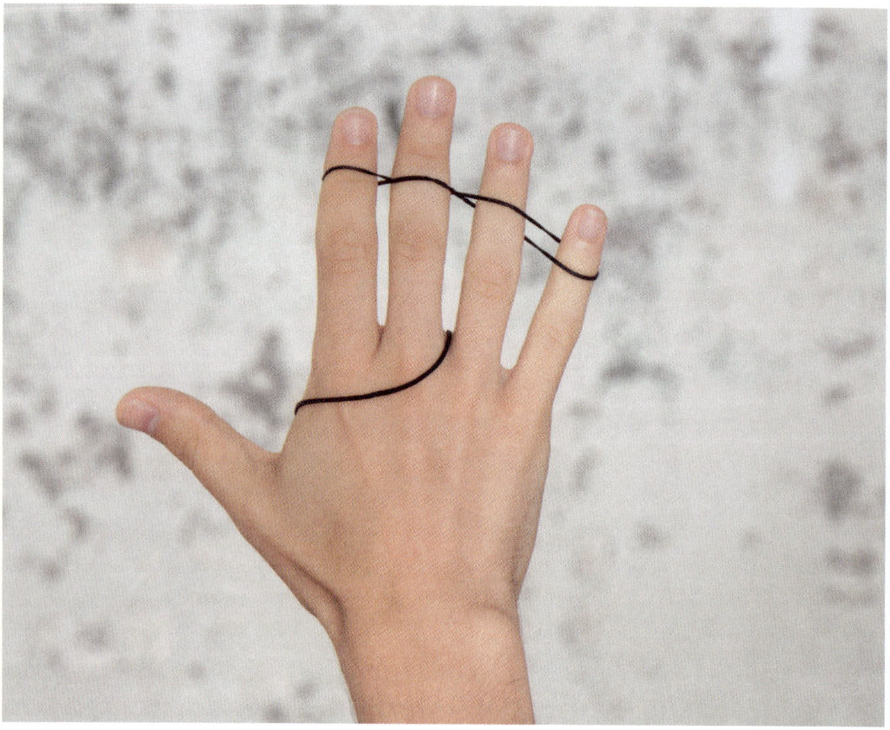

Je zegt: 'Nu kan het elastiekje dat om mijn wijs- en middelvinger zit er echt niet meer uit, het zit gevangen tussen m'n hand en het grote elastiek.' Ook nu trek je het onderste elastiekje naar achteren zodat iedereen weer goed kan zien dat het echt alleen maar om je voorste twee vingers zit. En ook nu maak je weer een vuist, waarbij je het elastiek stiekem over al je vingers heen legt.

Na een paar seconden strek je je hand uit en '*presto!*', tot ieders stomme verbazing heb je het elastiekje wederom dwars door je vingers naar de andere kant van je hand geteleporteerd.

MEEST GELEZEN HOOFDSTUK VAN DIT BOEK!

19

VROLIJKE VERSIERING

De allerbeste on- en offline datingtrucs

Online daten is de laatste jaren erg populair geworden. Dat is voor veel mensen een uitkomst, maar het creëert tegelijkertijd een nieuw probleem. Want hoe zorg je ervoor dat tussen al die andere profielen jouw profiel nog opvalt? Die vraag stelde Blake Jamieson uit San Francisco zichzelf ook. En daarom verzon hij een slimme truc om van de ene op de andere dag honderden nieuwe matches te krijgen! Straks leer je zijn geheim, maar eerst een kleine test…

Kijk eens goed naar onderstaande foto's. Welke foto vind je aantrekkelijker, foto A of foto B? (En vrouwen, doe ook gerust mee!)

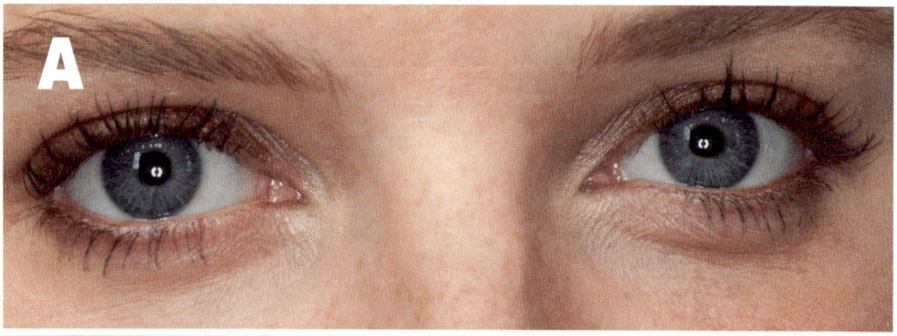

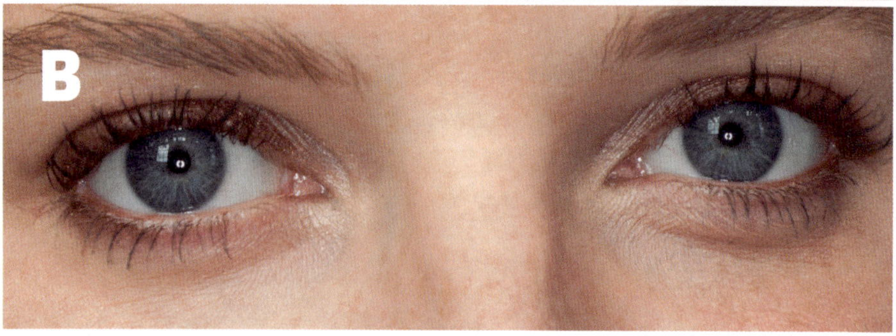

Misschien denk je: is dit niet twee keer dezelfde foto? Maar nee, dat is het niet. Dus mocht je daardoor nog geen keuze hebben gemaakt, doe dat dan nu alsnog.

Waarschijnlijk vind je de vrouw op foto A aantrekkelijker. Klopt het? Kijk nog eens goed naar de foto's en probeer uit te pluizen waarom dat zo is. Het geheim zit 'm in haar ogen. Op de bovenste foto zijn de pupillen van de vrouw net wat groter gemaakt. Uit onderzoek blijkt namelijk dat we mensen met grotere pupillen aantrekkelijker vinden. Dat komt waarschijnlijk omdat je dat onbewust associeert met opwinding. Als mensen zich aangetrokken voelen tot iemand, verwijden de pupillen zich.

Ga je dus op date en wil je dat de ander je nog aantrekkelijker vindt dan je nu al bent (jij ontzettend sexy lezer!), dan is het raadzaam om ervoor te zorgen dat je pupillen zo groot mogelijk zijn. Dat kun je bewerkstelligen door bijvoorbeeld te dineren bij kaarslicht (want hoe donkerder, hoe groter je pupillen). Maar ook door bijvoorbeeld plotseling in de verte te staren zorg je ervoor dat je pupillen zich verwijden.

Gelukkig is het krijgen van grote pupillen lang niet de enige truc om de wederpartij het hoofd op hol te brengen. Hier volgen een aantal extra speciale cupidotips.

Sta je in een ruimte vol met leuke mensen, zorg er dan voor dat je opvalt. Maak jezelf zo groot mogelijk, sta rechtop en glimlach. Los van het feit dat je daarmee de aandacht trekt, ga je je daardoor ook zelfverzekerder en vrolijker voelen. Maak vooral duidelijk: bij mij is het leuk! Daarnaast is het een goed idee om iets raars aan of bij je te hebben. Zoals een pauw zijn indrukwekkende uitwaaierende staart laat zien, doet de mens er goed aan een opvallende accessoire bij zich te hebben om de paringsdans op te leuken. Dus zet een gekke hoed op, hang een verrekijker om je nek als je gaat dansen of neem een spel speelkaarten mee. Geen betere ijsbreker dan een mooie goocheltruc.

Bij het eerste contact is het ook belangrijk dat je openingszin niet al te gladjes of fout is. Je kent ze waarschijnlijk wel: 'Deed het pijn toen je uit de hemel kwam vallen?', 'Gelukkig heb ik mijn zwemdiploma, want ik verdrink in je ogen.' Uit onderzoek blijkt dat maar weinig mensen gecharmeerd zijn van 'foute' openingszinnen. Het schijnt het best te werken om complimenteus en eerlijk te beginnen, bijvoorbeeld door te zeggen: 'Het kostte me behoorlijk wat moed om je te benaderen, maar ik vind je er zo leuk uitzien. Hoe heet je?'

Ben je eenmaal in gesprek, dan loont het om een persoonlijk verhaal te vertellen en naar overeenkomsten tussen jullie te zoeken. Misschien kijken jullie wel allebei naar MINDF*CK. Of zijn er bijvoorbeeld films of artiesten die jullie allebei leuk vinden. Gebruik in het zoeken naar overeenkomsten ook vooral open vragen in plaats van gesloten vragen. 'Houd je van actiefilms?' is een voorbeeld van een gesloten vraag waar je alleen maar ja of nee op kunt antwoorden, daardoor slaat een gesprek al snel dood. Open vragen daarentegen nodigen uit tot een gesprek; begin dus altijd met de vraagwoorden 'wie', 'wat', 'waar', 'wanneer' of 'hoe'. In het voorbeeld van de film kun je dus veel beter vragen: 'Wat is de leukste actiefilm die je ooit hebt gezien?'

Als je toch liever flirt via een datingapp, kan ook hier de wetenschap je een handje helpen je slagingskans te vergroten. Om in de smaak te vallen tijdens het online daten speelt vooral je profielfoto een belangrijke rol. Je kunt maar één keer een eerste indruk maken en een foto zegt vaak meer over je persoonlijkheid dan je denkt. Uit onderzoek blijkt dat vrouwen de beste resultaten boeken wanneer ze flirterig in de camera kijken – zo is het flirten alvast begonnen voordat ze iemand hebben ontmoet. Voor mannen geldt precies het tegenovergestelde. Die moeten voor het beste resultaat juist níet in de camera kijken en ook vooral níet flirten of lachen. Een beetje een stoere blik op oneindig werkt het best. Ook mannen die hun sixpack laten zien, zelfs wanneer ze niet eens met hun gezicht op de foto staan, scoren relatief goed.

Maar de allerbeste profielfototip voor op datingsites? Zorg dat je iets interessants op de foto aan het doen bent. Mensen zijn het meest geïntrigeerd wanneer je op de foto een sport of een andere hobby, zoals gitaarspelen, beoefent. Ook poseren met dieren levert een bijzonder goed resultaat op. Een dierenarts met sixpack die van de camera wegkijkt terwijl hij op een gitaar speelt zou dus een aardige kans van slagen moeten hebben.

Maar hoe je er ook uitziet en of je nou wel of geen hobby's hebt, je kunt altijd nog wat opsteken van de slimme truc die Blake Jamieson bedacht. Hij bewerkte zijn profielfoto zo dat hij een groot rood hartjesframe rondom zijn gezicht kreeg. Daaronder schreef hij: '*hot match of the day*'. Zo leek het alsof de app hem als zeer populaire match had geselecteerd, terwijl er eigenlijk helemaal niet zo'n soort functie bestaat. En jawel hoor, zodra hij zijn foto uploadde, zagen alle vrouwen hem als supermatch, en kreeg hij er ineens honderden datingverzoeken bij.

Precies om diezelfde reden zul je op heel veel nieuwssites de 'best gelezen artikelen van de dag' aantreffen en adverteren grote theatershows met teksten als: 'Al meer dan 10.000 Nederlanders gingen u voor!' Wie zegt dat dat allemaal waar is?

Prachtige voorbeelden van het gegeven dat als je mensen vertelt dat iets bijzonder is, ze het vanzelf bijzonder gaan vinden. Zou die sticker op de voorkant van het boek dan toch gewerkt hebben?

20

GOOCHELEN MET WOORDEN

Otndek dat lzeen engielijk een obwneust en autmaotsich prcoes is

Het is tijd voor de Stroop-test. Nee, helaas is dat geen wetenschappelijke zoektocht naar de lekkerste pannenkoek van Nederland, maar een test vernoemd naar de Amerikaanse professor in de psychologie John Ridley Stroop. Met deze test kun je onderzoeken welke taken je brein het snelst uitvoert. En dat kan een behoorlijke mindf*ck opleveren! Probeer het maar eens, het is heel maf om te ervaren.

Kijk naar de verzameling woorden hieronder en zeg zo snel mogelijk per woord hardop welke kleur het heeft:

PAARS	**ORANJE**	**ROZE**	**GEEL**
ZWART	**BLAUW**	**GROEN**	**ROOD**

Makkelijk te doen? Hopelijk wel. Waarschijnlijk wist je de opdracht binnen een seconde of vijf uit te voeren. Maar nu wordt het lastiger! Je gaat nog een keer hetzelfde proberen met de onderstaande rij woorden. Je noemt wederom hardop zo snel mogelijk de kleur die elk woord heeft (dus niet het geschreven woord oplezen, maar de kleur van de letters benoemen). Go!

GEEL	**GROEN**	**BLAUW**	**PAARS**
BLAUW	**ROZE**	**ORANJE**	**ZWART**

En? Dat was waarschijnlijk een stuk ingewikkelder. Vermoedelijk las je in sommige gevallen het woord. Toen je aan de slag moest met de bovenste woordenreeks voerde je brein twee taakjes uit: het kijken naar de kleur en het lezen van de tekst. Toevallig hadden bij de bovenste woorden die twee taakjes dezelfde uitkomst. Het woord paars had ook paarse letters. Maar bij de onderste rij woorden hadden die twee processen in je brein allebei een andere uitkomst. Bij de meeste mensen is het taakje lezen veel dominanter dan het taakje kleur benoemen.

Dit komt waarschijnlijk omdat het lezen van woorden voor de meeste mensen een automatisch proces is dat ze iedere dag, vaak de hele dag door, moeten doen. Je brein is er veel beter op getraind om snel een woord te herkennen, dan om een kleur te benoemen. Het gaat als het ware vanzelf. Dus nog voordat je de kleur van de letters in de Stroop-test hebt verwerkt, levert een ander proces, ongevraagd, het gelezen woord al in je bewustzijn af en voor je het weet zeg je de verkeerde kleur.

Op deze manier lees je vaak ook onbewust teksten, dus zonder dat je überhaupt met lezen bezig bent. Misschien heb je het zelf weleens ervaren bij het fietsen door de stad of het lopen door een winkelstraat. Terwijl je gedachten afdwalen en je er met je aandacht niet helemaal bij bent 'hoor' je plotseling een woord of dringt een zin je bewustzijn binnen: 'korting', 'warme bakker' of 'assurantiën'. Blijkbaar leest je brein ook de woorden in je omgeving zonder dat je je daar bewust mee bezighoudt.

Dat het lezen van woorden bij velen een volledig geautomatiseerd proces is wordt ook aangetoond door het merkwaardige fenomeen 'typoglycemie' – een term die voor het eerst opdook in de krochten van het internet en een samentrekking is van 'hypoglycemie' (lage bloedsuiker) en 'typo' (een typfuotje). Typoglycemie is gelukkig een goedaardige aandoening, al is er nog weinig serieus wetenschappelijk onderzoek naar gedaan. Het werkt als volgt:

*Mesnen die tyoglypecmie hbbeen knuenn deze ailena gweoon lzeen. Het gaat msishcein wat lnzagamer dan nomaarl, maar je zou heir geen ehcte polrbmeen mee moteen hbeben. Je brien is een wrodnlerjik ograan, dat tot veel meer in staat is dan jij in eretse isnatntie zou dnekekn. En garpipg goneeg lukt het lzeen van dzee tkest zfels senller wnaener je neit te veel bij ideer wrood bfjilt hganen. Elk worod is eielngijk een aanrgam, dat is een wrood dat uit delezfde lrtteers betasat maar door ealkar is gmeixt. Ook in MID*FNCK hebebn we dit fenmoeen gberkuit, om dj Fedde Le Grand onedrweubst aan een van zijn ljeides te laetn deknen. Het is dus op veel maineren in te zteetn, al is leezn op dzee mnaier wel een btejee veemoerind.*

Ging dat een beetje? Hoe kan het dat je in deze letterbrij toch vrij makkelijk de zinnen kunt begrijpen? Het was je misschien al opgevallen dat van alle woorden in ieder geval de eerste en de laatste letter op de goede plek staan. Voor een getrainde lezer maakt het vervolgens helemaal niet zoveel uit in welke volgorde de andere letters ertussen staan. Want een geoefende lezer is niet meer bezig om bij ieder woord de letters een voor een te ontcijferen. Nee, hij vertrouwt op het woordbeeld en leest rustig door, zolang de woorden elkaar maar op een logische en samenhangende manier opvolgen. Onderzoek in 2015 heeft zelfs aangetoond dat je letters kunt vervangen voor een asterisk zonder dat het iemand stoort. Dat is handig, bijvoorbeeld als je het niet netjes vindt om op tv en in de boekhandel het woordje 'fuck' te gebruiken.

Dat we vrij makkelijk over dingen heen lezen kun je nog eens testen met het volgende experiment. Lees vlot de volgende zin en tel hoe vaak de letter 'd' voorkomt. Je mag de zin maar één keer lezen. Klaar voor de start? Hier komt-ie.

Domme dromedarissen zijn zeker in de vrije natuur zeer divers in situaties waarin ze de mooiste verhalen kunnen dromen, of in ieder geval de andere soortgenoten kunnen domineren!

Las je er 5? Of misschien 7? Het zijn er 84! Nee grapje, maar het zijn er wel 11. De kans is groot dat je ook hier de zin niet per woord analyseert, maar meer in zijn geheel tot je neemt. Daardoor kan het gebeuren dat je de onbelangrijke woorden niet hebt meegeteld. De lidwoorden 'de', 'het' en 'een' zijn goede voorbeelden van relatief onbelangrijke woorden (met alle respect voor de vereniging Belangenbehartiging Lidwoorden, maar het is nou eenmaal zo). Ook een 'd' midden in een woord zien we sneller over het hoofd dan een 'd' aan het begin van een woord. Daarom viel 'dromen' je waarschijnlijk wel op maar 'ieder' niet. Wat er overigens met de zin zelf wordt bedoeld, is een nog veel groter raadsel.

Zo zie je dat lezen een bijna volautomatisch proces is. Dit principe ligt ook ten grondslag aan wat op de achterkant van dit boek gebeurt. Zag je de de gorilla die daar het bord vasthoudt? Waarschijnlijk had je de eerste keer dat je de tekst op het bord las niet door dat er eigenlijk twee keer het woord 'is' staat. Sterker nog, waarschijnlijk ben je net ook weer gemindf*ckt. Ook in deze alinea staat zowel op het einde van de tweede regel als aan het begin van de derde regel het woord 'de'. Je brein registreert het simpelweg niet. En dat is maar goed ook, want anders zou het een jaar duren voordat je dit boek uit zou hebben.

21

EEN KWESTIE VAN PERSPECTIEF

Mindf*ck je ogen

Tijd voor een heel platte truc, die toch aardig wat diepgang heeft. Kijk eens naar de rare foto van deze Rubiks kubus hiernaast.

De puzzel lijkt op het eerste gezicht helemaal vervormd. Maar leg het boek nu eens plat op tafel en pak je telefoon erbij. Zet de camerafunctie aan en doe een stap naar achter, blijf naar het scherm van je telefoon kijken en houd de telefoon ongeveer 30 centimeter verwijderd van het boek, zoals op het voorbeeld hieronder.

Als je precies de goede hoek te pakken hebt kun je een foto maken en lijkt het alsof er een Rubiks kubus boven op je boek staat. Hoe kan dat? Waarom denken we een driedimensionaal object te zien op een plat vlak? Dat komt doordat we bij afbeeldingen gebruik kunnen maken van perspectief. Alle lijnen en vlakken zijn zo vastgelegd dat ze vanuit de hoek waaruit jij de foto neemt overeenkomen met de lijnen en vlakken die een echte kubus op het boek zou hebben. Vandaar dat je brein het meteen interpreteert als een driedimensionaal object, terwijl je toch echt naar een tweedimensionaal vlak aan het kijken bent. Dit werkt overigens het best als je met één oog kijkt of er een foto van maakt, omdat je dan ook geen diepte kunt zien.

Het gebruik van perspectief is al eeuwenoud. De eerste sporen daarvan kun je terugvinden in de architectuur. De pilaren van een Griekse tempel lopen bijvoorbeeld taps toe; ze zijn aan de bovenkant dunner dan in het midden en aan de onderkant. Het maakt de pilaren niet alleen steviger, maar zorgt er ook voor dat ze hoger lijken dan ze zijn. Ook gotische kathedralen uit de middeleeuwen gebruiken een bijna eindeloze opeenstapeling van stenen bogen en pilaren die ervoor zorgen dat de kathedralen veel groter (en hoger) lijken dan ze in werkelijkheid zijn.

De bouwers van de gotische kerk Santa Maria del Mar (zie foto op de vorige bladzijde) gingen met hun optische illusies nog een stap verder. De kerk staat midden in het centrum van de drukke stad Barcelona, ingeklemd tussen andere gebouwen en huizen. Toch wilden de architecten een zo groot mogelijke kerk in de gotische stijl bouwen. Daarom plaatsten ze de achterste pilaren, die naar het altaar en richting het einde van de kerk lopen, dichter op elkaar dan de pilaren bij de ingang van de kerk. Wanneer je toevallig op vakantie bent in Barcelona kun je die middeleeuwse mindf*ck zelf ervaren, stap maar eens binnen in de kerk en dan weer naar buiten. Je zult zien dat de kerk vanbinnen veel verder lijkt door te lopen dan vanbuiten mogelijk is.

Pas tijdens de renaissance werd in Italië uitgevonden hoe je perspectief ook vast kunt leggen in tekeningen en schilderijen. De Florentijnse architect Filippo Brunelleschi ontdekte dat je daarvoor een verdwijnpunt nodig hebt waarin alle lijnen die in het schilderij de diepte in lopen, moeten samenkomen. Zijn ontdekking wordt 'lineair perspectief' genoemd en zie je bijvoorbeeld terug in dit schilderij van de Italiaanse kunstschilder Masolino da Panicale.

Alle lijnen in het schilderij eindigen in hetzelfde verdwijnpunt, waardoor de afmetingen en verhoudingen kloppen en je het schilderij als realistisch ervaart.

Omdat we zo gewend zijn geraakt aan afbeeldingen met een verdwijnpunt, kunnen we ons brein er ook goed mee voor de gek houden. Kijk maar eens naar de volgende twee foto's van de toren van Pisa. Welke staat schever?

De rechter? Helaas, ze staan allebei precies even scheef. Sterker nog, het is twee keer dezelfde afbeelding. Wat hier gebeurt, is dat je niet naar de twee torens kunt kijken als twee losse afbeeldingen. Je brein maakt er vanzelf één afbeelding van en probeert alle perspectieflijnen imaginair door te trekken naar een verondersteld verdwijnpunt. Aangezien de verticale lijnen in de twee torens niet naar hetzelfde verdwijnpunt lopen, concludeert je brein vervolgens dat de rechtertoren schever moet staan.

Niet alleen de stand, maar ook de vorm en grootte van objecten schatten we in aan de hand van perspectief. Kijk maar eens naar de afbeelding op de volgende pagina. Welke Victor Mids is de grootste?

Die helemaal achteraan? Helaas, alle Victors zijn even groot. Omdat jouw brein onmiddellijk de diepte van de tunnel gaat analyseren, ga je ervan uit dat de Victor helemaal achteraan wel groter moet zijn dan de twee Victors die ervoor staan. In het echt is het namelijk ook zo dat een object op afstand dat even groot is als een vergelijkbaar object dichtbij, groter is. Alleen bestaat die afstand op papier niet. We zijn zo gewend om in perspectief te kijken dat de inschatting van je brein hier je absolute waarneming overrulet.

Zo ontstond ook het idee voor de leader van MINDF*CK. De letters die je ziet hebben allemaal een verschillende grootte en staan op verschillende afstanden van de camera opgesteld. Maar door gebruik te maken van dezelfde perspectiefregels uit de renaissance kunnen we nu vanuit één specifiek kijkpunt de illusie creëren dat alle letters even groot zijn. Wat een mindf*ck!

MINDF CK

22

KRACHTPATSER

Ontdek dat wie niet sterk is, slim moet zijn

De sterkste man van Nederland kan stenen zo groot als skippyballen optillen, tractorbanden ondersteboven flippen alsof het speelkaarten zijn en met gemak een volgeladen vrachtwagen vooruit trekken. Lijkt jou dat ook wel wat, maar vind je de sportschool eigenlijk helemaal niet zo'n fijne plek en heb je geen zin om de hele dag biefstukken, kippenborsten en rauwe eieren te eten? Dan zijn hier een aantal slimme trucs om toch als een echte krachtpatser voor de dag te komen.

Vertel aan een proefpersoon dat jij over de magische kracht beschikt om je hand op je hoofd vast te klemmen alsof het een elektromagneet is.

Leg je hand op je hoofd. Je haalt nog een keer diep adem en zegt nu met een lage, rustige stem tegen je proefpersoon: 'Probeer mijn hand maar op te tillen.'
Wat hij ook probeert, je hand zit muurvast aan je hoofd en hij zal hem met geen mogelijkheid los kunnen trekken. Althans, als je het volgende geheim toepast.

Als je je hand op je hoofd houdt en hem met ferme kracht naar beneden drukt, is het voor de andere persoon onmogelijk om de verbinding los te krijgen. Een leuk opwarmertje, om vervolgens het volgende krachtexperiment te demonstreren.

Vraag een proefpersoon om plaats te nemen op een stoel, het liefst een beetje achteruit gezakt zodat zijn billen voor aan de stoel zitten. Concentreer je even en zet daarna je wijsvinger tegen zijn voorhoofd. Vertel dat je al je krachten gaat bundelen in je wijsvinger en vraag hem daarna om op te staan. Als het goed is, lukt dit hem met geen mogelijkheid. Hij zal het gevoel hebben dat hij met een magneet aan de stoel vastzit.

Het geheim zit 'm in de bouw en motoriek van het lichaam. Om op te kunnen staan moet je je eigen zwaartepunt (dat je nog kent van hoofdstuk 3) kunnen verleggen. Daarom maak je met je hoofd altijd een klein wipje naar voren voor-

dat je opstaat. Met jouw wijsvinger geef je voldoende tegendruk om je proefpersoon niet voorbij zijn eigen zwaartepunt te laten komen, waardoor hij onmogelijk van de bank kan komen.

Maar niet iedere krachttruc vraagt om kennis van het menselijk lichaam. Met een beetje valsspelen kom je ook een heel eind. Vraag daarvoor eerst aan je proefpersoon om beide vuisten op elkaar te zetten. Vervolgens vraag je hem om met al zijn kracht zijn vuisten op elkaar te houden. Het zal voor jou redelijk makkelijk zijn om zijn armen uit elkaar te trekken.

Nu mag hij het ook bij jou proberen, maar het zal hem met geen mogelijkheid lukken. En niet omdat je armen van staal hebt, maar omdat je een beetje valsspeelt. Als je je vuisten op elkaar zet, steek je stiekem je duim van je ene hand in de onderkant van de vuist van je andere hand. Van de voorkant ziet niemand dit, alleen is het nu voor iemand anders onmogelijk jouw vuisten van elkaar te trekken. Tenzij je echt de sterkste man van Nederland voor je hebt, en hij je duim van je hand weet te trekken.

Zo blijkt maar weer: wie niet sterk is, moet slim zijn.

Tot slot een experiment waarbij jij je onwaarschijnlijke krachten slim inzet om met een bankbiljet een wortel doormidden te slaan.

Neem een bankbiljet en vraag iemand een wortel aan beide uiteinden vast te houden, dus met twee handen. In het bankbiljet maak je een vouw over de lengte, zodat je een lang, V-vormig briefje hebt. Vertel hoe belangrijk het is dat je een scherpe vouw maakt in het biljet, omdat je al je kracht en energie in één punt gaat proberen te stoppen. Je kunt je verhaal nog wat aankleden door te vertellen dat je deze truc geleerd hebt van een Japanse vechtsportmeester die dezelfde krachttechniek gebruikt om met zijn blote handen een stapel bakstenen doormidden te slaan.

Neem dan één uiteinde van het briefje tussen je duim en je gebogen wijsvinger, zoals op de afbeelding hieronder.

Vraag of je proefpersoon de wortel nog steeds stevig vast heeft en begin de ceremonie. Tweemaal tik je de wortel aan met het briefje en terwijl je dat doet tel je langzaam mee. Dus 'éééééén', maak het spannend, 'twéééééé', nu heb je je hand hoog boven je hoofd om een grote hakbeweging te kunnen maken, 'drie!' En jawel, met een razendsnelle beweging en welluidende knak splijt je de wortel in tweeën met het bankbiljet.

Hoe? Natuurlijk snijd je de wortel niet met het briefje. Wanneer je het briefje boven je hoofd brengt om het met een snelle beweging op de wortel te laten landen steek je snel je wijsvinger uit, parallel aan het briefje. Omdat je snel hakt ziet je proefpersoon niet dat het eigenlijk je vinger is die de wortel in tweeën hakt. Wederom een mooi voorbeeld van hoe een grote beweging een kleine maskeert.

Zodra je door de wortel heen bent trek je gauw je wijsvinger weer in. Let overigens wel op de dikte van de wortel. Bij een echt stevige winterpeen kun je je lelijk bezeren. Dan moet je niet alleen met een gebroken wijsvinger naar het ziekenhuis, maar heb je ook nog eens de truc verraden!

23

TOEKOMSTVISIE

Ontwikkel een vooruitziende blik

Een kijkje nemen in de toekomst, dat willen we allemaal wel. En soms is dat nog mogelijk ook. Zo was op het moment dat dit boek gedrukt werd al bekend dat jij dit boek nu zou lezen. Ja, echt waar! Geloof je het niet? Hier komt het bewijs. Want hoe kan het anders dat toen dit boek gedrukt werd al bekend was dat jouw sterrenbeeld... Weegschaal is? Sterker nog, is het niet zo dat je toevallig op of rond 24 september geboren bent?

Ongelooflijk, toch? Je hebt zojuist een echte mindf*ck ervaren, en hoogstwaarschijnlijk geen flauw idee hoe dat kan. Je had toch net zo goed een Ram of Boogschutter als sterrenbeeld kunnen hebben? Maar maak je geen zorgen, er is een logische verklaring voor. Een verklaring die ook meteen illustreert waarom sommige mensen geloven dat de toekomst te voorspellen is.

Het is goed mogelijk dat je op dit moment denkt: waar gaat dit over? Mijn sterrenbeeld is helemaal geen Weegschaal. Dat komt doordat bovenstaande toekomstvoorspelling niet meer is dan een goeie gok. De meerderheid denkt dus: wat een slechte voorspelling, ik heb een heel ander sterrenbeeld. Maar als je die gedachte loslaat en je even verplaatst in iedereen die wél een Weegschaal is, dan snap je het doel. Want alle mensen die een Weegschaal zijn hebben zojuist niets anders dan een compleet wonder ervaren. De afgelopen minuut zullen ze zich in alle twijfel hebben afgevraagd hoe dit boek in vredesnaam kon weten wat hun sterrenbeeld was. Om nog maar te zwijgen over die enkeling die ook nog echt op 24 september geboren is en moet hebben gedacht: hoe dan?!

Overigens waren het sterrenbeeld Weegschaal en de datum 24 september niet helemaal willekeurig gekozen. In sommige maanden en op sommige dagen worden namelijk veel meer mensen geboren dan op andere dagen. Kijk maar eens naar de tabel op de volgende pagina.

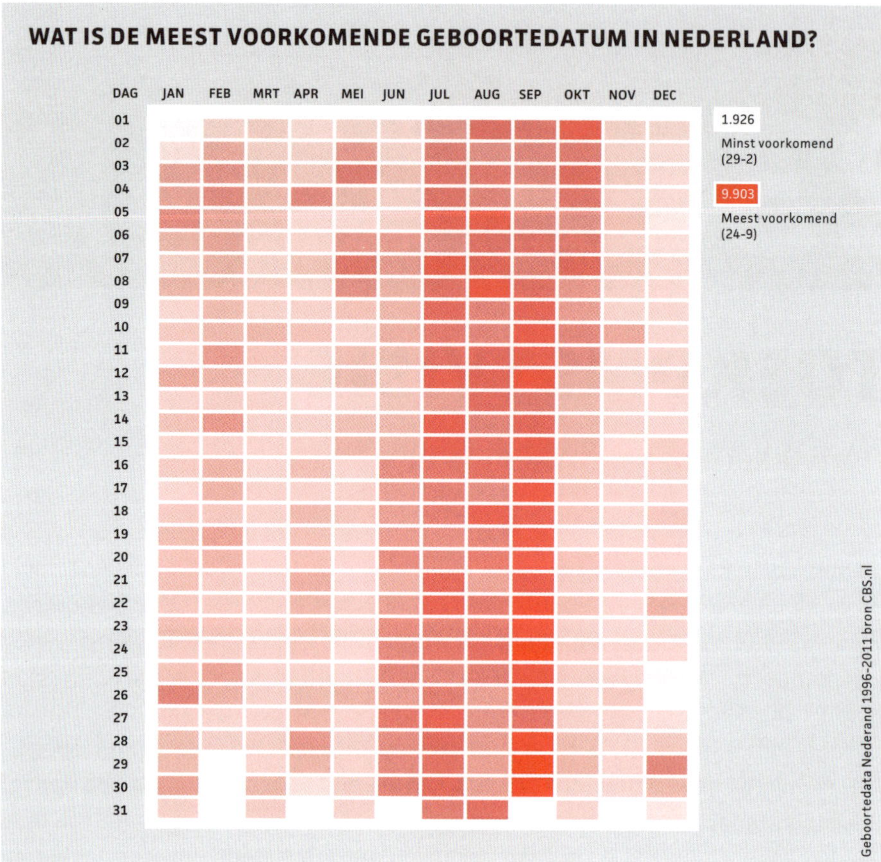

Je ziet dat in Nederland rond augustus en september de meeste mensen worden geboren. Een mogelijke verklaring is dat het precies negen maanden daarvoor december is, wanneer de winter voor de deur staat en iedereen weer lekker warm tegen elkaar aankruipt in bed. De rest mag je er zelf bij verzinnen.

Je geboortedag en sterrenbeeld zijn typische voorbeelden van iets wat heel specifiek aanvoelt, terwijl je het eigenlijk toch met heel veel andere mensen deelt. De verjaardagenparadox laat dat mooi zien: stel, je staat in een ruimte met 22 andere, willekeurig bij elkaar gezochte mensen. Hoe groot is dan de kans dat er in jullie groep twee mensen zijn met dezelfde verjaardag? 5 procent, 10 procent, 20 procent? Denk er even over na, zeg je antwoord hardop en lees dan verder.

De schattingen lopen nogal uiteen, maar waarschijnlijk heb je iets tussen de 10 en 20 procent gezegd. Het goede antwoord is dat de kans hierop meer dan 50 procent is. Onvoorstelbaar, toch? Als we wat meer mensen in de ruimte toevoegen kunnen we de kans nog verder vergroten. Staan er namelijk 57 mensen in dezelfde ruimte, dan is de kans dat twee mensen in die groep dezelfde verjaardag hebben zelfs meer dan 99 procent! We delen onze verjaardag dus met meer mensen dan we gevoelsmatig inschatten.

Terug naar het voorspellen van de toekomst. Waarschijnlijk heb je ooit weleens van Nostradamus gehoord. Dat was een Franse apotheker van wie een aantal toekomstvoorspellingen griezelig nauwkeurig zijn uitgekomen. Zo zou hij onder andere de Tweede Wereldoorlog, het communisme en het terrorisme in het Westen hebben voorspeld. Niet slecht voor iemand die rond 1500 leefde.

Maar wanneer je kritisch naar zijn werk kijkt, zie je dat bijna al zijn voorspellingen heel breed, vaag en multi-interpretabel zijn opgeschreven. Iedereen met een beetje fantasie vindt wel een historische gebeurtenis die overeenkomt met Nostradamus' voorspelling.

Daarnaast is er ook nog sprake van iets wat je het 'Paul de Octopus-effect' zou kunnen noemen. Octopus Paul verwierf in 2010 wereldfaam omdat hij alle wedstrijden van het Duitse elftal tijdens het wereldkampioenschap voetbal correct leek te kunnen voorspellen. Hij mocht voor elke wedstrijd steeds kiezen tussen twee bakken met voedsel, die allebei een andere vlag op de voorkant hadden. De bak die Paul als eerste koos, zou het winnende team van die wedstrijd voorspellen. Tot en met de finale koos hij steeds de bak met de vlag van het winnende team.

Fun Fact:
Later, bij wedstrijdvoorspellingen in het weekend, had Paul het ook weleens fout. Wellicht omdat hij een weekdier was.

De verklaring van dit mysterie is dat Paul de Octopus lang niet de enige was die iets voorspelde over het wereldkampioenschap. Er worden continu allerlei soorten voorspellingen gedaan door mensen, dieren en machines. Maar omdat die vaak na één of meerdere pogingen toch incorrect blijken, hebben ze geen nieuwswaarde en vergeet iedereen ze weer. Eens in de zoveel tijd komt het, door puur toeval, voor dat er wel een reeks met correcte voorspellingen wordt gedaan en dan willen we maar al te graag geloven dat het een wonder is.

Echt de toekomst voorspellen is dus helaas niet mogelijk, maar je kunt natuurlijk wel die illusie wekken. Neem bijvoorbeeld het volgende experiment.

Je legt je portemonnee op tafel en haalt er drie munten uit met verschillende waardes. Plaats de munten in een rijtje op tafel en vraag aan je toeschouwer om één van de drie munten te kiezen. Nadat de toeschouwer zijn keuze heeft gemaakt (bijvoorbeeld 5 cent), vraag je hem om je portemonnee op te pakken en vertel je hem dat je van tevoren een voorspelling hebt opgeschreven op een klein papiertje in je portemonnee; hij mag het papiertje eruit halen en voorlezen. Tot zijn verbazing staat daarop geschreven dat hij de 5 cent zal kiezen. Je hebt zijn keuze correct weten te voorspellen.

Het geheim is dat je voor elke keuze die je toeschouwer kan maken een uitkomst hebt. Om deze truc voor te bereiden heb je naast de drie munten (5 cent, 10 cent en 20 cent) ook een extra 20 centmunt, een stukje papier en een stift nodig. Allereerst teken je een kruis op de achterkant van de 10 centmunt en schrijf je op het papiertje: 'Ik voorspel dat je: 5 cent zult kiezen!'

Vouw nu het papiertje een aantal keer dubbel en stop het in je portemonnee, in een ander vakje dan waar je je muntgeld bewaart. Stop nu de vier munten in het kleingeldvakje (dat verder leeg moet zijn) en je bent klaar om te beginnen. Zoek een toeschouwer uit en vertel hem dat je tegenwoordig de toekomst kunt voorspellen. Je opent je portemonnee, neemt drie van de vier muntjes eruit (zorg dat er een 20 centmunt in je portemonnee achterblijft) en legt deze op tafel. Hierbij is het heel belangrijk dat je niet per ongeluk laat zien dat er een kruis op de achterkant van de 10 centmunt staat. Leg je portemonnee vervolgens weg, maar nog wel in het zicht.

Je vraagt je toeschouwer één van de drie munten te kiezen. De truc is nu dat aan iedere mogelijke keuze van je toeschouwer een voorspelling gekoppeld is. En jij laat natuurlijk alleen de juiste zien. Er kunnen zich drie scenario's ontvouwen, namelijk:

1 De toeschouwer kiest de 5 centmunt. In dit geval zeg je: 'Ik wist al dat je die zou kiezen, kijk maar eens naar de voorspelling in mijn portemonnee!' Je toeschouwer mag vervolgens het papiertje uit de portemonnee halen en zal zien dat je voorspelling klopt. Om deze reden is het dus belangrijk dat je portemonnee enigszins in het zicht blijft liggen.

2 De toeschouwer kiest de 10 centmunt. In dit geval zeg je: 'Ik wist al dat je die zou kiezen, ik heb namelijk een van deze munten op de achterkant gemarkeerd. Draai alle munten maar eens om!' Je toeschouwer zal zien dat de 10 centmunt de enige is met een kruis op de achterkant.

3 De toeschouwer kiest de 20 centmunt. In dit geval zeg je: 'Ik wist al dat je die zou kiezen, van tevoren heb ik één extra muntje als voorspelling in mijn portemonnee achtergelaten, kijk maar eens welke dat is!' Je toeschouwer opent vervolgens je portemonnee en ziet dat daar alleen een 20 centmunt in zit.

In alle bovenstaande uitkomsten is je toeschouwer dus niet op de hoogte van de andere voorspellingen en is het onmogelijk te achterhalen hoe jij deze vrije keuze wist te voorspellen. Dit principe heet in goocheltermen '*multiple out*'. Doordat je publiek, net als bij Nostradamus en Paul de Octopus, geen weet heeft van de andere (foutieve) voorspellingen, zullen ze de goede uitkomst ervaren als een wonder. Met een beetje oefening kun je dus in een handomdraai net zo succesvol de toekomst voorspellen als een dooie Franse apotheker of een Duits weekdier.

CASIO
SCIENTIFIC CALCULATOR
fx-82B
12345678.
MODE
SD
COMP
DEG
RAD
GRA
FIX
SCI
NORM
INV
MODE
log
ln
ENG
hyp
sin
cos
tan
OFF
+/-
X↔Y
M in
MR
7
8
9
C
AC
ON
4
5
6
1
2
3
0
EXP
M+
AUTO POWER-OFF

24

REKENWONDER

Word in een handomdraai een wandelende rekenmachine

Voor sommigen is de dag waarop ze hun schooldiploma in ontvangst nemen de laatste dag dat ze ooit aan wiskunde zullen denken. Sterker nog: veel mensen hebben een wiskundetrauma, bij hen breekt het zweet ze uit wanneer ze alleen al terugdenken aan parabolen, staartdelingen en logaritmes. Dat is zonde, want wiskunde kan bij vlagen behoorlijk magisch zijn! Wist je bijvoorbeeld dat de tafel van negen jou letterlijk op het lijf geschreven is? Met de volgende truc kun je in een handomdraai elke berekening uit de tafel van negen maken.

Houd je handen een eindje voor je ogen, met alle vingers uitgestrekt en de handpalmen naar je toe. Je linkerduim is nummer 1, je linkerwijsvinger is 2, je middelvinger 3 enzovoorts. Iedere keer dat je een getal met 9 vermenigvuldigt, hoef je alleen maar de vinger die correspondeert met dat getal naar beneden te buigen om direct het antwoord te weten. Wil je bijvoorbeeld 4 x 9 uitrekenen, dan buig je vinger nummer 4 naar beneden (je linkerringvinger).

Kijk nu goed: het aantal vingers links van je gebogen vinger geeft het eerste cijfer van het antwoord aan, en het aantal vingers rechts van je gebogen vinger het tweede cijfer van het antwoord. In dit geval dus 3 en 6, wat 36 maakt.

Deze truc geldt voor elk getal tot en met 10 dat je met 9 vermenigvuldigt. Probeer het maar eens.

Niet alleen voor vermenigvuldigen bestaan er slimme trucs. Ook om getallen te delen zijn er shortcuts die je kunnen helpen. Om dat te ervaren moet je eerst maar eens proberen het volgende vraagstuk op te lossen:

Lang geleden leefde er in de woestijn een rijke handelaar met drie zoons. De rijke vader had maar liefst zeventien kamelen. De vader besloot dat na zijn dood zijn oudste zoon de helft van alle kamelen zou krijgen. De middelste zoon zou een derde krijgen en de jongste zoon een negende van de zeventien kamelen. De opdracht is nu om zonder pen en papier uit te rekenen hoeveel kamelen iedere zoon krijgt. En de kamelen moeten wel blijven leven natuurlijk. Als je het geprobeerd hebt mag je verder lezen.

In eerste instantie voelt het misschien als een onmogelijk vraagstuk. Het lijkt erop dat je de kamelen toch in stukjes moet gaan hakken om alles eerlijk te verdelen. Maar nee, dit vraagstuk valt zonder bloedvergieten op te lossen.

Het antwoord is dat jij, voordat je de som oplost, zelf een kameel toevoegt, waardoor er in totaal 18 kamelen zijn. Dan is het tijd om te gaan verdelen. De oudste zoon krijgt de helft van de kamelen, dus 18 / 2 = 9 kamelen. De middelste zoon krijgt 18 / 3 = 6 kamelen. Dan moet je nog een negende deel van de kamelenkudde aan de jongste zoon geven, dus 18 / 9 = 2 kamelen. In totaal zijn er nu 9 (voor de oudste zoon) + 6 (voor de middelste zoon) + 2 (voor de jongste zoon) = 17 kamelen verdeeld. Er blijft dus nog 1 kameel over van de 18 waar je mee begon en die kun je weer terugnemen want die was van jou. Iedereen heeft gekregen waar hij recht op heeft, en er is veel dierenleed bespaard gebleven.

Alhoewel je vandaag de dag zelden meer een erfenis bestaande uit zeventien kamelen moet verdelen, zie je dat je met een paar wiskundige slimmigheidjes schijnbaar onmogelijke problemen kunt oplossen. Op eenzelfde manier kun je het voor je vrienden ook laten lijken alsof jij een wandelende rekenmachine bent. Want je hoeft geen boekhouder te zijn om te goochelen met getallen. Wat dacht je bijvoorbeeld van deze illusie:

1 Je vraagt een proefpersoon om boven aan een vel papier twee getallen onder elkaar op te schrijven, zonder deze aan jou te laten zien. Als voorbeeld worden hier 8 en 5 gebruikt.

2 Nu vraag je de proefpersoon de getallen bij elkaar op te tellen en de uitkomst eronder te schrijven. In dit geval is dat 13.

3 Vervolgens moet hij telkens de onderste twee getallen bij elkaar optellen en de uitkomst eronder schrijven, totdat hij, ongezien door jou, tien getallen op zijn papier heeft staan. Hij mag hierbij zijn rekenmachine gebruiken omdat het belangrijk is dat er geen rekenfouten gemaakt worden. Als we uitgaan van 8 en 5 als startgetallen zal hij de volgende reeks maken.

8
5
13 (8 + 5 = 13)
18 (13 + 5 = 18)
31 (18 + 13 = 31)
49 (31 + 18 = 49)
80 (49 + 31 = 80)
129 (80 + 49 = 129)
209 (129 + 80 = 209)
338 (209 + 129 = 338)

4 Is je proefpersoon klaar? Vertel hem dan dat je geen enkel idee hebt welke getallen hij heeft opgeschreven, maar dat je gaat proberen alle tien de getallen binnen een oogwenk bij elkaar op te tellen. Je vraagt de pen en het papier van je proefpersoon terug, trekt een streep onder de reeks getallen, knippert twee keer met je ogen en schrijft (in dit geval) op: **880**. Niemand zal geloven dat je zoveel getallen binnen een seconde kunt optellen, daarom mag hij het zelf gaan narekenen (waarschijnlijk heeft je proefpersoon daar zelfs een rekenmachine voor nodig). Hij zal stomverbaasd zijn dat het antwoord blijkt te kloppen.

Hoe deed je dat zo snel? Jouw proefpersoon heeft zojuist een tien getallen tellende fibonaccireeks opgeschreven. Nee, de fibonaccireeks is niet het antwoord op het Bernini-mysterie of een manier om de Da Vinci-code te kraken. Het is de naam voor een getallenreeks (vernoemd naar de Italiaanse wiskundige Fibonacci) waarbij ieder volgend getal de som is van de twee vorige getallen. De truc is hier dat elke fibonaccireeks van tien getallen een speciale eigenschap heeft: als je het vierde getal van onder, in dit geval 80, met 11 vermenigvuldigt, kom je op de som van alle tien de getallen. En met 11 vermenigvuldigen is niet zo ingewikkeld, het is een nul achter het getal zetten en er nog eenmaal dat getal bij optellen. Dus 80 wordt 800 + 80 = 880. Een wonder om vriend en vijand mee omver te blazen.

Als je proefpersoon nog geen genoeg heeft van jouw rekenkunsten en vraagt om meer, kun je nog één stap verder gaan om echt als magisch wiskundegenie de boeken in te gaan. Je vertelt hem dat je net hebt laten zien dat je razendsnel kunt rekenen als je een reeks getallen ziet, maar dat je het nu nog een keer gaat proberen zonder naar de reeks getallen te kijken.

1. Je vraagt hem op een nieuw vel papier (of bierviltje, als je in de kroeg zit en het volgende rondje bij het slagen van dit experiment op kosten van je proefpersoon is) bovenaan een getal te schrijven van drie cijfers, zonder dat jij het kunt zien. De cijfers moeten oplopend of aflopend zijn, dus bijvoorbeeld 378 of 851. Als voorbeeld gebruiken we 378.

2. Zodra hij het getal heeft opgeschreven vraag je of hij de cijfers in zijn hoofd in omgekeerde volgorde wil zetten (in dit geval wordt dat 873).

3. Nu vraag je of het getal dat hij in zijn hoofd heeft groter of kleiner is dan het getal dat hij heeft opgeschreven. Als het getal in zijn hoofd groter is dan het getal op papier mag hij het boven het eerste getal schrijven, als het getal in zijn hoofd kleiner is mag hij het eronder schrijven.

4. Nu mag hij de twee getallen van elkaar aftrekken en het resultaat daarvan eronder schrijven.
   In dit geval schrijft hij dus op:

   873
   378
   ---- -
   495

Nu vraag je hem of hij het nieuwe getal om wil draaien en dat eronder wil schrijven. Tot slot moet hij de laatste twee getallen bij elkaar optellen om weer tot een nieuw uniek getal te komen.

873
378
---- -
495
594
---- +
1089

5 Je vraagt hem nu om zich op dit getal te concentreren en zonder dat je dit alles hebt gezien kun je hem vertellen dat hij zit te denken aan het getal 1089! (Deze truc is ook heel leuk om over de telefoon of via WhatsApp te doen.)

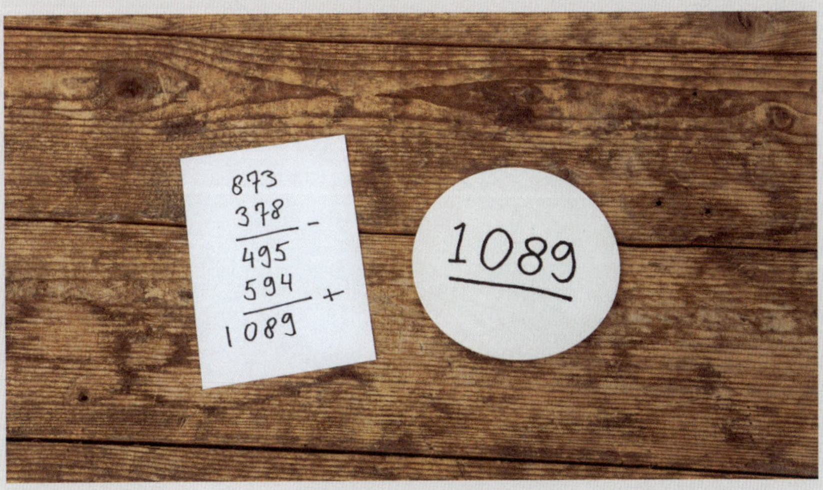

Je proefpersoon zal ervan overtuigd zijn dat je een rekenwonder bent én op magische wijze getallen kunt weten, hoewel het geheim (zoals zo vaak) heel erg simpel is. Het werkt namelijk altijd: welke getallen je ook kiest, als je de opdrachten nauwkeurig uitvoert, zal de uitkomst van de som altijd 1089 zijn. Zelfs Fibonacci zou er geen sikkepit van begrijpen.

25

DE ULTIEME PERSOONLIJKHEIDSTEST

Ontmoet je ware ik

Heb je altijd al willen weten wat voor type persoon jij echt bent? Hoe jouw karakter precies in elkaar steekt? Na een maandenlange studieperiode met een team persoonlijkheidsonderzoekers, wordt in dit boek voor het eerst een revolutionaire en accurate methode gepresenteerd om erachter te komen wat voor persoonlijkheid jij werkelijk hebt.

Hiervoor moet je eerst een vijftal vragen beantwoorden die dieper ingaan op jouw morele en emotionele kwaliteiten. Per multiplechoiceantwoord kun je 1, 2 of 3 punten verdienen. Pak er pen en papier bij zodat je je score bij kunt houden. Kies je A, geef jezelf dan 1 punt, bij B 2 punten en bij antwoord C 3 punten. Tel aan het einde van de vijf persoonlijkheidsvragen je punten bij elkaar op en lees vervolgens je uitslag. En onthoud: bij een persoonlijkheidstest zijn er geen goede of foute antwoorden, beantwoord de vragen naar eer en geweten en denk vooral niet te lang na bij elke vraag. Probeer op je intuïtie af te gaan. Succes!

Vraag 1

'Honden hebben een baasje, katten hebben personeel,' zei een wijs man ooit. Jouw verhouding tot dieren zegt veel over hoe je in het leven staat. Zou je jezelf omschrijven als...

A. Een kattenmens.
B. Iemand die van konijnen houdt.
C. Een hondenmens.

Vraag 2

Als jij belangrijke post krijgt, bijvoorbeeld een handgeschreven brief of een aanmaning van de Belastingdienst, wat doe je dan?

A. Ik maak het direct open.
B. Ik leg het op een speciale stapel en open het als ik de tijd heb om het te verwerken.
C. Ik maak de post het liefst zo laat mogelijk open.

Vraag 3

Wanneer een autoriteit (zoals je baas, je manager of je docent) dingen doet waar jij en de mensen om jou heen niet blij mee zijn, wat doe je dan?

A. Ik probeer voorzichtig een gesprek te beginnen met de autoriteit in kwestie.
B. Ik confronteer de autoriteit met zijn gedrag.
C. Ik laat het liever aan een ander over om de autoriteit te wijzen op de situatie.

Vraag 4

Welke van de onderstaande statements is het meest op jou van toepassing?

A. Ik heb vaak meerdere beste vrienden, ik kan daar niet tussen kiezen.
B. Ik heb één beste vriend (gehad).
C. Ik heb veel verschillende vrienden, maar ik zou niemand mijn 'beste vriend' noemen.

Vraag 5

Hoe is jouw verhouding met de natuur in relatie tot het huis waar je woont?

A. Ik ben een stadsmens.
B. Ik ben een echt buitenmens.
C. De natuur is prachtig, maar alleen op vakantie, met een drankje erbij.

Tel nu het aantal punten dat je per vraag kreeg (A 1 punt, B 2 punten, C 3 punten) bij elkaar op. In deze test kun je minimaal 5 en maximaal 15 punten behalen. Zoek de persoonlijkheid op die bij jouw uitslag hoort en lees daarna verder.

De uitslag van de ultieme persoonlijkheidstest:

De onderop-leider (5 of 6 punten)

Jij bent een echte onderop-leider: soms ben je extravert, een echt gezelschapsmens, terwijl je op andere momenten juist introvert en gereserveerd kunt zijn. Hoewel je op andere mensen overkomt als gedisciplineerd en beheerst, ben je vanbinnen af en toe onzeker en een piekeraar. Af en toe vraag je je af of je wel de juiste beslissingen hebt genomen op bepaalde punten in je leven. Je wordt gelukkig van afwisseling en variatie in je leven en je raakt ontevreden wanneer je wordt ingesnoerd door te veel beperkingen. Je hebt heel veel potentie en kracht die je nog niet volledig hebt ingezet om je levensdoelen te realiseren, al zijn sommige van je dromen en aspiraties niet helemaal realistisch. Ook heb je soms de neiging om kritisch over jezelf en je gedrag te zijn. Je vindt het belangrijk dat andere mensen jou aardig vinden. Hoewel je een paar moeilijke karaktereigenschappen hebt, ben je over het algemeen goed in staat om ze te verhullen of te compenseren. Je bent erachter gekomen dat het niet altijd handig is om al te eerlijk en open te zijn over jezelf tegen anderen. Tot slot ben je trots op je onafhankelijke denken en accepteer je niet zomaar wat anderen van je denken.

Hoe sloot deze persoonlijkheid aan bij je karakter? Voor 80 procent? 90, 95 of misschien wel 99 procent? Beslis het nu. En zeg het hardop om zeker te zijn van je keuze. Als je dat hebt gedaan, ga dan naar pagina 156 om verder te lezen over de achtergrond van deze test.

De verzorger (7 of 8 punten)

Jij bent een echte verzorger: je vindt het belangrijk dat andere mensen jou aardig vinden. Hoewel je een paar moeilijke karaktereigenschappen hebt, ben je over het algemeen goed in staat om ze te verhullen of te compenseren. Je hebt soms de neiging om kritisch over jezelf en je gedrag te zijn. Hoewel je op andere mensen overkomt als gedisciplineerd en beheerst, ben je vanbinnen af en toe onzeker en een piekeraar. Je hebt heel veel potentie en kracht die je nog niet volledig hebt ingezet om je levensdoelen te realiseren. Af en toe vraag je je af of je wel de juiste beslissingen hebt genomen op bepaalde punten in je leven. Sommige van je dromen en aspiraties zijn niet helemaal realistisch. Je bent een trotse, onafhankelijke geest en je accepteert niet zomaar wat andere mensen van je denken. Soms ben je extravert, een echt gezelschapsmens, terwijl je op andere momenten juist introvert en gereserveerd kunt zijn. Je bent erachter gekomen dat het niet altijd handig is om al te eerlijk en open te zijn over jezelf tegen anderen. Tot slot: van afwisseling en variatie in je leven word je gelukkig en je raakt ontevreden wanneer je wordt ingesnoerd door te veel beperkingen.

Hoe sloot deze persoonlijkheid aan bij je karakter? Voor 80 procent? 90, 95 of misschien wel 99 procent? Beslis het nu. En zeg het hardop om zeker te zijn van je keuze. Als je dat hebt gedaan, ga dan naar pagina 156 om verder te lezen over de achtergrond van deze test.

De lastendrager (9 of 10 punten)

Jij bent een echte lastendrager: je hebt soms de neiging om kritisch over jezelf en je gedrag te zijn en je vindt het belangrijk dat andere mensen jou aardig vinden. Hoewel je een paar moeilijke karaktereigenschappen hebt, ben je over het algemeen goed in staat om ze te verhullen of te compenseren. Van afwisseling en variatie in je leven word je gelukkig en je raakt ontevreden wanneer je wordt ingesnoerd door te veel beperkingen. Af en toe vraag je je af of je wel de juiste beslissingen hebt genomen op bepaalde punten in je leven. Hoewel je op andere mensen overkomt als gedisciplineerd en beheerst, ben je vanbinnen af en toe onzeker en een piekeraar. Soms ben je extravert, een echt gezelschapsmens, terwijl je op andere momenten juist introvert en gereserveerd bent. Je hebt heel veel potentie en kracht die je nog niet volledig hebt ingezet om je levensdoelen te realiseren. Je bent een trotse, onafhankelijke geest en je accepteert niet zomaar wat andere mensen van je denken. Sommige van je dromen en aspiraties zijn niet helemaal realistisch. Je bent erachter gekomen dat het niet altijd handig is om al te eerlijk en open te zijn over jezelf tegen anderen.

Hoe sloot deze persoonlijkheid aan bij je karakter? Voor 80 procent? 90, 95 of misschien wel 99 procent? Beslis het nu. En zeg het hardop om zeker te zijn van je keuze. Als je dat hebt gedaan, ga dan naar pagina 156 om verder te lezen over de achtergrond van deze test.

De perfecte duizendpoot (11 of 12 punten)

Jij bent de perfecte duizendpoot: van afwisseling en variatie in je leven word je gelukkig en je raakt ontevreden wanneer je wordt ingesnoerd door te veel beperkingen. Soms ben je extravert, een echt gezelschapsmens, terwijl je op andere momenten juist introvert en gereserveerd bent. Hoewel je een paar moeilijke karaktereigenschappen hebt, ben je over het algemeen goed in staat om ze te verhullen of te compenseren. Je vindt het belangrijk dat andere mensen jou aardig vinden. Hoewel je op andere mensen overkomt als gedisciplineerd en beheerst, ben je vanbinnen af en toe onzeker en een piekeraar. Je bent erachter gekomen dat het niet altijd handig is om al te eerlijk en open te zijn over jezelf tegen anderen, maar je bent een trotse, onafhankelijke geest en je accepteert niet zomaar wat andere mensen van je denken. Sommige van je dromen en aspiraties zijn niet helemaal realistisch. Je hebt heel veel potentie en kracht die je nog niet volledig hebt ingezet om je levensdoelen te realiseren. Af en toe vraag je je af of je wel de juiste beslissingen hebt genomen op bepaalde punten in je leven. Je hebt soms de neiging om kritisch over jezelf en je gedrag te zijn.

Hoe sloot deze persoonlijkheid aan bij je karakter? Voor 80 procent? 90, 95 of misschien wel 99 procent? Beslis het nu. En zeg het hardop om zeker te zijn van je keuze. Als je dat hebt gedaan, ga dan naar pagina 156 om verder te lezen over de achtergrond van deze test.

De voorvechter (13, 14 of 15 punten)

Jij bent een echte voorvechter: je bent een trotse, onafhankelijke geest en je accepteert niet zomaar wat andere mensen van je denken. Maar je bent erachter gekomen dat het niet altijd handig is om al te eerlijk en open te zijn over jezelf tegen anderen. Soms ben je extravert, een echt gezelschapsmens, terwijl je op andere momenten juist introvert en gereserveerd bent. Je hebt heel veel potentie en kracht die je nog niet volledig hebt ingezet om je levensdoelen te realiseren. Hoewel je op andere mensen overkomt als gedisciplineerd en beheerst, ben je vanbinnen af en toe onzeker en een piekeraar. Hoewel je een paar moeilijke karaktereigenschappen hebt, ben je over het algemeen goed in staat om ze te verhullen of te compenseren. Je hebt soms de neiging om kritisch over jezelf en je gedrag te zijn. Je vindt het belangrijk dat andere mensen jou aardig vinden. Af en toe vraag je je af of je wel de juiste beslissingen hebt genomen op bepaalde punten in je leven. Van afwisseling en variatie in je leven word je gelukkig en je raakt ontevreden wanneer je wordt ingesnoerd door te veel beperkingen. Sommige van je dromen en aspiraties zijn niet helemaal realistisch.

Hoe sloot deze persoonlijkheid aan bij je karakter? Voor 80 procent? 90, 95 of misschien wel 99 procent? Beslis het nu. En zeg het hardop om zeker te zijn van je keuze. Als je dat hebt gedaan, ga dan naar pagina 156 om verder te lezen over de achtergrond van deze test.

Je hebt zojuist waarschijnlijk een redelijk accurate persoonlijkheidsomschrijving gelezen. Maar nu is het tijd voor de pijnlijke waarheid: de uitslag van de test heeft helemaal niets te maken met jouw karakter of de antwoorden die je gaf. Sterker nog: de hele test is nergens op gebaseerd.

Waarom voelde het dan wel alsof de uitkomst klopte? Dat komt doordat de tekst bestond uit zogeheten Barnum-statements. Barnum-statements zijn in feite heel algemene uitspraken die bijna op ieder mens van toepassing zijn. Kijk maar eens bij de andere uitslagen. Valt je iets op? Elke omschrijving is exact hetzelfde, alleen zijn de zinnen in een net iets andere volgorde gezet. Het is allemaal precies dezelfde algemene prietpraat die op iedereen toepasbaar is.

Toch ervoer je de uitslag van de test waarschijnlijk niet als algemeen. Dat komt doordat je brein de neiging heeft om uitspraken die over jezelf gaan onmiddellijk aan een concrete, persoonlijke herinnering te koppelen. Daardoor lijkt het alsof een algemeen zinnetje echt iets diepzinnigs over jou vertelt. Neem nou de zin: 'Soms ben je extravert, een echt gezelschapsmens, terwijl je op andere momenten juist introvert en gereserveerd bent.' In feite zegt deze zin niets, want we zijn allemaal weleens uitgelaten en extravert en op andere momenten wat gereserveerder en naar binnen gekeerd.

Bovendien ben je ook geneigd de Barnum-statements die helemaal niet op jou van toepassing zijn te negeren. In feite filtert je brein die onderdelen van de zinnen er gewoon uit, en zoek je alleen maar naar beweringen die wel kloppen. Dat heet in de psychologie '*confirmation*-bias'. Alles wat klopt vergroot je uit en zaken die misschien niet zo kloppen druk je actief weg uit je gedachten. Daar komt ook nog eens bij dat we niets leuker vinden dan uitspraken horen die over onszelf gaan. Daarom wíl je bijna dat de statements kloppen.

Dit is ook hoe mediums en waarzeggers vaak te werk gaan, door middel van een techniek die '*cold reading*' heet. Een medium zal eerst een paar algemene Barnum-statements gebruiken om iets over jouw persoonlijkheid te vertellen. Daardoor kan het medium zien dat jij op bepaalde onderdelen van de statements heftiger reageert – bijvoorbeeld doordat je gaat blozen, doordat je geïntrigeerd naar voren gaat zitten of omdat je bevestigend glimlacht. Dan weet een zogenaamde helderziende dat hij beet heeft en kan hij doorgraven op die aspecten van je persoonlijkheid.

De echte uitslag van deze persoonlijkheidstest is dus dat je niet uniek bent, maar net zo goedgelovig als iedereen! Tenzij je natuurlijk al doorhad dat de test nep was en de omschrijving alleen maar uit Barnum-statements bestond. In dat geval ben je uniek, briljant en véél specialer dan de rest van ons stervelingen.

26

WONDERLICHAAM

28 weetjes ter waardering van ons wondere lichaam

Als je een nieuwe telefoon koopt ben je er de eerste weken superzuinig op, probeer je alle nieuwe functies uit en maakt je brein elke keer als je hem gebruikt allemaal lekkere stofjes aan. Na verloop van tijd ebt dat bijzondere gevoel weg en na een paar jaar ben je weer toe aan een nieuwe. De vergelijking met hoe je tegen jezelf aankijkt gaat gelukkig niet helemaal op, maar het gevaar dat we onszelf 'normaal' gaan vinden ligt soms wel op de loer. We zouden bijna vergeten hoe ongelooflijk fantastisch en wonderlijk het menselijk lichaam eigenlijk is. Hier een aantal interessante wist-je-datjes om onszelf te herinneren aan de schoonheid van het leven, maar die het ook zonder die filosofische inborst prima doen tijdens elk stilvallend kroeggesprek.

HOOFDSTUK 26

WIST JE DAT?

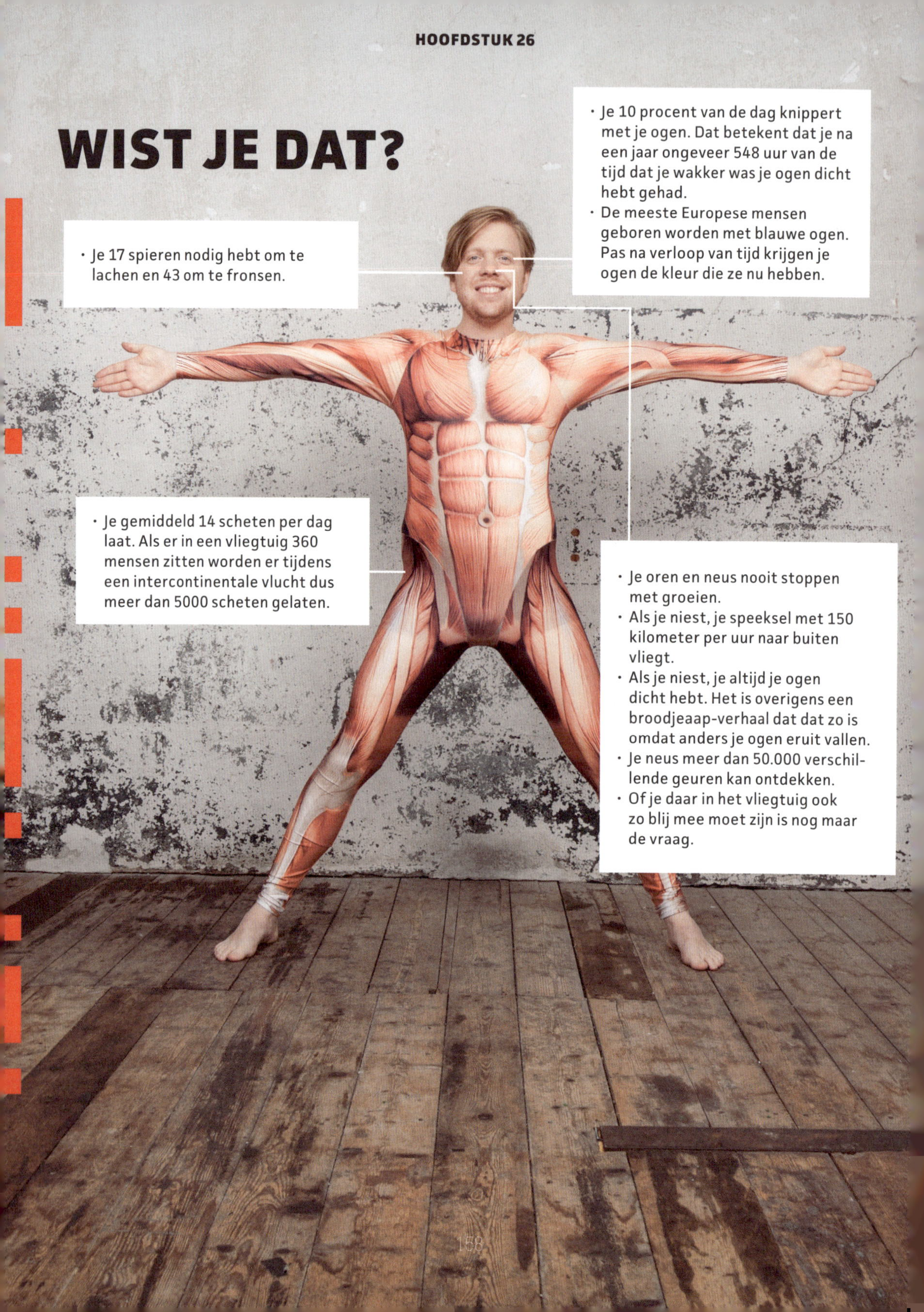

- Je 17 spieren nodig hebt om te lachen en 43 om te fronsen.

- Je 10 procent van de dag knippert met je ogen. Dat betekent dat je na een jaar ongeveer 548 uur van de tijd dat je wakker was je ogen dicht hebt gehad.
- De meeste Europese mensen geboren worden met blauwe ogen. Pas na verloop van tijd krijgen je ogen de kleur die ze nu hebben.

- Je gemiddeld 14 scheten per dag laat. Als er in een vliegtuig 360 mensen zitten worden er tijdens een intercontinentale vlucht dus meer dan 5000 scheten gelaten.

- Je oren en neus nooit stoppen met groeien.
- Als je niest, je speeksel met 150 kilometer per uur naar buiten vliegt.
- Als je niest, je altijd je ogen dicht hebt. Het is overigens een broodjeaap-verhaal dat dat zo is omdat anders je ogen eruit vallen.
- Je neus meer dan 50.000 verschillende geuren kan ontdekken.
- Of je daar in het vliegtuig ook zo blij mee moet zijn is nog maar de vraag.

- Ons brein genoeg energie produceert om een kleine lamp op te laten branden.
- Je brein de capaciteit heeft om meer dan 2,5 miljoen gigabyte op te slaan. Je zou zo'n 300 jaar aan video kunnen opnemen en bewaren in je hoofd.

- Je snelst groeiende nagel die van je middelvinger is.

- Je jezelf niet kunt kietelen. Dat komt doordat het onverwachte aspect van kietelen je de kietelige ervaring geeft, maar je brein de bewegingen van je eigen handen al kan voorspellen.
- Iedereen een unieke lichaamsgeur heeft.

- Je 's ochtends gemiddeld 1 centimeter langer bent dan 's avonds. Dit komt doordat de zwaartekracht druk uitoefent op je (flexibele) kraakbeen zodra je gaat staan.

- Je maagzuur zo sterk is dat het een scheermesje kan oplossen.

- Je lichaam uit 100.000 miljard cellen bestaat.
- Je genoeg ijzer in je lichaam hebt om er een spijker van 7,5 centimeter lang van te maken.
- Gemiddeld 65 procent van je lichaam uit water bestaat.
- Als je al je DNA achter elkaar zet, je een afstand vormt van hier naar Pluto en weer terug.
- De meeste van deze cellen zichzelf regelmatig vervangen. De cellen van je maag vervangen zichzelf elke 5 dagen en je huidcellen elke 2 tot 4 weken. Alleen de cellen van de lens in je oog, de spiercellen van je hart en de zenuwcellen van de buitenste laag van je brein zullen zichzelf nooit vervangen.
- Je na een paar jaar (als bijna alle cellen zich hebben vervangen) dus eigenlijk een bijna volledig nieuw mens bent. Dat gegeven leent zich als een prima excuus voor als je in het verleden iets fout hebt gedaan. Na een paar jaar kun je beweren dat je letterlijk niet meer dezelfde persoon bent als toen je die fout maakte.

27

VALSE HERINNERINGEN

Had je dit hoofdstuk niet al eens eerder gelezen?

Hoe goed is jouw geheugen? Dat kun je uitvinden met de volgende test. Lees de volgende veertien woorden zorgvuldig, maar slechts één keer, dus niet stiekem nogmaals lezen! Lees ze hardop, en sla de pagina dan om (en probeer wakker te blijven bij het lezen).

Bed	**Deken**
Rust	**Dutten**
Wakker	**Sluimeren**
Moe	**Snurken**
Droom	**Tukje**
Waken	**Vrede**
Snooze	**Gaap**

Zo, hoe ging het? Je hebt zojuist veertien woorden gelezen, ze zitten als het goed is vers in je geheugen. Nu volgen vier woorden, waarvan er een of meerdere niet in de vorige rijtjes stonden. Weet jij welke? Noem uit het rijtje hieronder hardop de woorden waarvan je denkt dat je ze zojuist hebt gelezen.

Droom

Schoen

Slaap

Deken

En, hoe ging het? De kans is groot dat je van het woord 'schoen' hebt geconstateerd dat dat er niet in voorkwam. Dat heb je correct! Maar ook het woord 'slaap' stond helemaal niet in de eerste rij, terwijl je waarschijnlijk dacht dat wel te hebben gelezen.

Waarom voegde je geheugen dat woord dan wel toe aan je herinnering? Het blijft voor veel mensen lastig om in één keer veertien losse woorden te onthouden (mocht je dit herkennen en jezelf willen verbeteren, zie dan de waardevolle tips in hoofdstuk 44). Zodra je merkt dat er een samenhang is tussen de verschillende woorden ga je daarom automatisch categoriseren. Alle woorden van de reeks hebben op de een of andere manier met slaap te maken, dus plak je er in je geheugen als het ware het etiket 'slaap' op. En omdat je dat doet, heb je ook de indruk dat je dat woord hebt gelezen, terwijl je eigen fantasie het er eigenlijk bij heeft gesmokkeld.

Dit fenomeen heet '*false memory*', oftewel 'foutief geheugen'. Het laat zien dat we ons dingen vaak compleet verkeerd herinneren en dat we zelfs elementen toevoegen aan onze herinnering die nooit hebben plaatsgevonden. Bij het onthouden van een willekeurige rij woorden zal je dat misschien niet zo heel veel verbazen. Maar je geheugen werkt nog veel gekker dan je denkt.

Dat bewezen wetenschappers met het volgende experiment. Een mannelijke proefpersoon kreeg een serie foto's van verschillende vrouwengezichten te zien. Steeds werden hem tegelijkertijd twee foto's van twee verschillende vrouwen getoond. Hij moest snel aanwijzen welke vrouw hij het aantrekkelijkst vond. Na iedere keuze legde de onderzoeker de twee foto's kort omgekeerd op tafel en draaide de door de proefpersoon gekozen foto weer om. De onderzoeker vroeg hem vervolgens om te beschrijven waarom hij voor deze vrouw had gekozen. De proefpersoon vertelde keurig wat zijn overwegingen waren om deze vrouw als aantrekkelijker te bestempelen. Zo gingen ze alle foto's af.

Er zat alleen één addertje onder het gras: iedere keer dat de onderzoeker de foto's kort op tafel legde, wisselde hij de foto's vlug om. Hij liet dus steeds de foto van de vrouw zien die de proefpersoon niet had uitgekozen. En toch vroeg de onderzoeker waarom de proefpersoon voor deze vrouw gekozen had. In 77 procent van de gevallen hadden de proefpersonen niet door dat de foto's waren verwisseld. Sterker nog, ze konden prima opnoemen waarom ze deze vrouw aantrekkelijker vonden dan de andere. Dit heet '*choice blindness*'. Het laat zien dat je je niet alleen dingen verkeerd kunt herinneren, maar dat je op basis van die foutieve herinnering ook nog eens keuzes kunt verdedigen die je eigenlijk nooit hebt gemaakt.

De gevolgen van false memory en choice blindness voor getuigenverklaringen in rechtszaken zijn natuurlijk groot. Wetenschappelijke onderzoeken, zoals een beroemd experiment van de Amerikaanse professor Robert Buckhout, laten zien dat getuigen, met name van heftige of zelfs traumatische gebeurtenissen, een verbijsterende hoeveelheid foutieve herinneringen hebben. Een groep van 350 studenten van Buckhout was getuige van een in scène gezette vechtpartij waarbij een ouderejaars de collegezaal in liep en de professor aanviel, zogenaamd wegens tegenvallende cijfers. Direct daarna werden de studenten gevraagd een vragenlijst over het voorval in te vullen. Wat bleek: studenten maakten fouten over de duur van het incident, de lengte van de dader, het geschatte gewicht en een hele reeks andere details die cruciaal zouden zijn geweest voor een opsporing. Vandaar ook dat getuigenverslagen in rechtszaken tegenwoordig steeds minder gewicht krijgen.

Nu vind je het misschien niet zo verrassend dat mensen die overvallen worden door een gekke gebeurtenis, die niet goed kunnen herinneren. Maar het menselijk geheugen haalt nog wel raardere streken uit. We hebben soms zelfs moeite om ons de meest alledaagse zaken voor de geest te halen.

Hoeveel kleingeld heb je bijvoorbeeld al uitgegeven in je leven? En hoe vaak heb je een euromunt in je hand gehad of opgezocht in je portemonnee? Vaak genoeg om te weten hoe die eruitziet, toch? In dat geval zou je uit de volgende bijzondere verzameling euro's makkelijk de enige kunnen aanwijzen die er precies hetzelfde uitziet als een echte euro.

En? Toch niet zo makkelijk, hè? Het juiste antwoord is C.

Oké, poging twee. De een reist misschien wat vaker met de trein dan de ander, maar het NS-logo hebben we allemaal vaak genoeg gezien. Dus zou je het logo nu na kunnen tekenen? Waag maar eens een poging, pak er een pen bij en teken in het kader hiernaast het NS-logo zo goed mogelijk na. Het juiste antwoord staat op de laatste pagina van dit hoofdstuk, maar probeer de verleiding om te spieken te weerstaan.

Klaar? Straks kom je er vanzelf achter of je het goed hebt, maar waarschijnlijk vond je het een pittig taakje. De juiste euro vinden, een logo correct natekenen, het is allemaal niet zo makkelijk als het klinkt. Dat komt doordat ons brein geen exacte fotokopieën bewaart van alles wat we zien, de handelingen die we verrichten of de dingen die we ervaren.

Dit is ook iets waar iedere illusionist gretig gebruik van maakt. Denk maar eens aan de vingervlugge kaarttruc uit hoofdstuk 1. Daar vertel je, nadat je twee totaal andere kaarten in het midden van het spel hebt gestopt: 'Ik ga proberen de klavertwee en schoppendrie op magische wijze terug te halen.' Hierdoor herinnert je proefpersoon zich (foutief) dat hij deze kaarten zojuist in het spel heeft gestopt en creëer je dus een valse herinnering in zijn hoofd. Voelt dat niet heerlijk?

Tot slot, pak je prachtige tekening er maar weer bij. Want na het lezen van dit hoofdstuk hoef je er niet van op te kijken dat jouw getekende NS-logo er misschien wel heel anders uitziet dan het origineel.

Zo zie je maar hoe makkelijk je iets kunt verzinnen of vergeten. Mocht je je niet meer kunnen herinneren welke bloemen je aan het begin van dit hoofdstuk hebt gezien, dan kan dat kloppen. Dat zijn namelijk vergeet-mij-nietjes. Niet meer vergeten, hè!

50 001

29

JE OGEN BEDROGEN

Ontdek de beperkingen van je ogen en zie een cocktailworstje zweven

Heb jij een gat in je hand? Zo niet, dan gaat daar nu verandering in komen. En maak je geen zorgen, je portemonnee zal er niet lichter van worden. Pak een simpel A4'tje en rol het over de lengte op, zodat je een verrekijkerachtige koker hebt. Zet met je rechterhand de koker op je rechteroog. Strek nu je linkerhand helemaal uit en houd die met de palm in de richting van je gezicht tegen de zijkant van de koker aan, ongeveer 10 tot 15 centimeter van je neus. Zoals op de foto hieronder.

Houd allebei je ogen open en kijk recht voor je uit. Wat zie je? Als het goed is lijkt het net alsof je dwars door een gat in je hand naar het andere eind van de kamer kunt kijken.

Hoe komt dat? Je ogen geven twee losse, tweedimensionale beelden door aan je brein, dat er op zijn beurt weer een driedimensionaal plaatje van construeert. Meestal overlappen de plaatjes die je ogen meegeven aardig goed en lukt het je brein een afbeelding van de werkelijkheid te maken waarin je diepte ervaart. Maar laat je aan beide ogen afzonderlijk een ander beeld zien, dan wordt dat beeld ook gecombineerd, en dat levert soms rare plaatjes in je brein op. Zoals een gat in je hand.

Fun Fact:
Je neus is zo groot dat die eigenlijk ook op het netvlies van je ogen valt. Maar omdat die informatie niet relevant is (tenzij er een vlieg op je neus zit) drukt je brein dat beeld actief weg. Zo ben je je er in het dagelijks leven niet van bewust dat je eigenlijk de hele tijd naar je eigen neus zit te kijken.

De kennis over hoe je ogen de wereld om je heen registreren, kun je weer gebruiken om je brein op allerlei manieren te mindf*cken. Zo kun je bijvoorbeeld uit het niets een cocktailworstje voor je ogen laten zweven. Dat gaat zo:

1 Leg je twee wijsvingers met de topjes tegen elkaar aan over de brug van je neus, en blijf recht vooruitkijken.

2 Breng je vingers nu 1 tot 2 centimeter van je neus af. Het lijkt nu alsof er een cocktailworstje tussen je wijsvingers in zit.

3 Haal nu voorzichtig de puntjes van je wijsvingers een stukje van elkaar. En ziedaar: het wonder van het zwevende cocktailworstje!

Een ander verrassend aspect van je ogen, waar je je wellicht niet bewust van bent, is dat je een groot gedeelte van de wereld om je heen helemaal niet scherp ziet. Op je netvlies zit in het midden een klein gebiedje, de fovea, waarin het beeld echt scherp is. Alles daaromheen is onscherp. Hoe groot dat gebied is? Als je je duim met een gestrekte arm voor je uit houdt dan is je duimnagel ongeveer de omvang van wat je ogen daadwerkelijk scherp zien. Het is alsof je de hele tijd door een sleutelgat naar de wereld kijkt. Houd maar eens een speelkaart zonder dat je nog weet welke het is vast met uitgestrekte arm, en breng die langzaam naar het midden van je blikveld toe terwijl je recht vooruit blijft kijken (niet stiekem opzijkijken!). Pas op het allerlaatste stukje kun je duidelijk (scherp) zien welke kaart het is. Dit experiment is ook leuk om bij anderen uit te voeren. Het is onvoorstelbaar hoe dicht bij het centrum van je zicht je de speelkaart kunt houden zonder dat je precies ziet welke kaart het is.

Maar hoe kan het dat het toch lijkt alsof je de wereld om je heen helemaal scherp ziet? Dat komt doordat je ogen niet stilstaan, ze bewegen eigenlijk constant heen en weer en maken snapshots van de wereld, die je brein vervolgens samenvoegt tot één geheel.

Je ogen bewegen bovendien op twee manieren: saccadisch en glad. De saccadische bewegingen zijn korte, minieme en elkaar snel opvolgende bewegingen die heen en weer door je blikveld springen. Het zijn de huis-tuin-en-keukenoogbewegingen waarmee je een beeld van de wereld opbouwt, en die je bijvoorbeeld ook gebruikt om deze tekst te lezen. Gladde oogbewegingen daarentegen gaan, zoals het woord al verraadt, glad en vloeiend.

Het verschil tussen de twee oogbewegingen kun je goed ervaren met het volgende simpele testje. Steek je armen uit met beide wijsvingers omhoog en houd ze ongeveer een halve meter van elkaar verwijderd. Begin met te kijken naar je linkervinger en probeer nu maar eens met één vloeiende oogbeweging je blik naar je rechtervinger te laten glijden. Hoe goed je ook je best doet, je ogen zullen altijd schokkerig (saccadisch) tussen je twee vingers van links naar rechts gaan. Als je dit zelf lastig kunt beoordelen, vraag dan of iemand anders je kan vertellen of je ogen schokkerig of in een gladde beweging bewegen.

Gladde oogbewegingen gebruik je om bewegende objecten te kunnen volgen. Strek je armen nog maar eens uit met opgestoken wijsvingers, richt je blik weer op je wijsvinger en breng nu die vinger langzaam naar je rechterwijsvinger toe terwijl je ernaar blijft kijken. Je zult zien (of voelen) dat je ogen nu met het grootste gemak de linkerwijsvinger kunnen blijven volgen, zonder dat ze schokkerig van links naar rechts gaan. Terwijl ze in principe hetzelfde traject door de lucht maken als net, bewegen ze op een andere manier, omdat ze ditmaal een object volgen.

Het is ook nog eens zo dat we tussen twee van die saccadische oogbewegingen eigenlijk blind zijn. We registreren niet wat daartussen gebeurt. Dat kun je zelf ervaren door voor een spiegel te gaan staan en naar je linkeroog te kijken. Verplaats nu je blik naar je rechteroog. Zag jij je ogen bewegen? Doe het nog maar eens. En? Heb je ze nu wel kunnen betrappen? Nee, het is onmogelijk je eigen ogen in de spiegel te zien bewegen. Kun je je voorstellen wat een illusionist tussen twee saccades in allemaal voor geheimzinnigs kan doen, zonder dat een toeschouwer het doorheeft!

We zien dus eigenlijk angstaanjagend weinig met onze ogen, zeker als je beseft dat je ook nog eens de hele dag door knippert met je ogen zonder dat je dat 'ziet'.

Het principe achter film maakt hier ook gebruik van. De bewegingen die jij ziet in een standaard speelfilm zijn opgebouwd uit vierentwintig stilstaande beeldjes per seconde. Alles wat bestaat uit vierentwintig of meer beeldjes per seconde registreer je als een vloeiende beweging.

Een simpel rekensommetje leert ons dus dat iedere beweging die sneller gaat dan een vierentwintigste van een seconde niet of nauwelijks geregistreerd wordt. En daar gaan we slim gebruik van maken bij de volgende illusie. Met deze truc ga je het hout van een lucifer dwars door het metaal van een veiligheidsspeld heen laten bewegen. De lucifer gaat letterlijk sneller dan je ogen kunnen waarnemen. Je hebt hiervoor een lucifer, een veiligheidsspeld en een schaar nodig.

1 Knip met de schaar de kop van de lucifer af, duw het scherpe eind van de speld voorzichtig door het midden van de lucifer en sluit de speld. (Dit is misschien nog wel het lastigste gedeelte, omdat de lucifer vaak zal splijten. Maar geef de hoop niet op en ga net zo lang door tot het lukt, het is het waard!)

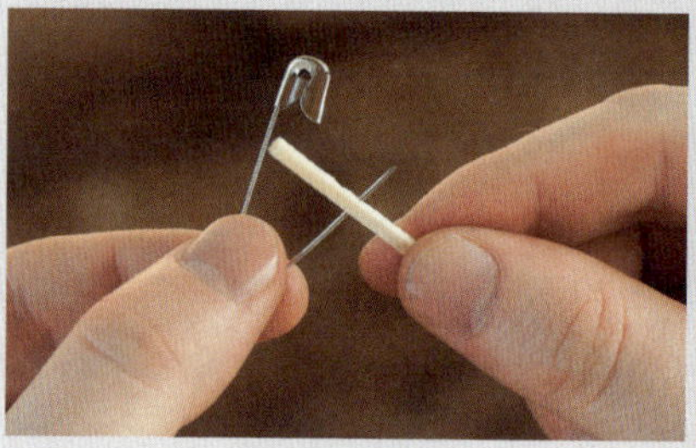

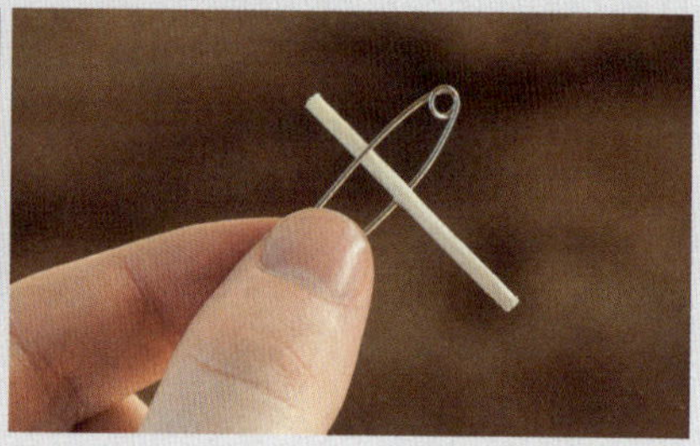

2 Houd de speld met lucifer nu vast in één hand, en leg de wijsvinger van je andere hand op de onderkant van de lucifer.

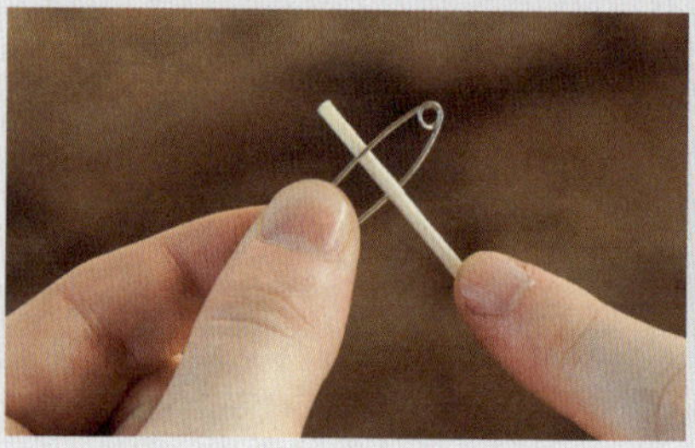

3 Vertel je publiek dat je de lucifer door de speld heen gaat laten schieten. Druk nu hard met je wijsvinger op het uiteinde van de lucifer, totdat je hem genoeg onder spanning voelt staan, en laat dan los. Het lijkt alsof de lucifer magisch door de speld heen gaat!

Natuurlijk gaat de lucifer er niet daadwerkelijk doorheen. Omdat jij hem met grote kracht tegen het ijzeren speldje schiet, kaatst het houtje weer terug en schiet het onderlangs naar de voorkant van de veiligheidsspeld. Sneller dan je ogen verdragen kunnen!

En mocht iemand nou opmerken dat het wel een heel vreemde lucifer zonder kop is, dan kun je dat verklaren door te vertellen dat het een illusie-fer is.

30

HYPNOSE

De beste schippers staan aan wal, matrozen

Of het nou het ouderwetse zakhorloge is dat van links naar rechts voor iemands ogen wordt gezwaaid, of de draaiende spiraal waar iemand in staart om vervolgens in een mysterieuze trance terecht te komen, iedereen heeft weleens gehoord van het fenomeen 'hypnose'. Maar wat hypnose precies is, weet bijna niemand. Hieronder volgt eerst een test om het zelf eens te ervaren. Wees niet bang, het is totaal ongevaarlijk.

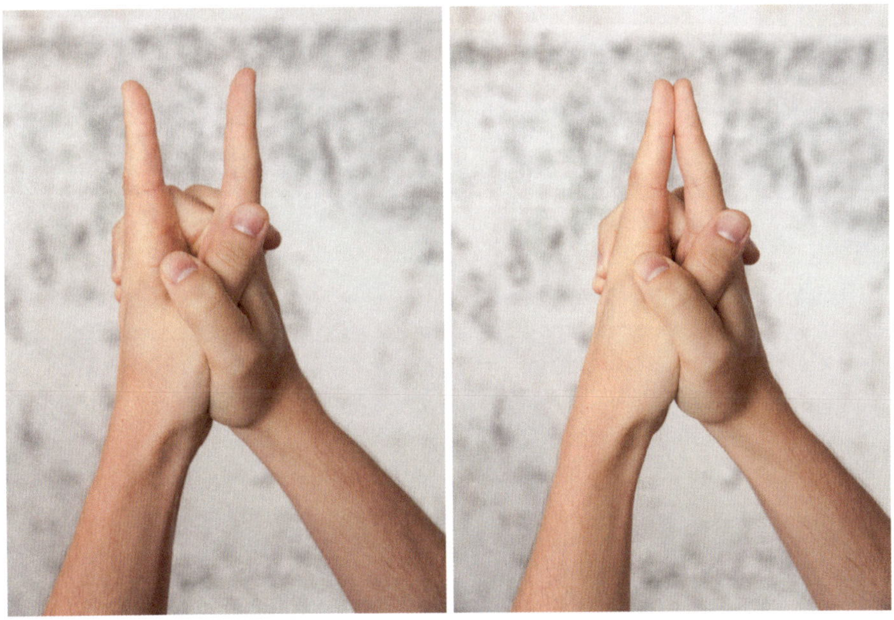

Kruis al je vingers in elkaar, steek beide wijsvingers naar boven en duw ze vervolgens zo ver mogelijk naar buiten (van elkaar af). Vergeet niet eerst deze pagina om te slaan.

Blijf je wijsvingers naar buiten duwen. Wat je nu gaat ervaren is een heel bijzonder gevoel. De ene persoon voelt het meteen, bij de andere duurt het iets langer. Concentreer je op de vingertoppen van beide wijsvingers. Je zult merken dat ze langzaam, heel langzaam, naar elkaar toe trekken. Het begint heel lichtjes en hoe meer je dit voelt, hoe krachtiger ze naar elkaar toe beginnen te bewegen. Het voelt alsof er twee grote magneten aan je vingertoppen vastzitten, die elkaar zeer krachtig aantrekken. Voel je vrij om het toe te laten en merk dat je vingertoppen naar elkaar toe getrokken worden, tot ze elkaar aanraken. Probeer het maar.

Is het gelukt? Gefeliciteerd! Dan heb je zojuist je allereerste inductie ervaren. 'Inductie'? Is dat niet een matige manier om je erwtensoep mee op te warmen? Correct, maar het is ook de eerste stap om iemand onder hypnose te krijgen. Zo meteen meer daarover.

Na 'Hoe werken de trucs?' is de meestgestelde vraag over MINDF*CK misschien wel 'Is hypnose echt?' Het antwoord daarop is eenvoudig: ja, hypnose bestaat zonder twijfel en is absoluut echt. Wel bestaan er verschillende theorieën over wat het fenomeen precies inhoudt.

Enerzijds is er een groep mensen die beweert dat hypnose een bijzondere staat van bewustzijn is die valt te vergelijken met een trance. En inderdaad, als je met een EEG (een meettechniek waarmee je de elektrische signalen van iemands brein kunt aflezen) kijkt naar de hersenactiviteit van gehypnotiseerde personen, laten die soms vergelijkbare patronen zien als die van mensen die slapen. Onder hypnose is iemand echter wel degelijk bij bewustzijn. Daarom zou je het misschien kunnen vergelijken met de staat waarin je verkeert vlak voordat je in slaap valt. Je slaapt dan nog niet, maar helemaal alert op alles wat er om je heen gebeurt ben je ook niet meer. Hypnose komt dan ook van het Griekse woord '*hypnos*', dat 'slaap' betekent.

Anderzijds is er ook een groeiende groep aanhangers van de 'rollenspeltheorie'. Deze groep beweert dat hypnose alleen een sociaalcognitief karakter heeft en niks anders is dan een rollenspel tussen deelnemer en hypnotiseur. Met andere woorden, iemand speelt bewust de rol van een gehypnotiseerde mee, bijvoorbeeld omdat hij voelt dat dat gewenst is, of omdat hij juist heel sterk wil dat het werkt.

De kans is aannemelijk dat de waarheid een combinatie van bovenstaande ideeën is. Dat zou betekenen dat hypnose een zogeheten 'verhoogd rollenspel' is. Iemand speelt mee met de suggesties en commando's die de hypnotiseur geeft, maar beeldt zich dat vervolgens zo sterk in dat hij in een staat van bewustzijn terechtkomt waarin hij niet meer weet of hij meespeelt of dat hij echt geen controle meer heeft over wat er gebeurt.

Dat is dus zo ongeveer wat hypnose inhoudt. Maar hoe krijg je iemand dan in zo'n hypnose? Dat kan op veel verschillende manieren, maar de opbouw van hypnose kun je vaak in drie fases verdelen: inductie, verdieping en suggestie.

1 Inductie

Inductietests zijn kleine testjes waarbij het lijkt alsof er iets raars gebeurt, maar die eigenlijk goed lichamelijk te verklaren zijn. Een goed voorbeeld van zo'n inductietest is de wijsvingertest waarmee dit hoofdstuk begon. Los van het rollenspelaspect (je wílt misschien wel dat er iets gebeurt als je meedoet met het experiment) helpt ook de fysiologie van je lichaam een handje mee. Door je vingers naar buiten te drukken raken ze sneller vermoeid en trekken de pezen aan de binnenkant van beide wijsvingers sterker naar binnen toe. Het is dus slechts een kwestie van tijd totdat bij iedereen die aan het experiment meedoet de vingertoppen weer tegen elkaar aan staan. Maar omdat de suggestie wordt gewekt dat het buiten je controle om gebeurt, ervaar je het ook sneller op die manier. Dit soort inductietests worden ook vaak ingezet om bij een grote groep mensen te testen wie er makkelijk te hypnotiseren is. Degene van wie de vingers het snelst naar elkaar toe trekken, is waarschijnlijk ook het makkelijkst te hypnotiseren.

2 Verdieping

De verdieping is vervolgens het 'werkelijke' proces waarmee je iemand hypnotiseert. Dit begint altijd met het versmallen van iemands focus, door hem bijvoorbeeld naar je wijsvinger te laten kijken of zich op zijn ademhaling te laten concentreren. Vaak laat je iemand daarna zijn ogen sluiten. Als je hem dan in een ontspannen en gefocuste toestand hebt, ga je met hypnotisch taalgebruik de suggestie wekken dat hij langzaam onder hypnose raakt, hopelijk met het gevolg dat hij dat echt gaat geloven.

Een aantal voorbeelden van dit soort hypnotisch taalgebruik zijn:

Repetitie

Met repeterende zinnen versterk je iemands focus.

Voorbeeld: 'Sterker en sterker, en dieper en dieper, voel je je ogen zwaarder en zwaarder worden.'

Permissief taalgebruik

Door toestemming (permissie) voor iets te geven, vertel je je proefpersoon indirect dat jij de baas bent en zal hij sneller ook andere commando's van jou opvolgen.

Voorbeeld: 'Voel je vrij om dit bijzondere gevoel helemaal toe te laten.'

Koppelen

Door twee gebeurtenissen aan elkaar te koppelen creëer je een mentaal verband tussen die twee zaken waar iemand zich moeilijk tegen kan verweren.

Voorbeeld: 'En zodra je voelt dat je oogleden gesloten zijn, zak je nog tien keer dieper weg in deze relaxte toestand van bewustzijn.'

Impliceer ervaring

Je vraagt niet of iemand iets voelt, maar wát hij voelt.

Voorbeeld: 'Omschrijf eens hoe dat voelde.' (Niet: 'Heb je iets gevoeld?')

3 Suggesties

Suggesties zijn de ideeën die jij aandraagt. Dit is het onderdeel van een hypnoseshow waarin mensen zich moeten inbeelden dat ze in een citroen bijten of als een kip over het podium lopen. Door verschillende suggesties aan te dragen en daarbij hypnotiserende taal te gebruiken, kun je gehypnotiseerde mensen de gekste dingen laten doen.

Het volgende experiment is gebaseerd op de kracht van suggesties en kun je ook uitproberen zonder dat je iemand volledig onder hypnose hebt gebracht.

Vraag een proefpersoon zijn beide handen recht voor zich uit te steken, zoals op de onderstaande afbeelding.

Vraag hem nu zijn ogen te sluiten en zich in te beelden dat aan zijn rechterhand een tros met heliumballonnen is vastgebonden. De ballonnen trekken zijn rechterarm, die zo licht als een veertje wordt, steeds verder en verder omhoog. Tegelijkertijd drukt er op zijn linkerarm een loodzware baksteen. Het gewicht is niet te tillen en hij voelt zijn linkerarm steeds verder en verder naar de grond zakken, terwijl zijn rechterarm lichter en lichter wordt en door de tros heliumballonnen omhoog wordt getrokken. En hoe zwaarder zijn linkerarm voelt, hoe lichter zijn rechterhand wordt en hoe verder die opstijgt. Als je proefpersoon zich dit goed inbeeldt, en je de bovenstaande tekst overtuigend brengt en blijft herhalen (herken je het hypnotisch taalgebruik?), dan zie je als het goed is de handen van je proefpersoon langzaam uit elkaar gaan.

Vraag hem tot slot zijn ogen weer te openen. Dankzij de kracht van suggestie zul je zien hoe verbaasd hij is over hoe ver zijn armen daadwerkelijk uit elkaar zijn; dat gebeurde misschien zelfs zonder dat hij het voelde.

Dat is in een notendop wat hypnose is, hoe het (waarschijnlijk) werkt en wat je er allemaal mee kunt doen. En... slaap! (Grapje, ga maar gewoon door naar het volgende hoofdstuk.)

31

BUITEN DE DOOS DENKEN

Tips om je creativiteit een boost te geven

Tijd voor een raadsel. Hieronder zie je een bierflesje ondersteboven op een tientje staan. Hoe krijg je het tientje onder de bierfles vandaan, zónder de fles aan te raken of hem om te laten vallen?

Gebruik al je vernuft en laat je helpen door dit hoofdstuk, waarin de sleutel tot menselijke creativiteit uit de doeken wordt gedaan.

Om de belangrijkste en, zoals de opdracht hiernaast laat zien, minder belangrijke problemen des levens het hoofd te bieden doe je er goed aan om 'lateraal' na te denken. Dat betekent dat je soms buiten de gegeven grenzen van een probleem moet zoeken om de oplossing te vinden. Je moet, zoals dat ook wel genoemd wordt, out of the box denken. We gaan nog even door met een paar raadselachtige vraagstukken, om te testen hoe goed jij buiten de doos kunt denken.

1 Wat is het nummer van de parkeerplaats waar deze auto op geparkeerd staat?

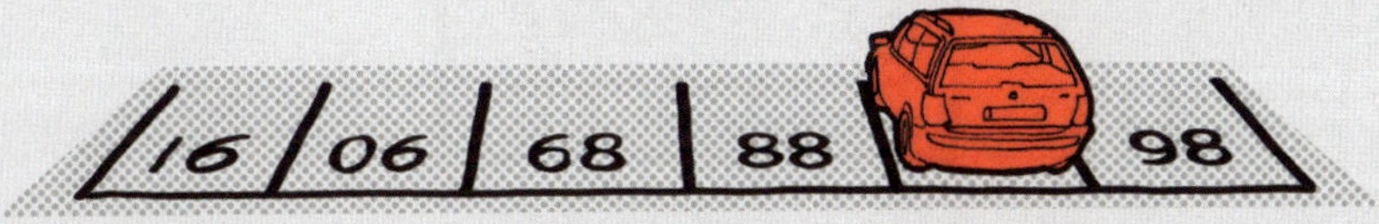

2 Kijk naar de volgende groep stippen. Aan jou de opdracht om de stippen met niet meer dan vier rechte (dat wil zeggen: niet gekromde) lijnen te verbinden, je moet de lijnen trekken zonder je vinger (of je potlood) van het papier te halen.

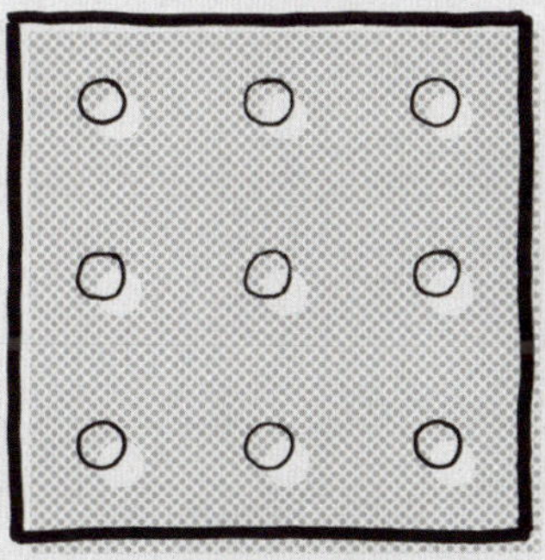

3 We nemen een doos met een dozijn eieren erin. Twaalf mensen nemen vervolgens ieder één ei. Aan het einde blijft er toch één ei over in de doos. Hoe kan dat?

Heb je voor alle drie een antwoord gevonden of kom je er niet uit? Op de volgende pagina vind je de antwoorden. Niet stiekem spieken!

De antwoorden

1 Was je begonnen met het reconstrueren van een ingewikkelde wiskundige formule voor de getallenreeks? Kijk nog eens naar de vorige pagina terwijl je het boek ondersteboven houdt. Zie je het nu wel? Soms moet je dingen net even vanuit een andere hoek bekijken om het kwartje te laten vallen. Jawel, het goede antwoord is 87.

2 Voor deze oplossing moet je vrij letterlijk out of the box denken, omdat je het raadsel alleen maar kunt oplossen als je de lijnen buiten het stippenpatroon doortrekt.

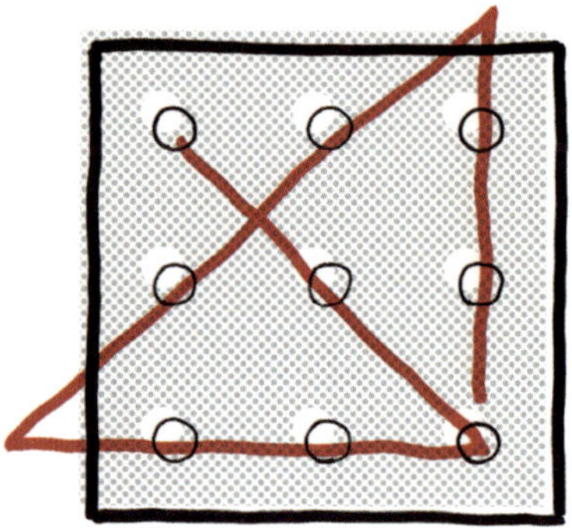

3 De laatste persoon die een ei moest pakken, neemt net als de andere elf personen één ei mee. Hij neemt het alleen in de doos mee. Wanneer je het raadsel goed leest is dat gewoon mogelijk, er staat nergens dat ze alle twaalf een ei úit de doos nemen. Een typisch gevalletje van in of the box denken.

Met het oplossen van dergelijke raadsels wordt je creatief denkvermogen op de proef gesteld. Dat creatieve denken doet een beroep op je brein om de kaders van een vraag opnieuw te verkennen en misschien wel helemaal overboord te gooien. En dat vindt je brein bijzonder lastig.

Gelukkig staat er af en toe iemand op die heel anders met een probleem of situatie omgaat dan anderen dat doen. De beroemde autobouwer Henry Ford, die in de loop van de vorige eeuw aan zo ongeveer heel Amerika een auto wist te slijten, zei bijvoorbeeld ooit: ‘Als ik mensen had gevraagd wat ze wilden, dan hadden ze gezegd: een sneller paard. En niet: een auto.’ Door opnieuw na te denken over het concept transport, zonder voort te borduren op wat al bestond, creëerde hij iets nieuws. En met succes. Een creatieve landgenoot van Ford, Walt Disney, werd ooit ontslagen bij de krant waar hij werkte omdat hij niet creatief genoeg zou zijn. De miljardenbusiness die hij later wist op te zetten spreekt dat enigszins tegen. Laat je dus nooit uit het veld slaan als je ideeën door je omgeving afgeschoten worden.

Creativiteit is voor veel mensen iets ongrijpbaars en de beste ideeën ontstaan vaak op de meest onverwachte momenten. Ook bij het creëren van illusies komt een flinke dosis creativiteit goed van pas. Zoals je in dit boek wel vaker hebt kunnen lezen, zijn het soms vrij ingenieuze bochten die je moet nemen om tot het gewenste eindresultaat te komen. Als mensen eenmaal het geheim achter een illusie weten zeggen ze vaak: 'Hoe kom je erop?' Omdat creativiteit een organisch proces is valt dat niet altijd te zeggen, maar hier zijn wel een aantal wetenschappelijke tips om je creativiteit een flinke boost te geven:

Tip 1: Zorg dat je brein iets heeft om op te vuren.

Ben je op zoek naar een goed idee, blijf dan niet te lang naar een leeg vel papier staren. Schrijf iets kleins op, het maakt niet uit wat. Desnoods simpelweg het woordje 'start'. Je brein moet een springplankje hebben vanaf waar het kan starten. Een andere leuke variant daarop, voor wanneer je met een groep aan het brainstormen bent: laat iemand door een woordenboek bladeren en een willekeurig woord noemen. Vervolgens moeten er vanuit dat woord ideeën bedacht worden. Als je een woordenboek te stoffig vindt, bedenk dan dat Jack Dorsey, oprichter van Twitter, de naam van zijn internetbedrijf vond door alle woorden die met 'tw' begonnen in de *Oxford Dictionary* langs te gaan.

Tip 2: (lastiger uit te voeren met collega's): Ga onder de douche staan.

Onder de douche kan je brein vrij associëren en lekker z'n eigen gang gaan. Door de constante prikkeling van het warme water en het ruisende geluid worden andere patronen die normaal van buitenaf je gedachten beheersen geblokt. Daarnaast stimuleert douchen de vrijlating van dopamine, wat ook stimuleert tot creativiteit. Dopamine is het hormoon dat onze hersenen produceren om ons te 'belonen'. Je ontspant ervan en je wordt vrolijk, waardoor je openstaat voor een slimme gedachte of een nieuw idee. Daarbij creëer je onder de douche een omgeving die is afgesloten van je dagelijkse sleur, je kantoor of de file. Maar liefst 72 procent van de mensen op de wereld zegt z'n beste ideeën onder de douche te krijgen. De beroemde Amerikaanse filmmaker Woody Allen stapt zelfs meerdere keren per dag onder de douche om tot een nieuwe ingeving voor het schrijven van zijn scenario's te komen. Het is maar goed dat er tegenwoordig papier bestaat waarop je onder de douche aantekeningen kunt maken.

Tip 3: Zet een plant op je bureau.

Onderzoek uit zowel Japan als Amerika wijst uit dat mensen creatiever zijn, meer ideeën hebben en zich flexibeler gedragen in kantoren mét planten dan in kantoren zonder. Sowieso hebben planten een opmerkelijke uitwerking op mensen. Patiënten in een ziekenhuiskamer met uitzicht op planten of een bos bloemen lijken soms sneller te genezen dan patiënten die daar geen uitzicht op hebben. En kinderen die spelen in een bosrijke omgeving ontwikkelen creatievere spelletjes dan kinderen die de pauze doorbrengen op een kaal schoolplein. Dus op naar het tuincentrum en schaf wat petunia's aan.

Tip 4: Hang deze afbeelding boven je bureau.

Echt waar, deze poster helpt en dat is wetenschappelijk bewezen! Onderzoekers lieten twee groepen proefpersonen hun creativiteit gebruiken door ze te vragen zo veel mogelijk toepassingen te verzinnen voor een baksteen (wat sowieso een interessante opdracht is, probeer maar eens hoever je zelf komt). In beide ruimtes stonden een stoel en een bureau, maar in een van de twee ruimtes hing deze afbeelding aan de muur. Zonder dat de proefpersonen bewust op de poster gewezen werden of er echt mee aan de slag gingen, bedachten ze veel meer en veel eigenaardigere toepassingen voor een baksteen dan de mensen die in de kale ruimte zaten.

Tip 5: Zorg voor een rommelig bureau.

Net als onder de douche of bij een wandeling in het park moet de geest kunnen dwalen om op nieuwe, originele ideeën te komen. Een klinische, opgeruimde werkomgeving stompt af. Wees op je hoede voor mensen die een strikte *clean desk policy* voeren! Of, zoals Einstein het creatief samenvatte: 'Als een rommelig bureau staat voor een rommelige geest, dan wil ik niet weten waar een leeg bureau voor staat.' Gebruik dat maar als excuus, de volgende keer als je moeder of partner je vraagt om op te ruimen.

En tot slot de oplossing van het bierflesraadsel.

Door het biljet vanaf één zijde langzaam op te rollen, schuif je met de opgerolde zijde het bierflesje er voorzichtig af, zonder dat je de fles (direct) aanraakt. Een creatieve manier om een rondje, een tientje of een biertje te winnen!

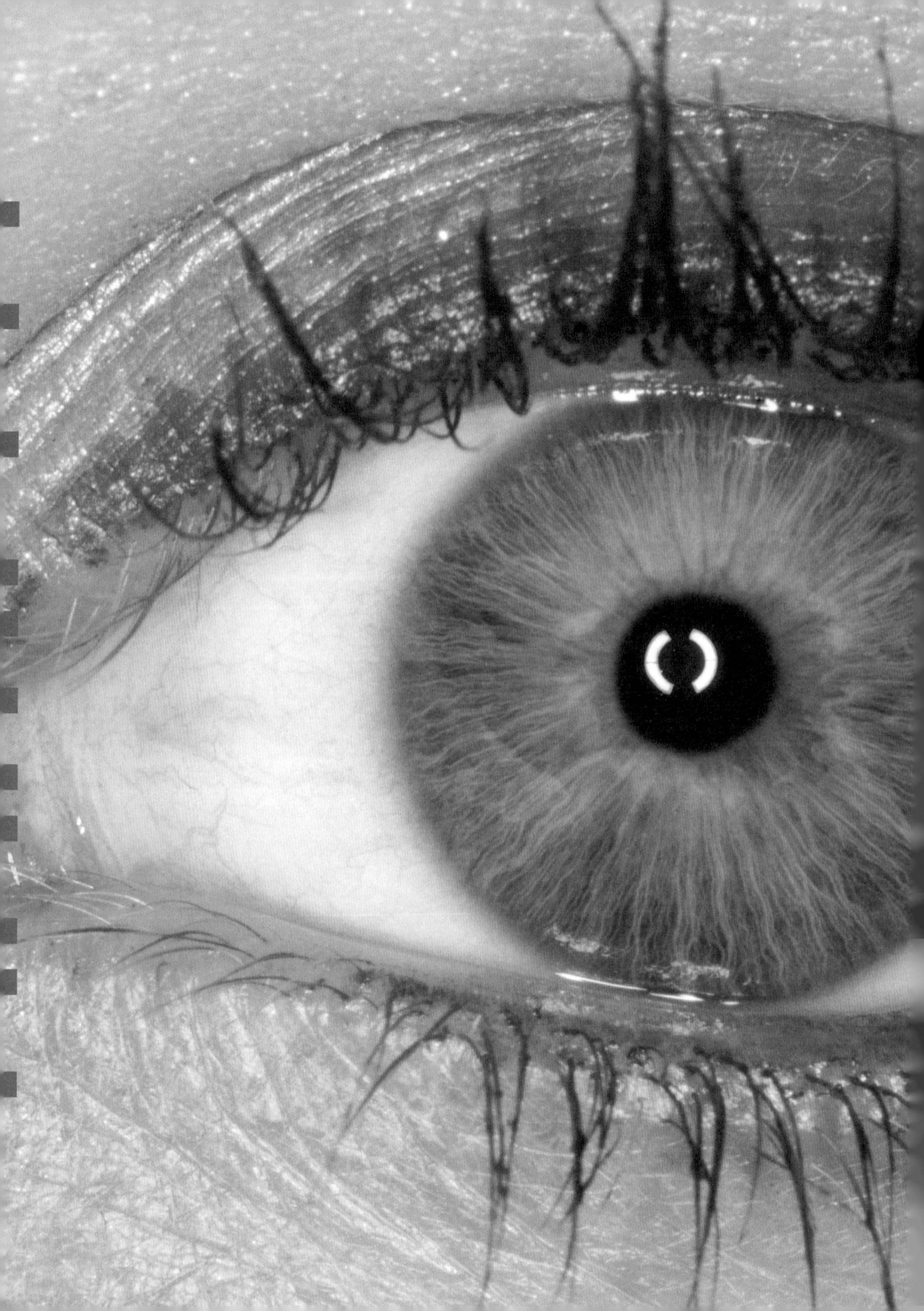

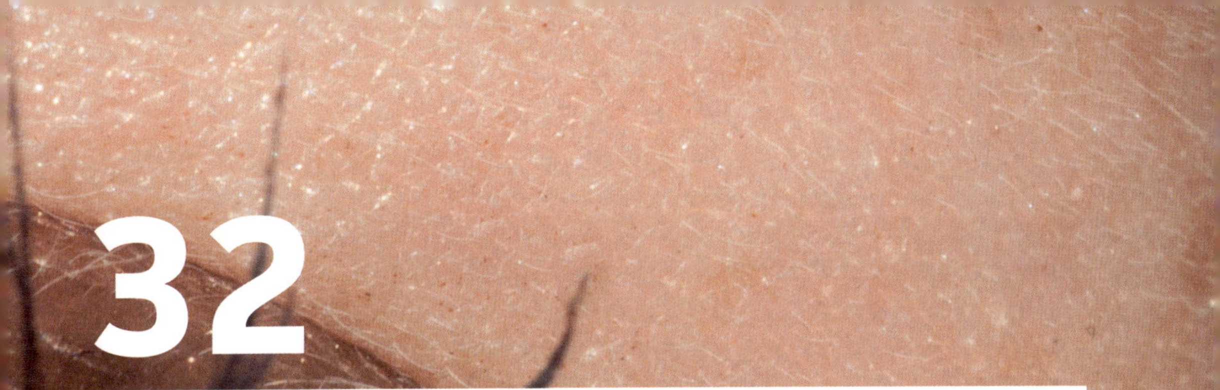

32

GEDACHTENLEZEN

Lees gedachten op basis van lichamelijke signalen

Bovennatuurlijke krachten bestaan niet, maar dat betekent niet dat het onmogelijk is om iemands gedachten te lezen. Zonder het bewust door te hebben zijn wij mensen de beste gedachtenlezers die er zijn. We doen het de hele dag door. We kijken naar iemands gezicht en registreren of we misschien een opgetrokken wenkbrauw of het begin van een glimlach zien. Als iemand tijdens een gesprek plotseling moet slikken of wegkijkt dan 'lezen' we: hé, met diegene is iets aan de hand.

In dit hoofdstuk ga je leren hoe je werkelijk iemands gedachten kunt lezen door diep in zijn ogen te kijken. Het oog is, bij deze truc, daadwerkelijk de poort naar de ziel.

Het principe hierachter heb je zelf waarschijnlijk al weleens meegemaakt: als je denkt aan vingernagels die langzaam over een schoolbord krassen, krijg je vaak daadwerkelijk kippenvel. Een gedachte is dan genoeg om een lichamelijke reactie op te wekken. Hetzelfde gebeurt wanneer je denkt aan een heel ontroerende ervaring of bijvoorbeeld een mooi stukje muziek, ook dan kun je kippenvel krijgen of zelfs een traantje wegpinken. Zo'n lichamelijke uitdrukking van een gedachte of een herinnering noemen we een 'somatische (lichamelijke) reactie'.

Nog zo'n somatische reactie die je ongetwijfeld weleens hebt gehad is blozen. Wanneer je denkt aan een heel gênante situatie of aan iemand op wie je smoorverliefd bent (of, ook niet geheel onwaarschijnlijk, een combinatie van die twee) zul je gaan blozen zonder dat je op dat moment daadwerkelijk in die situatie zit.

Het zijn vaak reacties die je lichaam buiten je controle om vertoont. Vergelijkbaar met je hartslag, het zweet onder je oksels of de bewegingen die je darmen maken. Je kunt bijvoorbeeld niet bewust beslissen om je hartslag te verhogen of je darmen sneller te laten bewegen. Dat gaat volledig automatisch. Of althans, daar heb je op z'n minst twee dubbele espresso's voor nodig.

Kippenvel en blozen zijn effecten van gedachten op de huid en de bloedvaten die vlak onder je huid lopen, maar voor deze truc concentreren we ons op de somatische reacties van de ogen. We maken gebruik van wat met een ingewikkelde medische term 'pupildilatatie' heet.

Jouw ogen werken namelijk net als een fotocamera die je kunt bijstellen om meer of minder licht binnen te laten vallen. Om te zorgen dat de juiste hoeveelheid licht op je netvlies terechtkomt past je pupil zich automatisch aan: niet te veel, waardoor je verblind raakt, en ook niet te weinig, waardoor je in het donker tast. Je hebt het misschien weleens gemerkt toen je 's middags naar de bioscoop ging en na afloop vanuit de verduisterde zaal de klaarlichte dag in stapte. Eerst kon je bijna niets zien, maar langzaam werd het licht minder fel en kon je weer gewoon om je heen kijken. De andere kant op werkt precies zo. Wanneer je bij het slapengaan je bedlampje uitdoet zie je eerst even helemaal niets, maar langzaam wennen je ogen aan het donker en zie je de contouren van je slaapkamer weer.

Dit wennen van je ogen gebeurt door het samentrekken of juist verwijden van je pupillen. Hoe groter je pupillen, hoe meer licht er binnenvalt. Hoe meer je pupillen zich samenknijpen tot heel kleine rondjes, hoe minder licht er binnenkomt. Het bijzondere is dat gedachten – net zoals bijvoorbeeld een herinnering zorgt voor kippenvel – ook invloed kunnen hebben op de grootte van je pupillen. Aan de hand daarvan ga je nu gedachtenlezen.

1 Vraag je proefpersoon om twee willekeurige personen in gedachten te nemen, en de namen aan jou te noemen, bijvoorbeeld: Lydia en Sander.

2 Zeg tegen je proefpersoon: 'Ik wil dat je je voorstelt dat je met Lydia over een prachtig wit strand loopt, de zon schijnt heerlijk fel en schittert op de zee, alles om je heen glanst en glimt van het felle zonlicht.' Daarna zeg je: 'En met Sander maak je juist een nachtwandeling, jullie lopen door een bos, het is pikkedonker, tussen de bomen zie je geen hand voor ogen en ook de maan zit achter gitzwarte wolken.'

3 Vraag je proefpersoon zijn hoofd even leeg te maken (maak eventueel de opmerking: 'Zo, dat ging snel!') en vraag hem vervolgens om nu aan een van deze twee situaties te denken: óf de strandwandeling met Lydia, óf de nachtwandeling met Sander. En laat diegene zich echt heel goed de wandeling voorstellen: stralend weer met Lydia of een pikdonkere nacht met Sander.

4 Kijk je proefpersoon nu goed in de ogen. Worden de pupillen kleiner? Dan reageren die pupillen waarschijnlijk op de gedachte aan het stralende weer met Lydia. Worden de pupillen juist iets groter? Dan denkt je proefpersoon aan de donkere nacht met Sander.

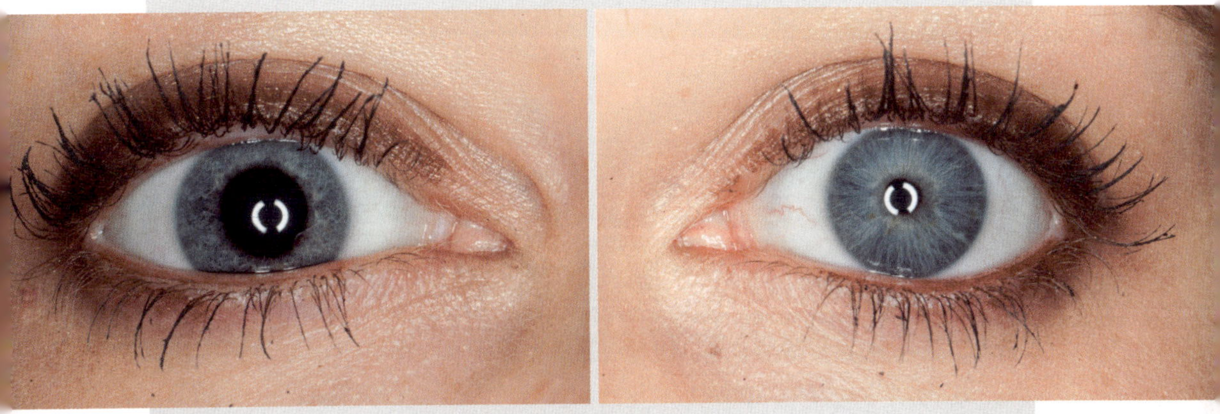

Nu kun je dus (letterlijk) iemand op z'n blauwe ogen geloven! Mocht je deze truc lastig vinden (en dat is hij ook wel), dan kan het een goede tip zijn om je proefpersoon direct nadat hij aan een van de twee situaties denkt te vragen om aan de andere situatie te denken. Door het contrast van de twee scènes zie je waarschijnlijk nog eerder het verschil van een pupil die groter of juist kleiner wordt, en weet jij aan wie van de twee personen je proefpersoon zit te denken.

Deze illusie is een van de moeilijkst uitvoerbare illusies die in dit boek staan en het succes ervan is van veel verschillende factoren afhankelijk. Je moet de truc doen in een ruimte die niet al te felverlicht en niet al te donker is, omdat de pupillen anders niet goed reageren. Bovendien werkt het beter met mensen die een lichte kleur ogen hebben omdat je dan beter de pupil van de iris (zo heet het gekleurde gedeelte van een oog) kunt onderscheiden. Vond je deze truc net iets te ingewikkeld of heb je geen zin om lang te oefenen? Lees dan hoofdstuk 6 om andere trucs te leren die het laten lijken alsof je gedachten kunt lezen. Toch is het de moeite waard om deze onder de knie te krijgen. Al zul je nog even moeten oefenen voordat je op straat iemands pincode kunt achterhalen...

33

SCHIJNBEWEGING

Laat objecten bewegen zonder ze aan te raken

De meeste mensen geloven niet in spoken of geesten, maar toch zijn ze er wel bang voor. Wie kent niet de verhalen van een huis waar het spookt of van de oudtante die een keer het gordijn zag bewegen terwijl het raam potdicht zat. Het laten bewegen van objecten zonder dat ze worden aangeraakt heet 'psychokinese'. En om dat zelf mee te maken hoef je niet in spoken te geloven. Alleen in natuurkunde.

Die natuurkunde kun je slim inzetten als leuk vertrekpunt voor een illusie. Mocht je toevallig nog ergens een verdwaalde antieke sleutel in huis hebben liggen, dan kun je het op de volgende manier laten spoken.

Je vertelt je publiek een spannend verhaal over de sleutel, bijvoorbeeld dat je hem hebt geërfd van een familielid dat op mysterieuze wijze om het leven is gekomen en dat de sleutel sindsdien spookt. Je legt de sleutel met de baard (de kartelige kant) naar je toe gericht op je uitgestrekte hand. Het ronde gedeelte van de sleutel moet vrij liggen naast je hand. Vertel dat het gerucht gaat dat het soms lijkt alsof er een spook in de sleutel verborgen zit. Laat je publiek zich heel sterk concentreren op de sleutel. Het enige wat jij nu gaat doen is stiekem je hand een paar millimeter naar voren buigen, doe dit heel langzaam en probeer het onopgemerkt te doen. Door deze minuscule beweging zal de sleutel zich met behulp van de zwaartekracht langzaam op je hand omdraaien.

Je kunt deze geheime beweging goed verhullen door met je bovenlichaam mee naar voren te buigen, zodat de afstand tussen je borst en arm hetzelfde blijft. Je toeschouwers zullen denken dat de sleutel spookt en niet kunnen achterhalen hoe je hem hebt laten bewegen. Mochten ze toch nog sceptisch zijn, dan vraag

je aan de meest goedgelovige van het stel of hij het zelf eens zou willen proberen. Vraag een proefpersoon zijn middelvinger naar je op te steken. Nadat je hem op een boze toon vraagt waarom hij in hemelsnaam zo'n verwerpelijk gebaar naar je maakt, sluit je vrede en vervolg je het experiment. Leg de sleutel met de baard naar beneden op het puntje van zijn middelvinger. Nu geef je je proefpersoon de opdracht zich te concentreren op het midden van de sleutel. Zonder zijn vinger te bewegen moet hij proberen de sleutel, met gedachtekracht dus, van zijn vinger te laten rollen (van zijn lichaam af).

Als hij zich hierop maar hard genoeg concentreert zal de sleutel door het ideomotorische effect (zie hoofdstuk 8) in beweging komen zonder dat hij zelf doorheeft hoe dit komt. Mocht de sleutel onverhoopt toch niet bewegen, dan kun je hem altijd zeggen dat hij het spook met zijn slechte adem waarschijnlijk heeft verjaagd.

Fun Fact:
Iedereen kent minstens één horrorfilm over een huis waar het spookt. In Amerika zijn mensen zo bang om per ongeluk naar een stulpje te verhuizen waar akelige geesten zouden ronddwalen, dat alleen al het gerucht dat een huis haunted *is ervoor kan zorgen dat het huis twee derde van zijn waarde verliest. In 1993 klaagde een man in New York zelfs de vorige bewoner aan omdat die niet gemeld zou hebben dat er een geest in het huis woonde.*

Heb je geen klassieke sleutel in de buurt, dan kun je dit psychokinese-experiment ook met een rietje uitvoeren. Leg het rietje voor je op tafel en concentreer je wederom op alle spoken en geesten om je heen. Beweeg daarna langzaam je uitgestrekte vinger richting het rietje.

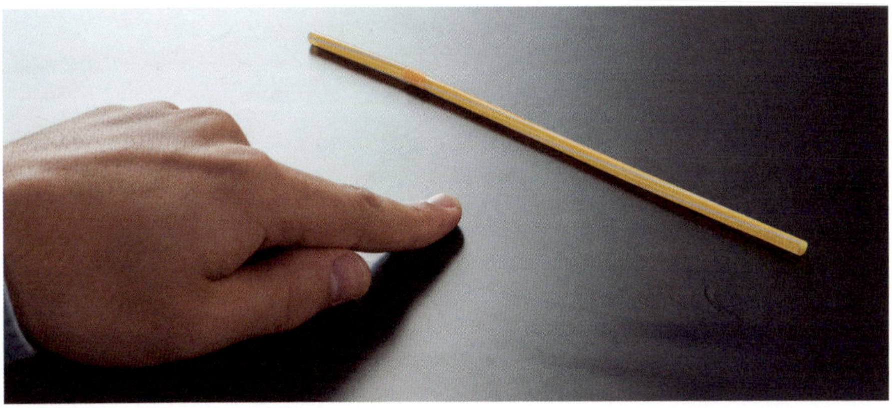

Dit zal langzaam en uit zichzelf van je af rollen. Hoe? Makkelijk. Je blaast er zachtjes tegen. Omdat alle ogen op het rietje zijn gericht en je de aandacht afleidt door je vinger langzaam over de tafel te bewegen, merkt niemand dat je je lippen stiekem tuit en zachtjes tegen het rietje blaast. Het is belangrijk dat je meer tegen het tafelbladgedeelte vóór het rietje blaast dan tegen het rietje zelf. Dit zorgt er namelijk evengoed voor dat de afgekaatste lucht het rietje in beweging brengt, maar daardoor is het wat minder duidelijk dat jíj het rietje laat bewegen. Zodra je kort en zachtjes hebt geblazen moet je zo snel mogelijk je mond weer ontspannen, zodat mensen die snel omhoogkijken niet doorhebben wat je aan het doen was.

Als je per ongeluk toch de verdenking van blazen op je hebt rusten (want zo kritisch zijn die vervelende vrienden van jou waarschijnlijk wel weer), dan kun je dit ontkrachten met dit laatste experiment. Hiervoor heb je naast het rietje ook een fles met platte dop nodig. Ook hier zullen spoken en geesten het rietje laten bewegen, zo is je claim. Leg het rietje op de dop van de fles.

Je maakt wat mysterieuze gebaren, roept met rollende ogen de geesten tot je, en ziedaar, langzaam begint het rietje zonder dat je het aanraakt te draaien. Je publiek mag direct daarna alles onderzoeken, maar er zijn geen magneetjes of draadjes te vinden en dit keer heb je ook niet stiekem geblazen.

Dat was ook niet nodig, omdat je in werkelijkheid gebruik hebt gemaakt van statische elektriciteit. Vlak voordat je dit experiment begon, heb je het plastic rietje namelijk stiekem elektrisch geladen. Dat doe je door het rietje vast te pakken en met je trui of je T-shirt langs de hele lengte van het rietje heen en weer te wrijven. Doe dit bijvoorbeeld stiekem onder tafel of in ieder geval zonder dat iemand het ziet. Wees wel snel, want het statische effect duurt niet heel lang.

Wat gebeurt er dan precies met het rietje? Elk voorwerp is opgebouwd uit moleculen. Elk molecuul bezit (neutrale) neutronen, (positief geladen) protonen en (negatief geladen) elektronen. Als je een voorwerp ergens tegenaan wrijft, dan springen er vaak negatief geladen elektronen over naar het voorwerp waarmee je ertegenaan wrijft. Het rietje krijgt dus als het ware extra negatieve elektronen van je shirt en wordt daardoor zelf in zijn geheel negatiever geladen. Als je het vervolgens ergens losjes op legt (zoals op de dop) en je houdt er een positief geladen voorwerp bij in de buurt (in dit geval je hand), dan krijg je eigenlijk de werking van een zwakke magneet waarbij positief en negatief elkaar aantrekken. Het effect werkt nog sterker als je je andere hand aan de andere kant van het rietje houdt, zoals op de foto's. Op die manier kun je het rietje, met een beetje oefening, zonder het aan te raken toch in de rondte laten draaien. Een prachtige schijnbeweging.

34

MANIPULEREN KUN JE LEREN

Beïnvloed andermans keuzes

Als lezer van dit boek ben je waarschijnlijk niet vies van een beetje interactie, vandaar het volgende testje. Beantwoord de volgende vragen hardop en zo snel als je kunt, en lees daarna pas verder.

1. Welke kleur heeft een ijsbeer?
2. Welke kleur heeft een koelkast?
3. Welke kleur heeft sneeuw?
4. Wat drinkt een koe?

Welkom in de wondere wereld van priming, waar geen enkele keuze veilig is en de vrije wil danig op de proef wordt gesteld. Hoe vond je de vragen? Niet heel lastig, toch? De kans is alleen groot dat je als laatste antwoord 'melk' gaf, en ja, dat komt inderdaad doordat jij bent geprimed! Want denk nog eens na: een koe drinkt toch gewoon water en geen melk? Mindf*ck!

Het woord 'priming' komt van het Latijnse '*primus*', wat 'eerste' betekent. Het betekent dat je door eerst een prikkel aan te bieden (bijvoorbeeld het laten zien van een plaatje of het zeggen van een woord) iemands gedachten en handelingen die daarop volgen kunt beïnvloeden.

In het voorbeeld hiervoor zeg je drie keer 'wit', en lees je vervolgens ook nog het woord 'koe' in de laatste vraag. Zowel de prikkel wit als koe associeer je indirect met melk, vanwege het feit dat melk wit is en een koe melk produceert. Doordat die associatie dus vers in je geheugen zit, is de kans groot dat je bij de laatste vraag 'melk' zult antwoorden, zeker als je niet te lang mag nadenken maar direct antwoord moet geven. Als je de andere vragen niet had gekregen en alleen de vraag 'Wat drinken dieren die in de wei staan?' had moeten beantwoorden, dan was de kans groot geweest dat je er wat nuchterder over had nagedacht en gewoon 'water' had gezegd.

Nog niet overtuigd? Hier een ander voorbeeld. Wat denk je dat er met het onderste woord wordt bedoeld?

DRANK

T...EE

En de volgende vraag. Wat denk je nú dat er met het onderste woord wordt bedoeld?

GETAL

T...EE

De kans is groot dat je op de eerste vraag 'thee' hebt geantwoord, en op de volgende vraag 'twee'. Waarschijnlijk las je voor je gevoel ook echt 'thee' en 'twee', terwijl niemand je specifiek de opdracht heeft gegeven die woorden erbij te bedenken. Alleen doordat het woord erboven je primede in de richting van een bepaalde categorie, nam je aan dat het woord wel bij die categorie zou horen. Je merkt zelf hoe sterk dit effect is. Je 'ziet' als het ware al welke letter er op de plek van de puntjes moet komen zodra je het primewoord leest.

Er is al veel onderzoek naar priming gedaan en er zijn prachtige voorbeelden van. Zo zien docenten meer fouten in een proefwerk als ze met een rode pen nakijken, omdat rood ze primet op het aanwezig zijn van fouten. Ook het fysieke gedrag van mensen kan worden gemanipuleerd door priming. Voor een onderzoek moesten proefpersonen een vragenlijst invullen waarbij alle antwoorden iets met ouderdom te maken hadden, bijvoorbeeld 'botontkalking', 'dementie' of 'Patricia Paay'. Daarna werd gemeten hoe snel de proefpersonen de ruimte verlieten in vergelijking met de snelheid die ze hadden toen ze de ruimte betraden. En wat bleek: de proefpersonen liepen veel langzamer en trager de ruimte uit dan dat ze die binnenliepen, alsof de antwoorden op de vragen hen hadden beinvloed om zich ouder en trager te gedragen.

Priming kan niet alleen je gedrag beïnvloeden, het kan zelfs de manier beïnvloeden waarop je de werkelijkheid ervaart en je die herinnert. Dat komt mooi naar voren in het volgende onderzoek, waarbij verschillende proefpersonen een videofragment te zien kregen waarin twee auto's op elkaar botsen.

Na het zien van de video kregen de proefpersonen allemaal dezelfde vraag, alleen telkens iets anders gesteld.

De eerste groep kreeg de vraag:
Hoe snel reden de auto's toen ze tegen elkaar aan kwamen?

De tweede groep kreeg de vraag:
Hoe snel reden de auto's toen ze tegen elkaar botsten?

En de derde groep kreeg de vraag:
Hoe snel reden de auto's toen ze tegen elkaar crashten?

Verbazingwekkend genoeg was het antwoord op deze vragen verschillend, terwijl iedereen dezelfde video te zien kreeg. Op de eerste vraag werd gemiddeld 49 kilometer per uur geantwoord, terwijl bij de 'crash'-vraag gemiddeld 64 kilometer per uur werd geantwoord.

Je kunt dit experiment thuis herhalen als je twee mensen (of meer) weet te verzamelen, een filmpje van botsende auto's kunt vinden op internet en ze pen en papier geeft. Kijk maar eens hoe zij reageren op de verschillende vragen en hoe ze zich laten sturen door de verschillende formuleringen.

Dus alleen door een vraag anders te stellen, kun je beïnvloeden hoe iemand een gebeurtenis ervaart. Merkwaardig, toch? Je kunt je overigens ook wel voorstellen dat getuigenverklaringen op die manier ook ernstig gekleurd kunnen raken. Bijvoorbeeld door de manier waarop iemand wordt gevraagd een bepaald ongeluk of misdrijf te omschrijven.

Leuk, al die onderzoeken en testjes, maar heb je er ook nog wat aan? Jazeker, met een beetje geprime en geoefen krijg je bij mensen makkelijker iets gedaan. Met de volgende mindf*ck kun je ervoor zorgen dat iemand sneller 'ja' zegt op hetgeen je van hem vraagt.

Het idee is dat als je iemand op meerdere vragen 'ja' laat antwoorden, hij eerder geneigd zal zijn de volgende vraag ook met 'ja' te beantwoorden. Net zoals de vragen aan het begin van dit hoofdstuk je sneller aan melk lieten denken, zal een 'ja' eerder in je opkomen als je die voor je eerdere antwoorden ook al hebt gebruikt. Dus als je bijvoorbeeld wilt dat iemand je helpt met verhuizen, zorg je ervoor dat diegene daarvoor minstens drie keer (maar hoe meer, hoe beter) 'ja' heeft gezegd, bijvoorbeeld door te vragen:

Mag ik je wat vragen? (Ja.)
Komt het wel gelegen? (Ja.)
Wij doen graag dingen voor elkaar, toch? (Ja.)
En je kent mij als iemand die alleen iets vraagt als-ie het echt nodig heeft, toch? (Ja.)
Zou je me morgen willen helpen met verhuizen? (Ja.)

Honderd procent garantie geven dit soort trucs natuurlijk nooit, maar nee heb je en ja kun je krijgen!

35

HET ZENUWMANNETJE

Houd je eigen lichaam voor de gek

Van goochelaars en illusionisten denk je misschien dat ze voornamelijk je ogen weten te misleiden, maar ook je andere zintuigen vallen vaak ten prooi aan de kunsten van een magiër. Neem bijvoorbeeld je tastzin, het vermogen om voorwerpen en objecten met je lichaam te kunnen voelen. Ook die is met een paar slimme foefjes gemakkelijk om de tuin te leiden. Probeer het volgende experiment maar eens.

Zoek een proefpersoon en vertel hem dat hij zijn ontblote onderarm met zijn handpalm omhoog naar jou moet uitsteken. Vraag hem nu om zijn ogen te sluiten en doe het volgende: jij 'loopt' met je wijs- en middelvinger vanaf de toppen van zijn vingers langzaam richting zijn pols. Je proefpersoon moet laten weten wanneer hij voelt dat je bent aangekomen bij zijn pols door hardop 'stop' te zeggen. Waarschijnlijk lukt hem dat prima.

Nu ga je het hem een stapje moeilijker maken. Weer moet hij zijn ogen sluiten en weer ga jij een stukje wandelen met je wijs- en middelvinger, maar nu vanaf zijn pols tot boven aan zijn onderarm (oftewel de binnenkant van zijn elleboog).

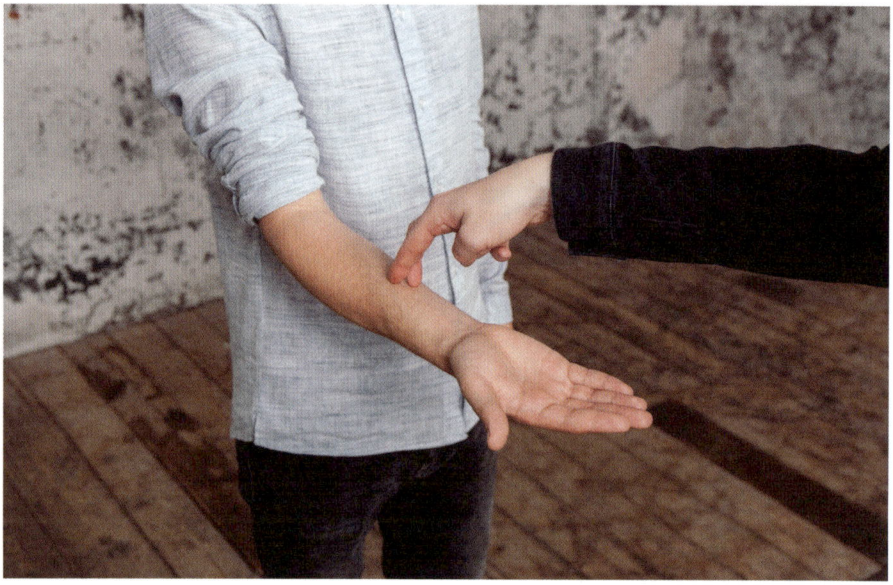

Je proefpersoon moet wederom aangeven wanneer hij denkt dat je de bestemming (de binnenkant van zijn elleboog) hebt bereikt. Alleen pas je nu een klein trucje toe: naarmate je de elleboog dichter nadert maak je steeds kleinere stapjes met je vingers en ga je steeds iets langzamer. Zodra je proefpersoon 'stop' zegt, vraag je hem zijn ogen te openen en als het goed is klopt de positie van jouw vingers totaal niet met wat hij in gedachten had. Waarschijnlijk was je pas halverwege, of in ieder geval nog lang niet in de buurt van zijn elleboog, terwijl je proefpersoon toch echt dacht te voelen dat je er al was. Je kunt het experiment ook laten uitvoeren met jou als proefpersoon om zelf te ervaren hoe slecht je tastzin in dit geval een plek op je lichaam kan aanvoelen.

Dat dit gebeurt heeft eigenlijk een eenvoudige oorzaak. Over je hele lichaam zitten tastzenuwen verspreid die je gebruikt om de wereld om je heen te registreren. Je voelt met je huid of je tegen een veel te warme kachel aan zit, of de wind waait en hoe zacht een kasjmieren trui is. Maar die zenuwen zijn niet gelijkmatig verdeeld. Bepaalde delen van je lijf bevatten veel meer tastzenuwuiteinden per vierkante centimeter dan andere delen.

In jouw brein zit een model van je hele lichaam opgeslagen, een soort landkaart die onder andere de verspreiding van je tastreceptoren (de uiteinden van tastzenuwen) over je lichaam laat zien. Zouden we deze interne representatie ombouwen tot een werkelijk menselijk lichaam, dan zou dat er ongeveer uit komen te zien als deze frisse vent.

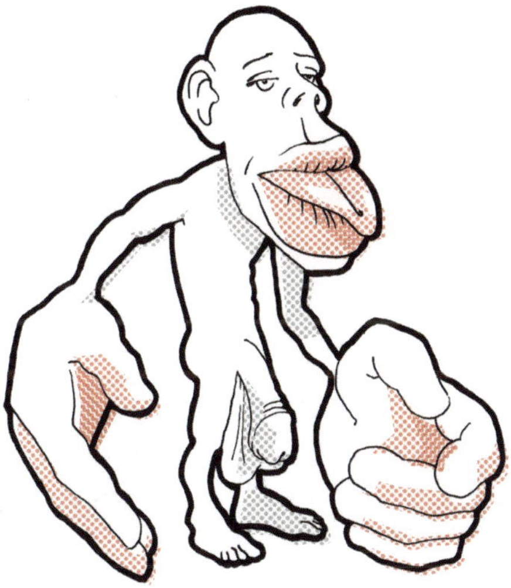

Maak kennis met meneer Homunculus (Latijn voor 'klein mannetje'). Dit mannetje laat zien dat bijvoorbeeld lippen en handen veel meer tastzenuwen hebben en in je brein sterk uitvergroot zijn. Het zal niemand verwonderen dat je de meeste dingen goed kunt voelen met je handen, maar deze kaart in het menselijk brein verklaart bijvoorbeeld ook waarom baby's alles wat ze tegenkomen in hun mond stoppen. Ze proberen hun speelgoed niet op te eten, zoals sommige ouders geschrokken denken, maar de vorm en het gevoel van een object beter vast te stellen door het naar hun mond te brengen, waar relatief veel tastreceptoren zitten. De verklaring voor het feit dat bepaalde andere delen van meneer Homunculus ook sterker zijn uitvergroot dan andere, behoort helaas niet tot de reikwijdte van dit boek.

Je ziet ook dat er in je armen veel minder tastreceptoren zitten dan in je handen. En hierdoor is het bij het experiment aan het begin van dit hoofdstuk dus lastig voor je proefpersoon om exact aan te voelen wanneer je zijn elleboog bereikt. Het is al helemaal moeilijk omdat je daar kleinere en langzamere stapjes zette, waardoor de arm van je proefpersoon de exacte afstand tussen de stapjes niet goed waarnam.

Nu je op de hoogte bent van je interne homunculus, is het tijd om hem zelf eens goed op het verkeerde been te zetten. Neem twee eetstokjes of twee potloden, sluit je ogen en probeer je goed te concentreren op wat je voelt. Vraag of iemand je wil helpen en laat hem met de stokjes twee parallelle lijnen trekken vanaf je ene oor naar het andere oor via je mond. Precies zoals de stippellijn hieronder.

Wat je zult voelen zijn niet twee lijnen die over je gezicht een rechte baan blijven volgen, maar het voelt alsof de stokjes rondom je mond verder van elkaar af zijn dan bij je oren. Ook hier zie je de homunculus aan het werk: wat er aan het einde van je wangen gebeurt wordt minder goed geregistreerd dan wat zich rond je mond afspeelt. Dit creëert de illusie dat de stokjes van elkaar af bewegen rondom je mond.

Je kunt eenzelfde soort test doen door je ogen te sluiten en te vragen of iemand met zijn vinger een letter op de binnenkant van je hand wil schrijven. Laat hem klein beginnen en de letter steeds iets groter schrijven tot je hem herkent. Nu vraag je hem een letter op je rug te schrijven. Ook nu weer mag hij klein beginnen en de letter steeds groter maken totdat je hem herkent. Je zult merken dat de letter op je rug veel groter geschreven moet worden voordat je voelt welke het is.

Je homunculus vertelt ook waar bepaalde lichaamsgebieden liggen ten opzichte van andere gebieden. Hij weet bijvoorbeeld dat je rechterwijsvinger links van je rechtermiddelvinger ligt. Gooi je dit om, dan raakt-ie meteen de weg kwijt. Ervaar tot slot maar eens de volgende mindf*ck. Leg je middelvinger over de wijsvinger van dezelfde hand. Je kruist ze als het ware in een gebaar waarbij Amerikanen altijd zeggen: '*Fingers crossed.*' Houd deze vingerpositie goed vast, sluit je ogen en wrijf met je twee vingertoppen over je neusbrug heen en weer.

Wat voel je? Lijkt het alsof je opeens twee puntjes van je neus hebt in plaats van één? Dat zou goed kunnen. Je homunculus blijft namelijk volhouden dat je vingers op hun oorspronkelijke plek zitten, en omdat ze iets anders voelen dan ze volgens die vingeroriëntatie zouden moeten voelen, ervaar je de illusie dat er plotseling twee neuzen uit je gezicht steken. Het is een van de weinige illusies die je bij jezelf kunt uitvoeren. Een illusie waarbij het kleine zenuwmannetje in je hoofd je publiek is!

36

DE LEUGEN REGEERT

Leer hoe je leugenaars kunt ontmaskeren

In een bepaald opzicht draagt elke illusie in de kern een leugen met zich mee. Om iemand te verwonderen moet je diegene soms een valse waarheid voorschotelen. Maar niet alleen illusionisten liegen, alle mensen liegen – dagelijks zelfs. Volgens een onderzoek liegen mannen gemiddeld driemaal per dag, en vrouwen eenmaal. Volgens een ander onderzoek liegen vrouwen gemiddeld meer dan mannen. Daar ga je dus al: zelfs een van deze twee leugenonderzoekers vertelt niet de waarheid.

Meestal zijn leugens helemaal niet zo erg. Een beetje liegen is zelfs nodig. Kun je je voorstellen wat er zou gebeuren als je tegen iedereen eerlijk zegt hoe je vindt dat hij eruitziet? Of stel dat de kaasboer aan je vraagt hoe het met je gaat, vertel je dan eerlijk dat je een verschrikkelijke klotedag hebt en dat je eigenlijk helemaal geen zin hebt in een praatje? Of antwoord je gewoon netjes: 'Goed, en met jou?' Een leugentje om bestwil; het is vaak praktischer om een kleine leugen te vertellen dan die arme kaasboer lastig te vallen met al jouw zorgen.

Toch vinden we grote leugens een probleem en zijn wetenschappers, politieagenten en werkgevers naarstig op zoek naar methodes om vast te stellen wanneer iemand liegt. De bekendste methode om te meten of iemand liegt is die met de polygraaf. Deze indrukwekkende machine bestaat uit allemaal kleine sensoren die op je lichaam worden aangebracht. Hij meet je hartslag, ademhaling, bloeddruk en de activiteit van de zweetkliertjes in je vingertoppen. Het idee achter de test is dat wanneer je liegt, je vaak zenuwachtig wordt. Je hart slaat dan net iets sneller, je bloeddruk loopt wat op, je ademt oppervlakkiger en gaat meer zweten.

Zo'n test gaat als volgt. De onderzoeker die de leugendetector bedient stelt je eerst een aantal controlevragen, zoals: 'Is het vandaag dinsdag?' of: 'Zijn we op het politiebureau?' Met de controlevragen kan de onderzoeker zien hoe je lichaam reageert als je de waarheid spreekt. Daarna komen de moeilijke vragen: 'Rende je op de avond van de moord door de tuin van je buurvrouw?' en: 'Komt deze bebloede hamer uit jouw schuur?' Als je zenuwachtig wordt bij het beantwoorden van de vragen over het misdrijf, detecteert de polygraaf dat en is de kans groot dat je liegt.

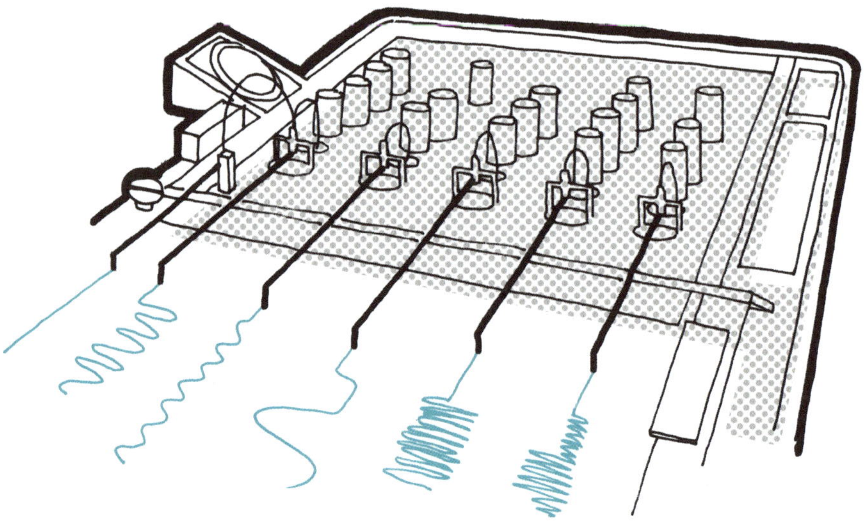

Hopelijk kom je nooit in een polygraaftest terecht, maar mocht het je toch overkomen, bijvoorbeeld als je spion bent en moet liegen voor je vaderland, dan zijn hier een aantal simpele tips en trucs om de machine op het verkeerde been te zetten.

Bij iedere truc gaat het erom dat je het verschil tussen de controlevragen en de echte vragen minimaliseert. Zorg bijvoorbeeld dat je een klein steentje (of een ander scherp voorwerp) in de binnenkant van je schoen hebt verstopt en druk tijdens het verhoor heel hard tegen het scherpe ding met je teen. Zo gaan door de lichamelijke stress en pijn je hartslag en bloeddruk gedurende de hele test vanzelf omhoog en kan de onderzoeker het verschil niet meer zien tussen jouw reactie op de controlevragen en jouw gelogen antwoorden. Of, als je geen steentje kunt vinden: bijt tijdens de vragen op de zijkant van je tong voor hetzelfde resultaat. Een nog simpelere truc, die bovendien ook geen pijn doet, is de volgende: concentreer je tijdens de controlevragen niet op het juiste antwoord, maar los in je hoofd een heel ingewikkelde som op (bijvoorbeeld 17 x 24).

Fun Fact:
Al sinds mensenheugenis zoeken mensen naar een goede leugendetector. In de middeleeuwen was het gebruikelijk om leugens te meten door verdachten van een misdrijf te wegen op een weegschaal. Woog een verdachte nadat hij aan een rechter zijn verhaal had verteld minder dan aan het begin van het proces, dan werd hij onschuldig verklaard, was hij zwaarder geworden, dan werd de verdachte schuldig bevonden.

Wil je zelf leugens detecteren, maar heb je geen polygraaf in de schuur staan? Geen paniek, met onderstaande tips transformeer je jezelf in een wandelende leugendetector!

Veel mensen denken dat je kunt zien dat iemand liegt als hij wegkijkt terwijl hij je iets vertelt. Dat is echter nooit goed aangetoond. Wat je wel kunt doen om te weten te komen of iemand de waarheid spreekt of glashard tegen je staat te liegen, is vooral luisteren naar de manier waaróp hij iets vertelt. Uit onderzoek is namelijk gebleken dat leugenaars bijvoorbeeld minder vertellen vanuit de eerste persoon. Dus als je getuige bent van een goochelaar die op gruwelijke wijze een konijn vermoordt, dan zou je dat later waarschijnlijk navertellen als: ‘Ik zag een goochelaar een konijn vermoorden.’ Een leugenaar (die zou verzinnen dat hij de moord heeft gezien) zou in zo’n geval eerder zeggen: ‘Een goochelaar vermoordde een konijn.’ Waarbij hij de ik-vorm dus achterwege laat, misschien omdat hij zich zo onbewust minder schuldig voelt over zijn leugen.

In het verlengde daarvan is ook gebleken dat leugenaars minder uitsluitwoorden gebruiken, zoals 'maar' of 'behalve'. Dat komt vermoedelijk omdat liegen een nogal complexe aangelegenheid is, en dit soort woorden het gelogen verhaal alleen maar lastiger maken om te onthouden. Ook zullen leugenaars minder snel zeggen dat ze iets vergeten zijn. En dat is verdacht, omdat mensen vaak helemaal niet zulke feilloze herinneringen hebben. Weet jij bijvoorbeeld nog waar je was tussen half vier en kwart voor acht drie dagen geleden? Iemand die de waarheid spreekt zal het waarschijnlijk vergeten zijn, terwijl de leugenaar zijn verzonnen verhaal of alibi zo goed mogelijk probeert te vertellen en daarmee juist door de mand valt.

Als je nog steeds twijfelt of iemand liegt kun je hem ook vragen zijn verhaal achterstevoren te vertellen. Voor een leugenaar is dit veel ingewikkelder dan voor iemand die de waarheid spreekt, omdat hij zijn gelogen verhaal telkens eerst vooruit moet afspelen in zijn hoofd om het daarna achteruit te kunnen navertellen.

Tot slot kun je met een listige truc ook aan iemands automatische reflexen aflezen of hij liegt. Toen Nederlandse jongemannen nog allemaal meer dan een jaar in dienst van het leger moesten, bedachten sommige dienstplichtigen slimme smoesjes en trucs om door de legerarts medisch afgekeurd te worden en zo niet al die tijd van huis te zijn. Sommige jongens deden bijvoorbeeld alsof ze gek waren; een andere veelgebruikte leugen tijdens de medische keuring was doen alsof je doof was. Welke vraag de legerarts ook stelde, de jongens reageerden niet. Wanneer de jongens aan het einde van de medische test dachten dat ze afgekeurd waren vanwege doofheid, draaiden ze zich om om het kantoortje uit te lopen. Precies op dat moment gooide de arts een muntje op de grond. Uit automatisme draaiden bijna alle jongemannen die hun doofheid gespeeld hadden zich om. Hoe bewust de jongens hun leugenachtige act ook hadden voorbereid, hun brein reageerde onbewust en automatisch op het geluid van de munt, en ze moesten wel omkijken.

Denk je na dit hoofdstuk trouwens dat je een nog betere leugenaar bent geworden dan je al was? Dan kun je meedoen met World's Biggest Liar. Deze wedstrijd wordt al meer dan honderd jaar georganiseerd in Cumbria, Engeland. Maar let op: ben je advocaat of politicus, dan mag je niet meedoen. Volgens de reglementen zijn die professionele leugenaars te goed. Opvallend is dat illusionisten dan weer niet in dat rijtje staan. Waarschijnlijk omdat je als illusionist eerlijk bent over het feit dat je niet eerlijk bent.

37

UNIEKE STATISTIEKEN

Bespeel de archiefkast in je hoofd

Tijd om jouw gedachten te lezen. Ja, echt! Daar gaan we. Los de volgende drie sommen zo snel mogelijk op, zonder gebruik te maken van een rekenmachine.

19 + 11 =
23 - 3 =
44 + 7 =

Gelukt? Goed, denk dan nu snel aan de eerste kleur die in je gedachten opkomt en aan een stuk gereedschap. Niet meer van gedachten veranderen, en noem je antwoord hardop.

Dit boek is in staat om de gedachten van de lezer te voorspellen. Dankzij algoritmische, subliminale beïnvloeding die subtiel door de teksten van de vorige hoofdstukken heen is geweven, kan met een aan zekerheid grenzende waarschijnlijkheid worden vastgesteld dat jij nu zit te denken aan… een rode hamer! Zo niet, dan had je waarschijnlijk een rode of blauwe zaag in gedachten.

Zou dit boek dan echt jouw gedachten kunnen voorspellen? Nou, nee. Niet echt. Het lukte om jouw gedachten te weten, omdat veel keuzes en beslissingen die we maken veel voorspelbaarder zijn dan we denken. Hier nog een voorbeeld. Denk eens aan een bekende toren of gebouw in Europa. Heb je er een?

Net zoals bij de rode hamer lijkt dit een vrije keuze te zijn. Maar kan het kloppen dat je aan de Eiffeltoren zat te denken? Zo niet, dan zijn de toren van Pisa en de Big Ben ook twee goede kanshebbers.

Nog eentje dan, om het af te leren. Denk aan een getal tussen de 0 en de 50, waarvan beide cijfers verschillend zijn en allebei oneven. Heb je er een? Goed, onthoud dit getal, aan het einde van dit hoofdstuk lees je of de voorspelling klopt. Maar eerst: hoe kan het dat de meeste mensen bij de bovenstaande vragen aan een rode hamer en de Eiffeltoren denken? Dat komt doordat ons geheugen eigenlijk werkt als een soort archiefkast. We hebben in ons brein allerlei verschillende laatjes met herinneringen aan objecten, geluiden en ervaringen. Ieder laatje heeft op de voorkant een label met daarop het beste voorbeeld van die categorie. Voor het laatje met gereedschappen gebruiken de meeste mensen als voorbeeld een hamer. En het beste voorbeeld van een kleur is voor veel mensen rood. Dat zijn dus de eerste dingen waar je aan denkt zodra zo'n categorie ter sprake komt.

Je gebruikt die visuele shortcuts vooral als je snel, onder hoge druk en zonder al te veel nadenken een antwoord moet geven. Daarom werd je eerst afgeleid met die rekensommen. Terwijl je al je aandacht en concentratie inzette om die sommen zo snel mogelijk op te lossen, gebruikte je voor het beantwoorden van de kleur- en gereedschapsvraag de makkelijkste weg in je brein. Je kon als het ware minder kritisch naar die vraag kijken, omdat je nog met de nasleep van een andere taak in je hoofd zat, waardoor je brein (hopelijk) voor het snelst beschikbare antwoord koos. Hier zijn nog een paar van die voorspelbare antwoorden die je op je vrienden uit kunt gaan testen. Maar laat ze dus eerst een ingewikkelde opdracht uitvoeren om hun aandacht te verleggen!

Categorie	**Meest voorkomende label**
Geometrische vorm	Driehoek
Europees land	Frankrijk
Groente	Wortel of sla
Bloem	Roos
Getal tussen 1 en 10	7

Met statistiek hebben we dé manier in handen om het gedrag van mensen te voorspellen. Al bieden deze statistische gegevens natuurlijk geen keiharde garanties. Er zullen altijd een paar uitzonderlijke creatievelingen onder jullie lezers zitten die aan het begin van dit hoofdstuk aan een roze schroevendraaier of een turquoise waterpomptang zaten te denken.

Je kunt je voorstellen dat illusionisten dankbaar gebruikmaken van dit soort statistieken. Kijk bijvoorbeeld maar eens naar het voorbeeld van de truc 'in welke hand zit de munt' (hoofdstuk 6), waarbij je gebruikmaakt van het feit dat de meeste mensen rechtshandig zijn om te voorspellen dat ze de munt in die hand zullen stoppen. Er is zelfs onderzoek gedaan naar welke speelkaarten statistisch gezien het meest worden genoemd als je iemand vraagt een willekeurige speelkaart te noemen. In het taartdiagram op de volgende pagina zie je de uitkomsten van dat onderzoek.

De kans is dus het grootst dat iemand bij zo'n vraag aan de schoppenaas denkt, met hartenvrouw als goede tweede. Met wat goede voorbereiding (en een beetje geluk) kun je deze speelkaartstatistieken inzetten voor een onverklaarbare voorspellingstruc. Daarvoor moet je de top 5 van meest gekozen kaarten onthouden en een pak speelkaarten in je hand nemen.

MEEST POPULAIRE KAARTEN

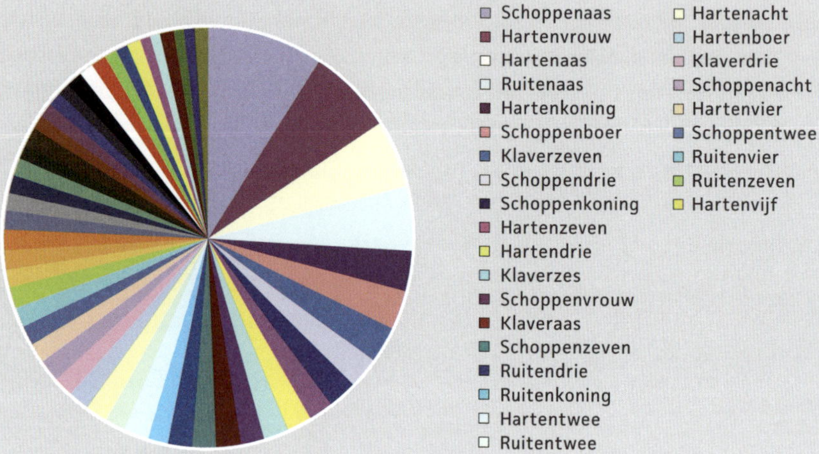

1 Prepareer eerst het pak kaarten aan de hand van de top 5 meest genoemde kaarten. Dat zijn dus de schoppenaas, de hartenvrouw, de hartenaas, de ruitenaas en de hartenkoning.

2 Stop de schoppenaas in je broekzak. Leg de hartenvrouw onder op het spel en de hartenaas boven op het spel. Stop de ruitenaas precies in het midden van het spel, omgedraaid, dus met de beeldzijde naar

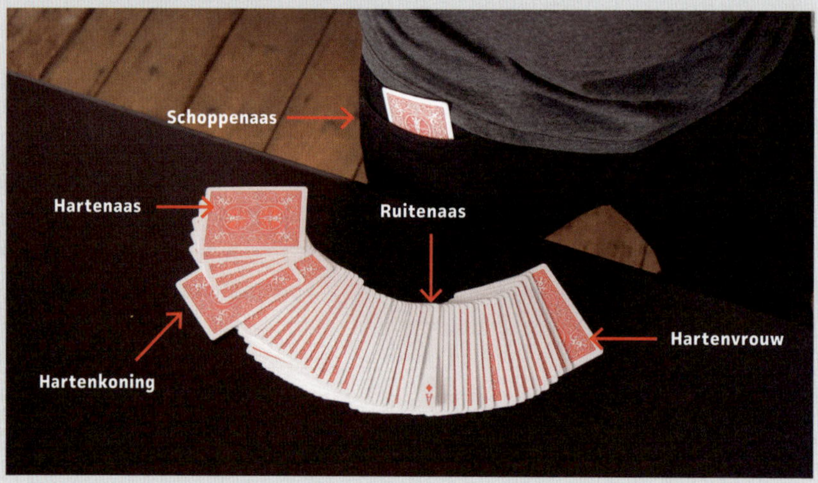

boven. En plaats tot slot de hartenkoning op de volgende manier in het spel. Neem het aantal letters in je naam, bijvoorbeeld voor V-i-c-t-o-r zes, en stop in dat geval de kaart op de zesde plaats van boven in het spel.

3 Benader nu je proefpersoon (neem bij voorkeur de meest gemiddelde Nederlander die je in je vriendenkring hebt rondhangen). Vraag hem een speelkaart in gedachten te nemen. 'Heb je er een?' vraag je. 'Zie je 'm goed voor je? Concentreer je dan op je gekozen kaart en vertel me wat je in gedachten hebt.'

4 De kans is groot dat hij een van de kaarten uit de top 5 noemt. Noemt hij de schoppenaas, dan trek je die met een triomfantelijk gezicht uit je zak. Noemt hij de hartenvrouw, dan houd je je spel kaarten omhoog en toon je dat ze onderop ligt. Bij de hartenaas trek je met een grote glimlach de bovenste kaart van het spel. Bij de ruitenaas waaier je het spel over tafel uit, zodat te zien is dat de ruitenaas de enige kaart is die omgedraaid in het spel zit. En wanneer hij de hartenkoning noemt, deel je per letter van je naam één kaart van het spel tot je uitkomt bij de laatste letter van je naam, et voilà: de kaart die hij in gedachten had ligt op die plek. In alle gevallen lijkt het alsof jij van tevoren wist welke kaart je toeschouwer zou noemen.

De crux van deze truc is natuurlijk dat je proefpersoon niet weet welke kaarten jij allemaal geprepareerd hebt. Misschien herken je deze multiple-outtechniek wel van hoofdstuk 23. Onthoud dus goed dat alle andere kaarten voor je toeschouwer onzichtbaar blijven, en dat je doet alsof jij de uitkomst van tevoren in gedachten had.

En wanneer je proefpersoon een totaal andere kaart in gedachte heeft, dan trek je verontwaardigd de schoppenaas uit je binnenzak en roep je: 'Fout! Je had de schoppenaas in gedachten moeten nemen. Nu heb je de magie verpest!' (Geef, als het even kan, altijd je proefpersoon de schuld van het mislukken van een truc.)

Tot slot, herinner je je het getal van daarstraks nog, dat je in gedachten genomen had? Tijd om te kijken of dat ook te voorspellen was. Kan het zijn dat het in gedachten genomen getal overeenkomt met het hoofdstuknummer? Mindf*ck!

38

SPIEGELTJE, SPIEGELTJE AAN DE WAND

Leer hoe anderen jou nóg aardiger gaan vinden

Een gapende Victor Mids, lekker geïnteresseerd, denk je waarschijnlijk. Maar maak je geen zorgen, het is bedoeld als experiment. Kijk maar eens een paar seconden intensief naar de afbeelding, dan is de kans namelijk groot dat je zelf ook spontaan begint te gapen (of misschien was je daar inmiddels al mee bezig). Hoe komt het eigenlijk dat we de aandrang voelen te gaan gapen zodra we dat anderen zien doen? En waarom gapen we überhaupt?

Gapen is niet iets wat je op latere leeftijd aanleert. Een foetus in de baarmoeder gaapt namelijk ook al. En dat is niet omdat die zich negen maanden lang stierlijk verveelt, maar gapen speelt waarschijnlijk een rol in de ontwikkeling van het brein. Bij volwassenen zorgt het er waarschijnlijk voor dat je je hoofd koel kunt houden. Voor een onderzoek werd er warm verband tegen het hoofd van een groep proefpersonen gedrukt. De andere groep proefpersonen kreeg koud verband tegen hun hoofd. En wat bleek? De groep met het verwarmde hoofd gaapte 41 procent van de tijd, terwijl de groep met het afgekoelde hoofd slechts 9 procent van de tijd gaapte. Door gapen daalt de temperatuur van je brein, en dat is waarschijnlijk de voornaamste reden dat we het doen.

Dit is misschien ook de reden dat gapen zo aanstekelijk werkt. Door het afkoelen van ons brein helpen we onszelf om weer alert te worden, bijvoorbeeld als er een gevaarlijke situatie dreigt. Als jij iemand anders ziet gapen en dus onbewust het signaal doorkrijgt dat je alert moet zijn, zul je automatisch geneigd zijn om hem na te doen en zelf ook te gapen om je brein af te koelen. Eigenlijk geven we dus zonder dat we het beseffen berichten aan elkaar door. Deze sociale functie van het gapen ontstaat pas op latere leeftijd. Dat weten we omdat kinderen tot ongeveer vier jaar niet gevoelig zijn voor het gapen van anderen. Die aanstekelijkheid werkt overigens ook beter bij mensen die dicht bij ons staan (zoals familie en vrienden) dan bij vreemden. Zelfs honden gapen eerder als ze hun baasje zien gapen dan een willekeurige andere persoon.

Met gapen doen we elkaar dus onbewust na, maar hoe makkelijk is het om juist bewust iemand na te doen? Moeilijker dan je denkt, vooral als er een illusionist voor je staat! Probeer dit experiment eerst maar eens zelf en zet de truc daarna in bij je vrienden. Steek allebei je handen voor je uit en draai je duimen naar beneden, kruis je armen en sla je vingers in elkaar. Nu buig je allebei je armen naar binnen toe, en steek je beide wijsvingers uit.

Zet je wijsvingers nu gekruist tegen je neus en draai je handen uit elkaar.

Gelukt? Waarschijnlijk niet en zit jij nu behoorlijk in de knoop.

De truc is dat je je vingers in het begin net iets anders moet plaatsen. Voor je gevoel is het logisch om je handen zo te kruisen dat de pink van de hand die aan de onderkant kruist, bovenop ligt. Om de truc te laten werken moet je je vingers één plek opschuiven, waardoor de pink van je hand die bovenlangs kruist bovenop komt te liggen. Als je precies deze vingerstand overneemt en de aanwijzingen volgt, dan kom je wel goed uit.

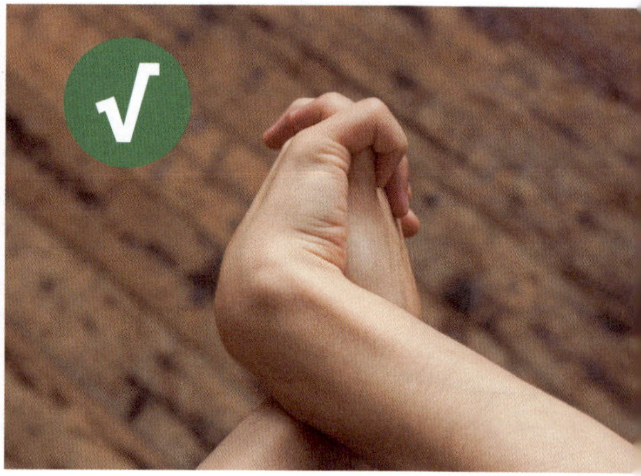

Dit voorbeeld is een uitzondering op de regel, omdat we in principe juist heel goed zijn in het spiegelen van anderen. Ons brein kan zelfs iemand spiegelen door alleen maar naar diegene te kijken. Dit komt doordat we spiegelneuronen hebben. Dat zijn zenuwcellen in je brein die zowel actief zijn bij het uitvoeren van een handeling als bij het alleen maar kijken naar die handeling. Wanneer je iemand een kopje thee ziet drinken, dan zijn dezelfde zenuwcellen in je brein actief als de cellen die je zelf zou gebruiken wanneer je een kopje thee zou drinken. De functie van spiegelneuronen is nog steeds niet helemaal duidelijk. Het kan te maken hebben met het ontwikkelen van inlevingsvermogen in anderen, maar misschien spelen ze ook wel een rol bij het aanleren (nadoen) van nieuw gedrag, of liggen ze zelfs aan de basis van je zelfbewustzijn.

Wat de reden ook is, feit is dat je brein dus het gedrag dat je bij anderen waarneemt spiegelt. Maar we spiegelen anderen vaak ook fysiek. In wetenschappelijk jargon heet dat 'mimicry' en in feite is het een manier van non-verbaal communiceren. Dat wil zeggen dat als een gesprek tussen jou en iemand anders goed verloopt, je dat niet alleen op gespreksinhoudelijk niveau laat merken, maar ook door je lichaamshouding en manier van bewegen. Uit onderzoek is gebleken dat we iemand die zich hetzelfde beweegt als wij, sympathieker vinden dan mensen die anders bewegen. Deze bevinding kun je gebruiken om ervoor te zorgen dat anderen je (nog) aardiger vinden.

Het enige wat je ervoor hoeft te doen, is stiekem iemands houdingen en gedrag imiteren. Dus ben je met iemand in gesprek (bijvoorbeeld tijdens een zakelijke bespreking of sollicitatiegesprek) en zit diegene met zijn handen over elkaar, dan ga jij ook zo zitten. En beweegt iemand veel met zijn wenkbrauwen, dan doe jij dat ook, of staat iemand met zijn armen over elkaar, dan ga jij ook ongeveer zo staan. Hierdoor is de kans groter dat je gesprekspartner een goed gevoel bij je krijgt.

Het is bij het spiegelen wel belangrijk dat je het niet direct doet, maar pas een aantal seconden nadat diegene zijn handeling heeft uitgevoerd, zodat het vooral niet te veel opvalt. Op het moment dat de ander doorheeft dat je hem spiegelt, heeft het namelijk precies het tegenovergestelde effect en wekt het alleen maar irritatie op.

Heeft iemand het toch door, dan kun je jezelf altijd nog redden door te zeggen dat je met een experiment bezig bent om aan te tonen hoe erg jullie op één lijn zitten. Je legt hem uit wat je nu weet over spiegelneuronen en vraagt of je een test mag doen om te kijken of het spiegelen heeft gewerkt.

Voor die test heb je één groot stuk en drie kleine stukjes papier nodig, een glas en twee stiften. Vertel je proefpersoon dat spiegelen niet beperkt blijft tot gapen en de houding van je lichaam, maar dat ook jullie gedachten elkaar kunnen spiegelen.

Geef het grote vel aan je proefpersoon en houd de drie kleine papiertjes zelf. Vertel dat jij momenteel aan een speelfilm denkt en dat je die gaat opschrijven op een klein papiertje. Zeg tegen hem dat hij zich goed moet concentreren en ook aan een willekeurige speelfilm moet denken. Je pakt een stukje papier en schrijft daar 'hartenvrouw' op. Zorg dat hij niet kan zien wat je opgeschreven hebt, vouw het papiertje een paar keer dubbel en gooi het in een leeg glas op tafel.

Vraag hem de film te noemen en hem voor de zekerheid op te schrijven op het grote stuk papier. Je proefpersoon zegt nu bijvoorbeeld: '*Jaws*.'

Jij zegt alleen maar droogjes: 'Niet slecht! Laten we het nog een keer proberen.' Je pakt het volgende kleine papiertje en zegt: 'Laten we in onze gedachten op reis gaan en laten we allebei denken aan een willekeurig land.' Terwijl je proefpersoon denkt dat jij nu een land opschrijft, schrijf je stiekem '*Jaws*' op. Vouw het papiertje een paar keer dubbel en gooi het in het lege glas op tafel. Je vervolgt: 'Welk land heb jij in gedachten?'

Je proefpersoon zegt nu bijvoorbeeld: 'Zweden.'

Je vraagt hem op het grote vel te schrijven en zegt wederom: 'Niet slecht! Laten we het nog een laatste keer proberen, want dit gaat ongelooflijk goed.' Op het laatste papiertje schrijf je nu ongezien 'Zweden', je vouwt het dubbel en gooit het in het glas.

'Als laatste vraag, misschien een makkelijke: wat is de mooiste vrouw uit het kaartspel?'

Je proefpersoon antwoordt zeer waarschijnlijk: 'Hartenvrouw.'

Je kijkt hem met een glimlach aan en zegt: 'Ik kan het bijna niet geloven maar je hebt me helemaal perfect geestelijk gespiegeld.' Mocht het zo zijn dat een andere speelkaart wordt genoemd, bijvoorbeeld een ruitenvrouw, dan is dat geen ramp, en help je de toeschouwer gewoon een handje: 'Niet slecht, maar ik bedoelde een nog mooiere vrouw. De meest romantische uit het spel!' Als hij daarna alsnog ruitentwee zegt, moet je wellicht een ander bejaardentehuis uitzoeken om op te treden.

Pak hierna het glas op van de tafel en keer het om zodat de drie papiertjes op tafel vallen. Hij mag nu zelf een voor een de papiertjes openvouwen en zal erachter komen dat hij zowel de film *Jaws* als het land Zweden als de speelkaart hartenvrouw goed had.

Het briljante geheim waarop dit experiment is gebaseerd heet in de goochelaarswereld '*one-ahead*'. Je bent je toeschouwer als het ware telkens één antwoord voor op het antwoord dat hij geeft, maar omdat hij de drie papiertjes pas helemaal aan het einde ziet (en ze door elkaar geschud uit het glas vallen) lijkt het alsof jullie exact hetzelfde denken.

De truc werkt natuurlijk niet alleen met films en landen, maar ook met namen, kleuren of bijvoorbeeld met getallen. Het is een simpele, maar verbluffende truc die overal werkt: op school, in het café en misschien maak je er zelfs indruk mee tijdens je volgende sollicitatiegesprek!

39

SIMSALACOLA

Magisch recyclen met behulp van scheikunde en natuurkunde

Nadat je dit hoofdstuk hebt gelezen ben jij voortaan de ster van elk feestje. Terwijl je staat te kletsen met je vrienden steek je je hand in de prullenbak en vis je er een geplet en leeg blikje cola uit. 'Ik heb eigenlijk best nog wel trek in een drankje' leg je aan je vrienden uit. 'Maar ja, het is zo'n gedoe om weer helemaal naar de koelkast te wandelen. Misschien kan ik deze op een bijzondere manier recyclen. Let op... Simsalacola!' Je vrienden kijken je waarschijnlijk ietwat verontrust aan. Je houdt het blikje met je ene hand rechtop in de lucht en draait er met je andere hand cirkels omheen. Voor de ogen van je verbaasde vrienden verdwijnen langzaam maar zeker de kreukels uit het blikje, tot je op onverklaarbare wijze weer een ongekreukt, rond blikje cola hebt. Vol concentratie strijk je met je duim over de bovenkant van het blikje. 'Nu maak ik 'm weer dicht,' vertel je, en zo geschiedt. Om te bewijzen dat je het lege blikje echt hebt kunnen laten veranderen in een vol blikje cola, open je het blikje en horen je vrienden de karakteristieke *pssschtt* van een vers en verfrissend drankje. Je schenkt het blik uit in een glas en neemt er een slok van om te laten zien dat het echte cola is. Klinkt te mooi om waar te zijn? Het is echt mogelijk en het geheim is verbluffend. De truc werkt op basis van principes uit de natuur- en scheikunde.

Het vraagt wel wat preparatiewerk, maar daarna heb je ook wat. Benodigdheden zijn: een ongeopend en (dus) vol blikje cola (andere frisdranken werken trouwens ook), een punaise en een zwarte whiteboardmarker. Je gaat als volgt te werk.

1 Kleur het gebied dat je normaal gesproken indrukt met het lipje helemaal zwart met de whiteboardmarker. Als je dit blikje zo dadelijk uit de prullenmand vist, zal iedereen het zwarte vlakje aanzien voor een open drinkgat boven op het blik.

Als je naar je eindresultaat kijkt, denk je misschien dat niemand ooit zal geloven dat dit een echt gat is. Toch is dat zo. Dat komt doordat mensen altijd allerlei aannames maken en vanuit die aannames vaak minder kritisch kijken. In dit geval zien ze een verkreukt blikje uit de prullenbak komen en zullen ze aannemen dat het blikje leeg is. Hierdoor zullen ze ook niet meer grondig het (eigenlijk dichte) drinkgat bekijken.

2 Prik met de punaise een klein gaatje vlak onder de kromming aan de bovenkant van het blikje (kijk wel uit voor je vingers). Onthoud goed waar het gaatje zit, prik het bijvoorbeeld boven een herkenbaar punt van het logo van het frisdrankmerk. Doe dit boven de gootsteen, want de cola zal in eerste instantie stevig uit het gaatje spuiten. Houd het blikje tijdens dit proces rechtop.

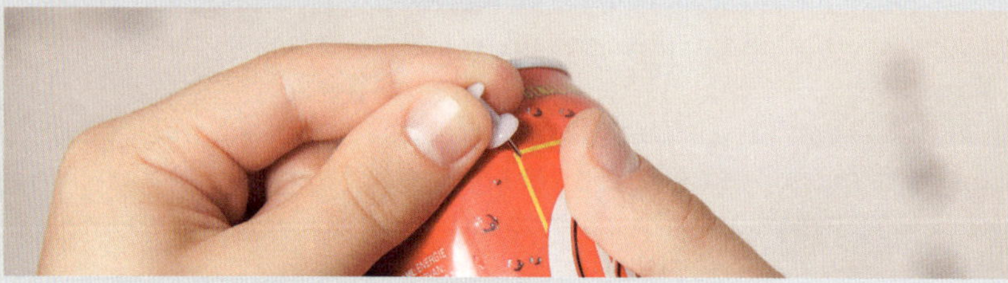

3 Knijp nu boven de gootsteen langzaam het blikje in elkaar om het een verfomfaaid uiterlijk te geven. De frisdrank moet via het kleine punaisegaatje uit het blikje, dus je moet er langzaam in knijpen en er mag niet meer frisdrank uit het blikje weglekken dan strikt noodzakelijk. Als je dit goed doet blijft er zo'n twee derde van de cola over in het blikje. Het is ook heel belangrijk dat je het blikje niet helemaal samendrukt, anders komen er te harde kreukels in het blik die straks moeilijk te herstellen zijn. Onderstaande afbeelding laat goed zien hoe ver je het ongeveer moet indeuken.

4 Leg het blikje tot slot in een prullenmand of ergens anders tussen de andere gebruikelijke rommel van een feestje. Maar doe dit voorzichtig, zonder het blikje te veel te bewegen. Het is uiteraard ook belangrijk dat niemand je geheime voorbereidingen ziet.

Pas nu begint je act: je steekt je verhaal af en pakt het blikje op. Zorg dat je vanaf nu je duim strak op het punaisegaatje houdt zodat er geen frisdrank én geen lucht meer kan ontsnappen. Vertel je vrienden dat je dit blikje weer drinkbaar gaat maken. Maak met je vrije hand grote, mysterieuze handbewegingen om het blikje heen en schud het tegelijkertijd met de hand waarin je het blikje vast hebt met kleine bewegingen een paar keer goed heen en weer. De crux van deze truc zit 'm in het schudden, dat zorgt namelijk voor een reactie in de cola.

In een blikje cola zit koolzuur (H_2CO_3); dit is in de fabriek ontstaan door koolstofdioxidegas (CO_2) aan water (H_2O) toe te voegen. De reactie die dan ontstaat is $H_2O + CO_2 = H_2CO_3$. Het koolzuur is verantwoordelijk voor het prikgevoel op je tong als je frisdrank of bijvoorbeeld bier of champagne drinkt. Zolang de frisdrank luchtdicht is afgesloten blijft het koolzuur gevangen. Als je een blikje koolzuurhoudende drank openmaakt hoor je altijd het kenmerkende *psssscht*-geluid. Dit is het CO_2-gas dat uit het blikje ontsnapt. Als een blikje eenmaal geopend is, zal langzaam alle koolzuur uit de drank weer 'verdampen' naar CO_2-gas en water. Daarom zit er ook geen prik meer in cola die te lang open heeft gestaan. Cola kan dus gas vormen en die scheikundige eigenschap gaan we gebruiken voor deze truc.

Omdat het blikje nog niet heel lang in de prullenbak lag, zit het grootste gedeelte van de CO_2 nog als koolzuur in de cola. Wanneer je de cola schudt, komen er kleine luchtbellen in. De minuscule belletjes CO_2 midden in de vloeistof ontsnappen vervolgens makkelijker dan normaal via de luchtbellen die jij de vloeistof in hebt geschud. Je helpt de CO_2 dus als het ware met ontsnappen. Maar dit snel ontsnappende gas kan nergens heen, omdat jij je duim op de enige opening in het blikje gedrukt houdt. En dus drukt het gas de wanden van het blikje weer recht. Probeer het maar eens uit voor de spiegel, het ziet er fantastisch uit. Met een beetje hulp van de bètawetenschappen creëer je in een handomdraai deze prachtige illusie!

Tot slot moet je alleen nog het blikje weer 'dicht' maken. Dat doe je door met een geconcentreerde blik een vlugge strijkbeweging te maken over het lipje. Wat je stiekem doet is de zwarte stift van het blikje afvegen. Het lijkt alsof je met één beweging de opening weer restaureert! Oefen deze beweging goed en zorg dat niemand na afloop de zwarte restjes whiteboardmarker op je duim ziet. Natuurlijk houd je ook bij deze handeling nog steeds je andere duim op het punaisegaatje in het blik.

Tijd om nu werkelijk het zegel te doorbreken en na een veelbelovende *psssscht* neem je natuurlijk een welverdiende slok, voordat je op handen naar buiten wordt gedragen voor je huldiging als superster van het feest.

Goed om te weten: deze truc werkt, net als bijna alles in het leven, ook heel goed met bier. Vergeet dan alleen niet je parlando aan te passen naar 'Simsalapils!'

40

:-)

Herken de nepglimlach

Hieronder zie je twee foto's van Victor. Op de ene foto laat hij een echte glimlach zien en op de andere een neplach. Welke denk jij dat de echte lach is, A of B? Het goede antwoord lees je straks.

Met onze ogen, wenkbrauwen, mond en gezichtsspieren kunnen we een eindeloze variëteit aan emoties en subtiele boodschappen verspreiden. Ook kunnen we van een gezicht aflezen of iemand een man of een vrouw is. Dat klinkt als iets doodgewoons, maar eigenlijk is dat best knap. Zonder dat we weten of iemand lang haar of een kort, pittig kapsel heeft, borsten of geen borsten bezit, naaldhakken of bergschoenen draagt, herkennen we meestal direct iemands geslacht. Kijk maar eens naar de volgende foto's: wie van deze twee personen is een vrouw en wie is een man?

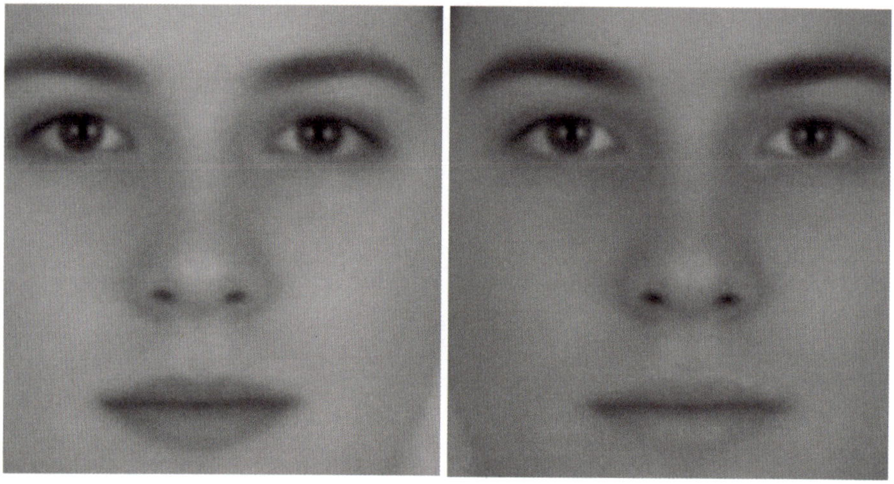

De meeste mensen aan wie deze vraag wordt gesteld wijzen de linkerpersoon aan als vrouw. De mindf*ck aan deze beelden is echter dat op beide foto's precies dezelfde persoon staat. Alleen is de foto links iets lichter gemaakt en is het contrast vergroot. We associëren meer contrast in een gezicht namelijk met een vrouwelijk gelaat. Ons brein heeft geleerd om dit als leidraad te gebruiken bij het inschatten van iemands geslacht (op basis van een gezicht). Sterker nog, het gebruik van oogschaduw, lippenstift en andere make-up heeft als voornaamste functie deze vrouwelijke eigenschappen te accentueren.

Maar wat bepaalt nou eigenlijk of we iemand knap vinden of niet? Je zou misschien zeggen dat smaken verschillen en dat iedereen daar een andere mening over heeft, maar in werkelijkheid steekt er een heus wiskundig principe achter het geheim van een mooi gezicht. Maak kennis met het getal phi, oftewel 1,618 (niet te verwarren met het beroemde getal pi, afgerond 3,142). Het getal phi geeft een ratio van 1 staat tot 0,618. Deze verhouding wordt ook wel de 'gouden ratio' of 'gulden snede' genoemd en wordt door kunstenaars en architecten al eeuwen gebruikt om de ideale balans en schoonheid in hun werk te krijgen.

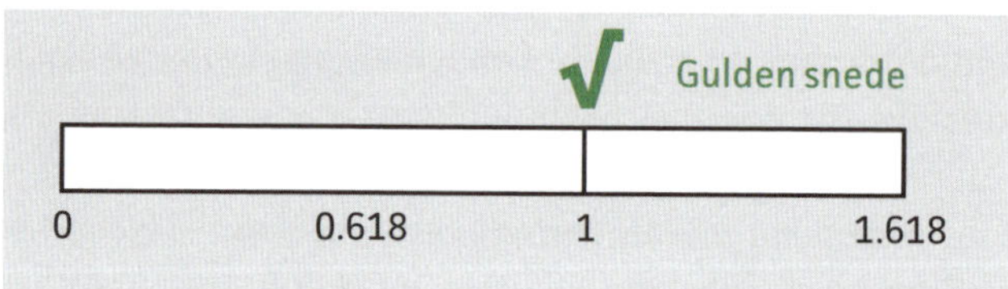

Daarnaast verhouden veel natuurlijke objecten zoals schelpen, bladeren en bloemen zich in deze gulden snede, en zo ook het menselijk gezicht. Hoe meer deze gulden snede in een gezichtsverhouding is terug te vinden, hoe knapper we iemand vaak vinden. Kijk maar eens hoe die gouden verhoudingen terugkomen bij deze knappe knop.

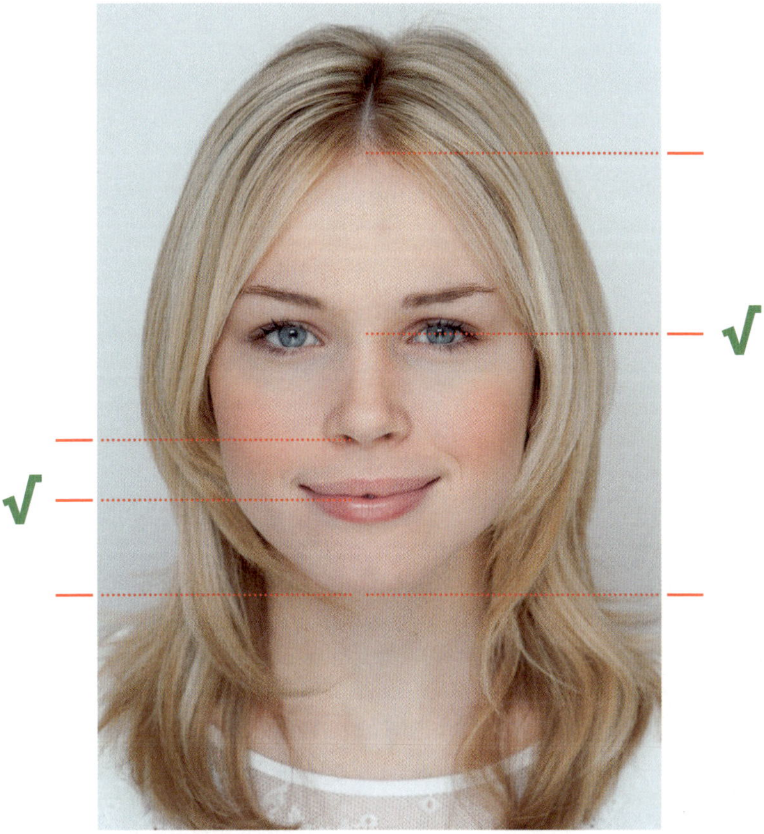

De verhouding van de bovenkant van het hoofd tot de ogen tot de kin, de verhouding van de bovenkant van de neusgaten tot de mond tot de kin, de buitenkant van het hoofd tot de pupil naar de neusbrug, en ga zo maar door: het voldoet allemaal aan het mysterieuze getal phi. Op de afbeelding zie je het gezicht van Florence Colgate, in 2012 verkozen tot *the prettiest face of Britain*. Het zal je dan ook niet verbazen dat er maar liefst drieëntwintig gouden snedes verstopt zitten in haar gezicht. Haar achternaam wekt overigens ook de nodige nieuwsgierigheid over de gouden ratio van haar tanden op, maar die zijn op deze foto helaas niet te zien.

'Je gezicht is je visitekaartje' is misschien een tergend cliché, maar inderdaad: gouden ratio of niet, met je gezicht vertel je een hoop. Door onze wenkbrauwen te fronsen of zelfs even kort met onze neus te wiebelen zeggen we soms meer dan duizend woorden. Maar de meest gebruikte functie (en de leukste) in het land der non-verbale communicatie is de glimlach. We lachen als we iemand op z'n gemak willen stellen, we lachen om een grap, we lachen als we ons aan iemand voorstellen en we lachen wanneer we ons generen. Maar wanneer is een lach nou echt en wanneer is-ie nep? Het geheim om dit te kunnen zien zit 'm in de spieren in ons gezicht die we zelf niet goed onder controle kunnen houden. Bij een glimlach trekken de spieren rondom je mond je mondhoeken op. Maar wat blijkt: ook andere kleine spiertjes, die zich rondom je ogen bevinden en die 'musculi orbicularis oculi' heten (in ordinair Nederlands ook wel 'de oogkringspieren' genoemd), doen vaak mee bij een oprechte glimlach. Deze oogspieren vallen voornamelijk onder het autonome zenuwstelsel, wat betekent dat je ze niet met je eigen wil kunt besturen. Wil je dus weten of je grap echt in de smaak valt of dat iedereen maar doet alsof, kijk dan altijd naar iemands ogen. Zie je lachrimpels, dan is het vaak *the real deal*. De echt lachende Victor aan het begin van dit hoofdstuk is dus foto B. En ja, er is inmiddels antirimpelcrème voor hem besteld.

Maar hoe zit het met de beroemdste glimlach ter wereld, die van de *Mona Lisa*? Miljoenen mensen per jaar bezoeken het Louvre in Parijs om een glimp van haar op te vangen, maar lacht ze nou echt of niet? Dat is lastig te zeggen, omdat het soms lijkt alsof ze wel lacht en soms alsof ze niet lacht. Dat klinkt heel magisch maar heeft eigenlijk alleen te maken met de manier waarop onze ogen werken.

Dat zit zo: wanneer je met je centrale visuele systeem (het gedeelte waarmee je het scherpst ziet) focust op de mond van de *Mona Lisa* dan lijkt ze niet (of nauwelijks) te glimlachen, je ziet dan een neutrale uitdrukking. Maar zodra je naar andere details van het schilderij kijkt, zoals haar ogen, dan verdwijnt de glimlach naar het perifere visuele systeem aan de randen van het gezichtsveld. En dat systeem werkt heel grof, je ziet er alleen heel grote vormen, bewegingen, schaduwen en contrasten mee. Op die manier ontstaat de illusie: de schaduwen onder de wangen en jukbeenderen van de *Mona Lisa* wekken de indruk dat de mondhoeken doorlopen en vergroten zo de indruk van een glimlach. Test het zelf maar eens: kijk je naar haar rechteroog dan zie je een glimlach. En kijk je daarna naar haar mond, dan is de glimlach weer verdwenen.

De afbeelding hieronder laat het verschil zien tussen wat je opvangt in je periferie (links) en wat je ziet als je ergens op focust (rechts). Meer over de wonderen van onze ogen vind je in hoofdstuk 29.

Ben jij nou niet bepaald de Leonardo da Vinci van je generatie, maar wil je wel een wonderbaarlijke glimlach creëren die kan verschijnen en verdwijnen, dan is hier je kans. Het is een optische illusie waar je wel even de handjes voor uit de mouwen moet steken. Je gaat namelijk iets doen wat normaal gesproken niet echt de bedoeling is: vouwen maken in een boek. Het enige wat je hoeft te doen, is de foto op de volgende pagina op de stippellijntjes vouwen waardoor er twee 'dakjes' ontstaan. De foto hieronder laat zien hoe je precies moet vouwen. Als je bezwaar hebt tegen vouwen in boeken kun je dit overigens ook doen met een geprinte foto van jezelf!

Als je dat hebt gedaan, is het tijd om de illusie te ervaren. Het perspectief dat je hebt gecreëerd rond Victors mond en ogen zorgt er namelijk voor dat als je het boek schuin van boven bekijkt, Victor verdrietig of boos kijkt. Maar als je het boek van schuin van onder bekijkt, lijkt hij te glimlachen. En of die glimlach dan echt of nep is, moet je zelf maar bepalen.

41

STEENGOEDE SPELTIPS

Win altijd met steen, papier, schaar

Huisgenoten, broers en zussen, vrienden en echtparen, ze staan regelmatig voor lastige keuzes: wie doet de afwas, wie laat de hond uit en wie haalt het volgende rondje bier? Hoe beslis je dit soort kwesties, helemaal als je weet dat de ander het hoofdstuk over kop of munt al heeft gelezen?

Een goed alternatief om op terug te vallen is het spel *rock, paper, scissors* (steen, papier, schaar). Een kansspel dat je kunt spelen zonder muntjes of andere attributen, je hebt alleen je handen nodig. De regels zijn als volgt: twee spelers spelen meerdere rondes tegen elkaar en degene die de meeste rondes gewonnen heeft wint het spel. Iedere ronde maken beide spelers een van de volgende drie gebaren: 'Steen' door een vuist te maken, 'papier' door je hand helemaal te strekken of 'schaar' door je wijs- en middelvinger als een soort schaar uit te steken. Het gebaar steen wint van schaar (want met een steen kun je een schaar bot maken), schaar wint van papier (want met een schaar kun je

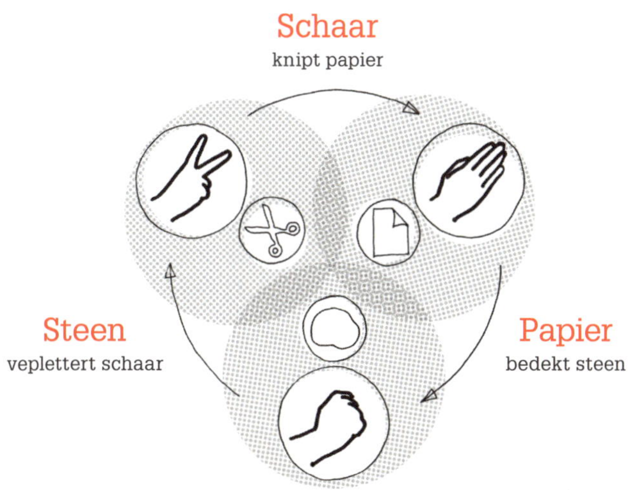

papier doorknippen) en met papier win je van steen (want met papier kun je een steen inpakken.) Waarom papier overigens geen schaar zou kunnen inpakken, is een van de best bewaarde geheimen uit de geschiedenis van de nutteloze kansspelletjes.

Iedere ronde beginnen jij en je tegenstander met je vuist rustend op je andere platte hand, jullie tellen tot drie en slaan bij elke tel met je vuist op je hand. Bij drie maak je snel en direct het door jou gekozen gebaar. Tenzij twee spelers hetzelfde gebaar maken (dan is het gelijkspel) is er altijd één gebaar dat van een ander gebaar wint. Een prima kansspel zou je zeggen, dat kun je niet manipuleren, toch?

Natuurlijk wel! Sterker nog, je gaat nu leren hoe je dit spel altijd (of in ieder geval heel vaak) kunt winnen.

Je kunt de spelregels van steen, papier, schaar niet ombuigen in je voordeel, maar wat je wel kunt doen is vertrouwen op de voorspelbaarheid van je tegenstander. Uit een reusachtig onderzoek van de Chinese professor Hai-Jun Zhou, waarbij hij 360 studenten in een grote hal per duo 300 rondes van het spel liet spelen, bleken er bepaalde patronen vaker voor te komen dan andere. Patronen waarmee jij je voordeel kunt doen.

Allereerst bleek dat mannen vaker geneigd zijn te beginnen met steen. Dus is je tegenstander een man? Open het spelletje dan zelf met papier. Los van het feit dat mannen vaker beginnen met steen, is het ook nog eens zo dat het gebaar schaar (het enige symbool dat papier verslaat) statistisch gezien net iets minder wordt gekozen dan papier of steen. Namelijk in 29,6 procent van de gevallen, in tegenstelling tot de 33 procent die je zou verwachten. Op basis van die twee wetenschappelijke gegevens is de kans als je met papier opent dus het grootst om te winnen of in ieder geval gelijk te spelen.

Het tweede wat opviel is dat mensen die een ronde verliezen in de volgende ronde vaker het gebaar kiezen waarmee jij net hebt gewonnen. Dat wil zeggen: stel, je tegenstander maakt steen en jij maakt papier, dan verliest je tegenstander. De kans is dan groot dat hij bij de ronde daarop jouw winnende zet kopieert en dus kiest voor papier. Wellicht komt dit doordat hij onbewust heeft geregistreerd dat dat symbool zojuist heeft gewonnen. Zorg dus dat als je wint, je de ronde daarna het symbool kiest dat van jouw zojuist gekozen gebaar zou winnen. In dit voorbeeld moet jij dus kiezen voor schaar. De andere kant op werkt het ook. Winnaars kiezen de volgende ronde vaak wederom voor hun winnende gebaar uit de vorige ronde. Wonnen ze met steen, dan kiezen ze waarschijnlijk weer steen en moet jij dus kiezen voor papier.

Mocht je met deze supertips toch niet goed uit de voeten kunnen, dan kun je er altijd nog voor kiezen om vals te spelen. Kies in dat geval altijd voor het symbool steen, aangezien je dat op het laatste moment nog makkelijk in papier of schaar kunt veranderen. Als je alert bent op wat je tegenstander doet, kun je met veel oefening en met minimale vertraging altijd het winnende gebaar maken.

Met deze kennis hoef je nooit meer de afwas te doen en kun je alle vervelende klusjes aan je huisgenoot of vrienden overlaten. En heb je het eenmaal onder de knie, dan kun je je in Amerika inschrijven voor de kampioenschappen die ieder jaar in Las Vegas gehouden worden. Al zul je heel lang moeten oefenen voordat je in één keer een heel voetbalelftal kunt verslaan!

Fun Fact:
Er bestaat een nog ingewikkeldere versie van steen, papier, schaar. Namelijk: rock, paper, scissors, lizard, Spock. *Daarbij maak je Spock door je duim naar buiten uit te steken, wijs- en middelvinger tegen elkaar aan te duwen en je ringvinger en pink tegen elkaar aan te duwen – dit is de Vulcaanse groet van Mister Spock uit* Star Trek. *Je maakt lizard (hagedis) door je duim tegen je gestrekte vingers te duwen, je hand lijkt nu op de kop van een hagedis. Dit zijn de regels: schaar knipt papier, papier bedekt steen, steen verplettert hagedis, hagedis vergiftigt Spock, Spock breekt schaar, schaar onthoofdt hagedis, hagedis eet papier, papier weerlegt Spock, Spock verdampt steen en steen breekt schaar. Simpel, toch?*

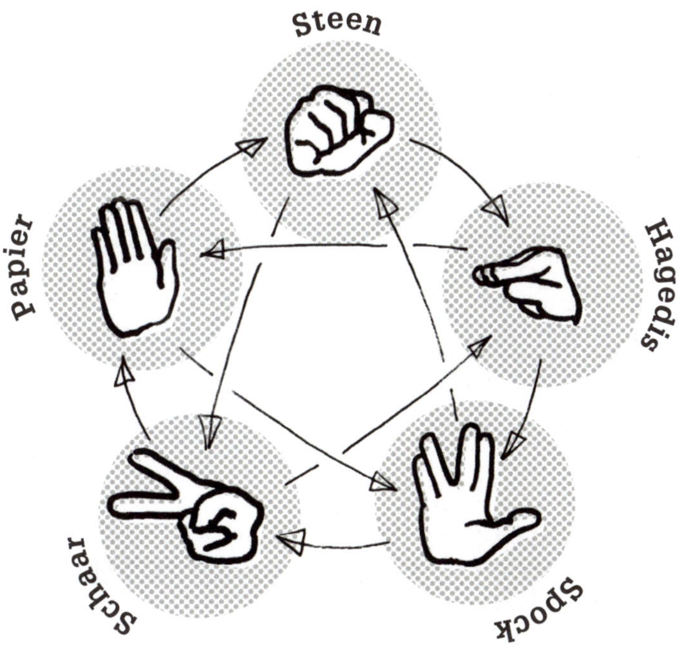

42

ONGEHOORDE ILLUSIES

Geloof je eigen oren niet

Nee, dit is niet het nieuwste model telefoon waarmee je gratis naar Poseidon kunt bellen, maar een ouderwetse, analoge schelp. Mocht je ooit op een strand zijn geweest waar grote schelpen te vinden waren of in een toeristenwinkel die ze verkocht, dan heb je het vast weleens geprobeerd: een schelp tegen je oor gezet en aandachtig geluisterd. Waarschijnlijk hoorde je in de schelp het geluid van de zee. Of dácht je dat je de zee hoorde? Er is hier namelijk sprake van een audio-illusie.

Het verhaal gaat dat het geluid dat je hoort een echo is van het geluid van het bloed dat door de aderen in je oor stroomt. Dat is echter niet het geval. Als dat zo zou zijn, zou het geluid namelijk intenser moeten worden nadat je traint, omdat je bloed dan sneller stroomt. Maar hoe hard je ook traint, het geluid blijft hetzelfde. De meest gangbare theorie, die het fenomeen wel goed verklaart, is dat de schelp het geluid om je heen opvangt en het in de schelp weerkaatst en versterkt. Geen schelpen in de buurt? Niet getreurd, deze audio-illusie werkt met allerlei objecten. Maak maar eens een rondje door je huis om je oor tegen verschillende objecten aan te houden. Een glas of een koffiekopje creëren al een aardige oceaan.

We weten dat goochelaars en illusionisten onze ogen voor de gek houden, maar ook onze oren zijn aardig te bedotten. Geluiden spelen dan ook een belangrijke rol in het arsenaal van elke illusionist. Sterker nog, ze spelen soms de hoofdrol!

Neem de volgende truc. Vertel aan een proefpersoon dat je tegenwoordig aan boksen doet en dat je neusbotje daardoor niet meer zo lekker zit. Maak ter demonstratie een kommetje van je handen en pak met beide handen je neus vast. Met een snelle beweging duw je je handen (voorzichtig) opzij en je toeschouwers horen een harde *knak*.

Uiteraard breek je hier niet echt je neus, maar creëer je door middel van een knakkend geluid de illusie dat je dit doet. Terwijl je je neus vasthoudt steek je namelijk stiekem je duimnagel achter een van je voortanden. En als je je handen naar opzij beweegt trek je je duim naar voren waardoor je nagel achter je voortand vandaan schiet en een knakkend geluid produceert. Je mond werkt hierbij, net als de schelp, als een versterker waardoor dit kleine tikje toch behoorlijk akelig zal klinken. Afschuw gegarandeerd.

Wil je met dit verhaal nog een stapje verder gaan, dan kun je vervolgens vertellen dat je ook met heftige nekklachten kampt. Om die bewering kracht bij te zetten trek je, met je hand op je hoofd, je nek een beetje scheef, waarbij een tergend pijnlijk gekraak te horen is.

Het geheim? Je hebt van tevoren stiekem een plastic koffiebekertje onder je elleboog verstopt. Wanneer je nu doet alsof je je nek omdraait (uiteraard hoef je dit niet echt te doen, dus pas goed op dat je je nek niet bezeert) knijp je met je oksel stiekem het bekertje plat, wat voor het krakende geluid zorgt.

Ben je geen fan van dit soort stunts, dan bestaan er gelukkig ook onschuldigere geluidsillusies. Wat dacht je bijvoorbeeld van 'de onzichtbare schaar' (suggesties voor originelere namen zijn welkom). Voor deze truc zet je jezelf aan een (liefst houten) tafel, en vorm je met je wijs- en middelvinger een schaar. Dan zet

je je middelvinger tegen het tafelblad aan en maak je knipbewegingen met je vingers terwijl je je hand langzaam naar voren duwt. Tegelijkertijd kras je met je andere hand stiekem tegen de onderkant van de tafel aan, simultaan aan de knipbeweging. Hiermee wek je de illusie dat jouw 'handschaar' echt geluid maakt.

Al deze illusies werken omdat alles wat je brein waarneemt in feite bestaat uit een samengesteld beeld van al je zintuigen. Het brein doet niets liever dan van alle losse deeltjes informatie die het krijgt één kloppend geheel maken. Om die reden kun je geluiden ook gebruiken om een verklaring voor iets onmogelijks te geven, zoals bijvoorbeeld bij 'het stuiterende broodje'. Die truc werkt het best tijdens een chic diner of uitgebreid ontbijt, omdat je een tafel en een klein broodje nodig hebt. Hij gaat als volgt.

1 Neem plaats aan een tafel en ga recht tegenover je toeschouwers zitten. De positie van de tafel moet ervoor zorgen dat de tafelgasten niet kunnen zien wat jij onder tafel uitspookt.

2 Pak een broodje en vraag aan je gasten of ze denken dat brood een beetje goed stuitert.

3 Houd vervolgens het broodje omhoog met je arm en 'gooi' het naar de grond. Althans, je brengt je arm snel naar beneden zodat die onder tafel verdwijnt en je doet alsóf je het broodje gooit.

4 Zodra je hand en onderarm achter de tafel uit het zicht van je gasten zijn, draai je je onderarm om en gooi je met een vlugge polsbeweging het broodje weer omhoog. Waarna je het met beide handen – boven tafel – weer opvangt. De juiste timing moet ervoor zorgen dat het lijkt alsof het broodje op de grond stuitert.

5 Tot slot het belangrijkste detail: tik met je voorvoet op de grond zodra het vallende broodje theoretisch gesproken de grond zou moeten raken. Het brein van je toeschouwers koppelt dit geluid imaginair aan het stuiterende broodje en zorgt in dit geval voor een extra bevestiging van een gebeurtenis die eigenlijk helemaal niet plaatsvond.

De listige inzet van geluid gebruiken we ook in de volgende illusie. Dit is een variant op het spelletje waar menig toerist in een grote stad onverwacht veel geld aan verloren heeft: balletje-balletje. Normaal voeren zwendelaars en slimme jongens deze truc uit met drie speelkaarten of met een klein balletje en drie gekleurde bekers. De pineut die denkt dat hij het balletje kan blijven volgen, terwijl de bekers razendsnel heen en weer bewegen, komt telkens bedrogen uit, en is direct zijn ingezette geld kwijt. Geld inzetten heeft overigens überhaupt geen zin, want mocht je toevallig wel een keer goed gokken en je inzet verdubbeld zien worden, dan zorgen handlangers op de hoek van de straat er wel voor dat het gewonnen geld alsnog hardhandig van je wordt afgepakt.

Dit is de truc: jij gaat niet aan de slag met kaarten of met bekers, maar met luciferdoosjes en een munt. Je stopt een munt in een van drie lege luciferdoosjes en vraagt je toeschouwer te onthouden in welk doosje de munt zit. Je begint de doosjes door elkaar te husselen en vraagt de toeschouwer daarna om aan te wijzen in welk doosje hij denkt dat de munt zit. Ondanks het feit dat de toeschouwer goed oplet, zal hij het altijd bij het verkeerde eind hebben. Hier volgt het geheim.

1 Verzamel vier dezelfde luciferdoosjes, twee muntjes en een elastiekje. Trek een trui, colbert of shirt met lange mouwen aan. Buiten het zicht van je publiek doe je het volgende: haal alle lucifers uit de doosjes (of gebruik doosjes die al leeg waren) en stop in één doosje een munt. Bevestig nu met het elastiekje het doosje met de munt aan de pols van je linkerhand en schuif je mouw erover, zodat niemand het ziet. Dit is het geheim van de truc.

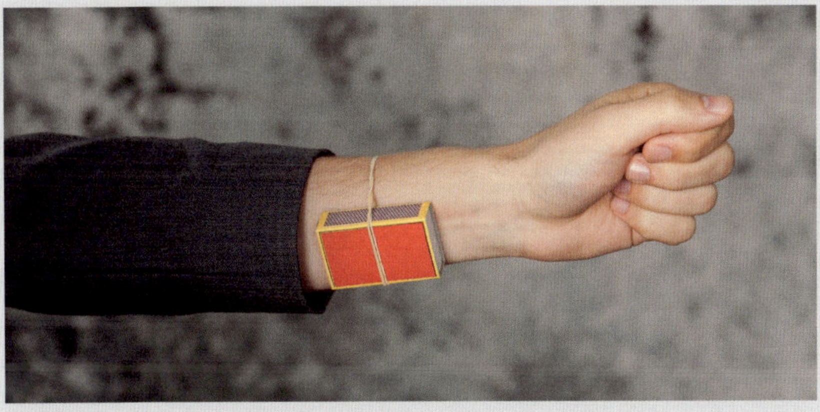

2 Stop twee lege luciferdoosjes in je rechterbroekzak en leg één doosje en een munt op tafel. De show kan beginnen!

3 Je vraagt je toeschouwer om het luciferdoosje open te maken en de munt erin te stoppen. Als hij dat gedaan heeft pak je het doosje met je rechterhand van hem aan, je schudt het even om te laten horen dat de munt er nog in zit en legt het doosje daarna op tafel. Terwijl je dit doet voer je ook een geheime handeling uit: als je het doosje hebt geschud, knijp je zachtjes in de zijkanten van het doosje waardoor je de

munt, vlak voordat je het doosje neerlegt, in je handpalm kunt laten glijden. Oefen deze handeling een aantal keer tot het lijkt alsof je het doosje nonchalant nog een keer schudt en het daarna op tafel legt. Het muntje houd je stiekem in de binnenkant van je hand.

4 Ga nu met je rechterhand (waar je de munt in verborgen hebt) naar je broekzak en laat de munt daar stiekem in vallen, om daarna meteen de twee andere lege luciferdoosjes tevoorschijn te halen. Dit is weer een mooi voorbeeld van afleiding door intentie. Je publiek denkt dat jij met je hand in je broekzak gaat om er iets uit te halen, terwijl jij die handeling eigenlijk gebruikt om iets stiekem weg te leggen.

5 Je legt de twee lege luciferdoosjes naast het andere en geeft je toeschouwer de opdracht om het doosje met de munt goed in de gaten te houden. Terwijl je dit doet pak je het inmiddels lege doosje en schud je het met je linkerhand. Omdat je aan deze hand het vierde luciferdoosje met de munt hebt vastgemaakt, klinkt het alsof de munt nog steeds in het doosje zit. Je legt het terug en schudt met je rechterhand de andere twee doosjes om aan te geven dat daar niks in zit.

6 Nu ga je de doosjes rustig door elkaar husselen, onthoud goed waar je het middelste doosje laat eindigen en zorg ervoor dat dit voor je toeschouwer makkelijk te volgen is. Vraag je hem: 'Waar zit de munt?', dan wijst hij als het goed is het juiste doosje aan, en de eerste keer ga je hem belonen (dit zal de truc straks alleen maar nog bijzonderder maken). Je pakt het doosje met je linkerhand en schudt het door elkaar. Alsof het voor jou ook even spannend was, zeg je nadat je het muntje hoort rammelen: 'Ah, dat klopt! Een goed begin.'

7 Nu ga je de doosjes wat sneller door elkaar husselen en vraag je weer aan de toeschouwer: 'Waar zit de munt?' Dit keer ga je hem verbazen, want zodra hij een doosje aanwijst zeg je: 'Nee, helaas niet goed opgelet.' Je schudt het doosje met je rechterhand en hij hoort niks. Vervolgens pak je met je linkerhand een ander doosje op en schud je het. 'Kijk, hier zat de munt.' Je toeschouwer zal met stomheid geslagen zijn omdat hij het idee had dat hij toch echt goed aan het opletten was.

8 Je kunt dit nu een aantal keer herhalen. Hoe goed hij ook heeft opgelet, hij zal het altijd fout hebben. Tot slot kun je er nog voor kiezen om het doosje met de zogenaamde munt, nadat je dit rammelend hebt aangetoond, opzij te leggen en te vragen of je toeschouwer zelf wil controleren of de andere twee echt leeg zijn. Hij mag ze schudden en daarna stop je ze in je zak. 'Je bent er dus heel zeker van dat de munt in dat doosje moet zitten,' zeg je terwijl je naar het laatst overgebleven doosje op tafel wijst. Nu knip je met je rechterhand boven het doosje met je vingers en zeg je: 'Hij is verdwenen.' De toeschouwer mag het doosje openmaken om te zien dat de munt daadwerkelijk verdwenen is, waarna jij de munt op een speelse manier uit je zak kunt halen en weer op tafel kunt leggen.

Uiteraard moet je deze audiovariant van het gokspel balletje-balletje nooit gebruiken om mensen geld af te troggelen, maar slechts ter lering en vermaak. Veel plezier met het spelen van muntje-muntje!

43

PARA-NORMAAL

Ontrafel de geheimen van waarzeggers en mediums

Moet je als illusionist speciale gaven hebben? Ja en nee. Je moet een vlotte babbel en nog vlottere vingers hebben, maar bovennatuurlijke eigenschappen heb je niet nodig. Sterker nog: voor zover bekend heeft niemand bovennatuurlijke gaven. Ook niet de mediums, psychometristen of astrale instralers die beweren te kunnen praten met de doden of in staat zijn om in de stand van de sterren je levensloop te zien.

Toch blijven er mensen opduiken die zichzelf medium noemen en beweren dat ze aan de hand van een object van een verdwenen of overleden persoon tot een speciaal inzicht kunnen komen. Er is geen enkele reden om dat te geloven. En er is nog minder reden om deze mensen te betalen voor hun speciale 'gave'.

Dat heeft de Canadees-Amerikaanse illusionist en kwakzalverijbestrijder James Randi inmiddels wel bewezen. Randi's aanpak is simpel: als een medium echt iets uitzonderlijks kan, dan moet die bijzondere gave door middel van een wetenschappelijk experiment aan te tonen zijn. Al in 1964 loofde Randi een beloning uit: als er één medium is dat keihard en onder wetenschappelijke testcondities kan bewijzen dat hij of zij paranormale krachten heeft, dan zal Randi een miljoen dollar betalen aan het begaafde medium. En wat denk je? Dat is toch makkelijk geld verdienen voor iemand met bovennatuurlijke krachten? Er hebben sinds 1964 zo'n duizend mediums meegedaan, maar gedurende het lange bestaan van de uitdaging heeft niemand zijn krachten kunnen bewijzen.

Volgens Randi is het bewijs dat bovennatuurlijk krachten niet bestaan inmiddels wel geleverd. Waarom zou er van alle duizend mensen die claimen dat ze paranormaal begaafd zijn niet één door de test komen? En trouwens, als die mensen werkelijk zo begaafd zijn, waarom zie je ze dan alleen maar op gekke plekken zoals kermissen, slecht verlichte woonkamers en 's nachts op tv? Waarom werken die mediums niet allemaal op de financiële markt? Of gaan ze werken bij de krant om het nieuws van morgen alvast op te schrijven?

Fun Fact:
Vergelijkbaar is de stunt van de Belgische mentalist Gili. Hij organiseert het galabal der helderzienden, met gratis entree, spectaculaire locatie en zelfs een heuse ginbar. De uitnodiging stuurt hij naar een paar honderd bekende zieners en paragnosten. Het enige wat hij niet vermeldt is het tijdstip en de locatie van het feest, dat moeten ze met hun gaven zelf aanvoelen. Tot op heden is er op zijn feestje nog nooit iemand komen opdagen.

Toch slagen de meeste mediums erin om hun kunsten realistisch over te laten komen. Een voorbeeld van een bekende techniek is de pseudowetenschappelijke discipline psychometrie, waarmee mediums beweren persoonlijke informatie van een levenloos object af te kunnen lezen. Een medium of paragnost doet het voorkomen psychometrie toe te passen door aan de hand van een voorwerp (zoals een sieraad of kledingstuk) in verbinding te komen met de overleden eigenaar van het voorwerp. Natuurlijk is deze techniek volslagen onzin, maar als je wilt ontdekken hoe je kunt doen alsof je helderziend bent, dan vind je hier twee trucs om je carrière als waarzegger een flinke boost te geven.

De eerste laat je toeschouwers werkelijk denken dat jij de kunst der psychometrie verstaat. Wat heb je allemaal nodig? Ten eerste een klein stukje papier (bijvoorbeeld een blanco visitekaartje), ten tweede een pen of een stift en ten derde, niet onbelangrijk, een goedgelovige proefpersoon.

1 Vraag aan je proefpersoon of hij over de lengte van het papier drie kledingstukken wil opschrijven, die hij zelf mag bedenken. Bijvoorbeeld: hoed, schoen en sjaal. Dat ziet er dan zo uit.

2 Nu pak je het stukje papier en scheur je het in drie stukken (zodat op elk stukje papier een woord staat). Je schudt de stukjes goed en geeft ze terug aan je proefpersoon. Ook hij mag de stukjes, achter zijn rug en zonder ernaar te kijken, goed schudden. Vraag of je proefpersoon nog enig idee heeft wat er op welk stukje papier staat of in welke volgorde ze liggen. Als het goed is heeft hij geen flauw idee. Daar kun je dan mooi aan toevoegen dat als hij het al niet weet, jij het ook onmogelijk kunt weten.

3 Vervolgens draai je je om. Je steekt je handen uit achter je rug en vraagt je proefpersoon of hij een van de drie papiertjes in je handen wil leggen. Hij mag van tevoren zelf wel even kijken welk voorwerp erop staat. Nu draai je je weer terug terwijl je je handen op je rug houdt. Je start een spannend verhaal over psychometrie en dat je nu gaat proberen te achterhalen welk voorwerp je in je handen hebt. Frons, kijk je proefpersoon diep in de ogen en doe alsof je je heel hard concentreert. Langzaam krijg je iets binnen en zeg je: 'Ik voel warmte... Ik denk aan schaatsen... Ik voel iets prikken... Het voelt als wol... Heb ik het kaartje met "sjaal" erop in mijn hand?'

Door de verbaasde blik in de ogen van je proefpersoon weet je al meteen dat je het goed hebt. Je kunt het experiment eindeloos herhalen, ook met andere variabelen, zoals bijvoorbeeld namen van landen of mensen. Telkens weer weet jij aan te voelen wat je in je handen hebt.

Hoe kun je iets aanvoelen zonder paranormale krachten? Het geheim zit in het scheuren van de drie stukjes papier. Doe het achteloos en praat ondertussen tegen je proefpersoon om hem af te leiden. Terwijl je proefpersoon niet helemaal goed oplet, zet jij stiekem een cruciale stap in de truc: het eerste stukje papier dat je afscheurt, scheur je netjes, zo recht mogelijk af. Het tweede stukje scheur je zo slordig mogelijk af. Maak expres een rafelige, kartelige scheur. De drie stukjes zien er nu (licht overdreven) zo uit.

Als het goed is heb je nu dus drie stukjes papier die alle drie een iets andere vorm hebben. Eentje heeft een ongescheurde kant én een kant die min of meer recht is afgescheurd. Het middelste stukje papier is aan twee kanten afgescheurd en het laatste stukje heeft een ongescheurde kant en een rafelig afgescheurde zijde. Onthoud goed wat er op de drie stukjes geschreven staat en schud ze daarna ondersteboven. Als je ze nu teruggeeft aan je proefpersoon kan hij schudden wat-ie wil. Zodra hij jou een van de kaartjes geeft hoef je alleen maar aan de randen te voelen om erachter te komen welk 'voorwerp' je in je hand hebt. Stel, je hebt een stukje met de ongescheurde kant en de rafelig afgescheurde zijde, dan weet je dus dat daar 'sjaal' op stond. Kijk je proefpersoon diep in de ogen, laat het lijken alsof je de informatie langzaam binnenkrijgt en kijk aan: je bent helderziend!

Als je publiek nog niet overtuigd is van jouw uitzonderlijke gave, dan kun je het ook nog blootstellen aan deze tweede truc. Hiervoor heb je een doosje vetkrijtjes of kleurpotloden nodig. Ook nu draai je je om en steek je je handen naar achter. Vraag de proefpersoon om het doosje voorzichtig te openen en één krijtje in je handen te leggen. De rest van het doosje mag weggelegd worden.

Dan draai je weer terug, net als de vorige keer, en kijk je je proefpersoon heel ernstig aan. Vertel dat je nu al je bovennatuurlijke krachten nodig hebt om de kleur van het krijtje aan te voelen. Langzaam noem je de kleur, en uiteraard heb je het correct.

Het geheim zit dit keer niet in het voelen achter je rug, maar in het (indirect) spieken van de kleur. Achter je rug voer je de cruciale stap uit: stiekem schraap je heel voorzichtig met je nagel langs de punt van het krijtje of potlood. Zo blijft er een heel klein beetje van de kleur onder je nagel zitten.

Nadat je een tijdje lekker diepzinnig in de ogen van je proefpersoon gestaard hebt breng je, als een volleerd paranormaal medium, je lege hand naar je voorhoofd om je paranormale psychische energie nog beter tot zijn recht te laten komen. En terwijl je je hand naar je voorhoofd brengt kijk je even snel naar je nagel om te zien welke kleur eronder zit.

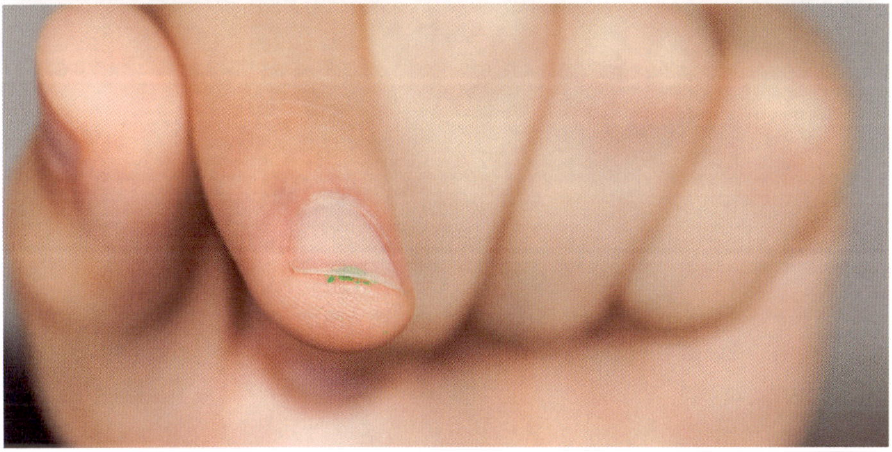

Stel, er zit een beetje groen onder je nagel. Begin dan een verhaal in de trant van: ‘Volgens mij hoor ik bijen zoemen… Ik zie een weiland… Ik ruik vers gemaaid gras… Was het… was het… het groene krijtje?’

Veel succes met het uitbaten van jouw vermeende psychometrische krachten. En tot slot een kleine waarschuwing: mocht je na dit hoofdstuk interesse gekregen hebben in de uitgeloofde miljoen dollar van James Randi, hij is helaas sinds een paar jaar met pensioen en de uitdaging is gesloten. Bovendien was hij toch al van beide trucs op de hoogte.

44

SUPERGEHEUGEN

Leer slimme trucs om je geheugen te verbeteren

Hoe goed is jouw geheugen? Tijd om de proef op de som te nemen! Pak pen en papier, open de stopwatch op je telefoon of kijk op een klok hoe laat het is, en geef jezelf dan twintig seconden de tijd om de specifieke getallenreeks hieronder uit je hoofd te leren. Als de twintig seconden voorbij zijn klap je het boek dicht en kijk je hoever je kunt komen met het opschrijven of opnoemen van de getallenreeks. Succes!

602474282930311252365366

Zo, welkom terug! Hoever ben je gekomen? Waarschijnlijk is het je niet gelukt om de hele reeks te onthouden. De eerste paar getallen lukten waarschijnlijk wel, maar al snel raakte je het spoor bijster. Toch is er een truc om in één keer zonder moeite al deze getallen uit je hoofd te leren. Benieuwd? Hier komt-ie: er zitten 60 minuten in een uur, 24 uur in een dag, 7 dagen in een week, 4 weken in een maand, 28, 29, 30 of 31 dagen in een maand, 12 maanden in een jaar, 52 weken in een jaar en 365 of 366 dagen in een jaar.

60 24 7 4 28 29 30 31 12 52 365 366

Nu kost het je opeens geen enkele (of in ieder geval veel minder) moeite om deze vierentwintig getallen op te dreunen, zelfs niet als iemand je er midden in de nacht wakker voor maakt. Dat komt doordat het menselijk geheugen niet werkt als een harde schijf van een computer waarop je iedere willekeurige vorm van data op kunt slaan. Als je iets wilt onthouden, dan gaat het veel makkelijker wanneer de informatie betekenis voor je heeft, of wanneer je de informatie op een betekenisvolle wijze kunt inrichten. In het geval van bovenstaande getallenreeks noemen we de geheugenmethode '*chunking*'. In plaats van dat je een betekenisloze rij cijfers probeert te onthouden, deel je de reeks op in stukken (*chunks*) die wél behapbaar en betekenisvol zijn.

Hiervoor moet er uiteraard wel een logische volgorde in de reeks getallen verborgen zitten, maar vaak kom je een heel eind. Probeer het zelf nog maar eens met de volgende getallenreeks, misschien zie je daar wel een geboortedatum in, of een deel van je telefoonnummer:

077 12109

Goed, tijd voor de volgende test. Hoe goed kun jij een rij willekeurige woorden onthouden? Neem wederom twintig seconden de tijd om onderstaande rij uit je hoofd te leren, sla het boek daarna dicht en kijk hoeveel je er kunt opnoemen.

1. **Handboeien**
2. **Verfroller**
3. **Eend**
4. **Ufo**
5. **Alien**
6. **Jerrycan**
7. **Benzine**
8. **Vaas**
9. **Bot**
10. **Hond**

En, hoever kwam je? In dit geval heb je weinig aan de chunkingmethode. Maar geen nood, er zijn meerdere geheugentrucs! Naast het gegeven dat je brein makkelijker dingen onthoudt als je betekenisvol groepeert, geeft het vaak ook de voorkeur aan het opslaan van visuele informatie. Het makkelijkste systeem om het rijtje te onthouden is de kettingmethode: probeer de woorden niet los van elkaar te onthouden, ook niet in groepjes, maar bedenk een verhaaltje waarin je het ene voorwerp visueel koppelt aan het andere voorwerp. Je onthoudt de woorden dan als een schouwspel dat je afspeelt in je hoofd. Wat dacht je bijvoorbeeld van:

Je zit in het park en ziet het volgende gebeuren: een boef met HANDBOEIEN om is paarse VERFROLLERS aan het gooien naar een EEND. Plots daalt er een UFO uit de lucht neer met daarin een ALIEN, en die overgiet voor straf de arm van de boef met een JERRYCAN BENZINE om die vervolgens in de fik te steken. In paniek steekt de dief zijn hand in een grote VAAS vol met water, maar het is te laat. Van zijn arm is alleen nog maar BOT over. Een HOND die ook in het park loopt, ziet dit bot en springt ernaartoe.

Belangrijk hierbij is de regel: hoe gekker de gebeurtenissen, hoe beter je brein ze onthoudt. Het enige wat je nu nog hoeft te doen, is het verhaal in je hoofd opnieuw afspelen en dan komen de voorwerpen vanzelf weer langs. Test het zelf maar eens. En over een week nog eens, dan zul je merken dat het verhaaltje waarschijnlijk nog steeds in je hoofd zit.

Chunking en de kettingmethode zijn twee prachtige manieren om informatie op te slaan, maar ze hebben allebei het nadeel dat je de stukjes informatie in volgorde onthoudt. Met andere woorden, als je nu wordt gevraagd welk voorwerp uit bovenstaand rijtje er op positie 8 staat, dan kom je dat alleen te weten door van voren af aan weer door het verhaal heen te lopen. (Het is trouwens de vaas, mocht je het toch geprobeerd hebben.)

Nee, als je echt een supergeheugen wilt ontwikkelen en elk stukje informatie los wilt onthouden, dan gaat er niks boven de locimethode, ook wel het geheugenpaleis genoemd. Ook bij deze methode wordt er een beroep gedaan op je visuele geheugen, alleen koppel je de stukjes informatie hier aan een voor jou bekende ruimte. Dat werkt als volgt.

Neem een voor jou bekend gebouw met (veel) verschillende ruimtes in gedachten, bijvoorbeeld je basisschool, je ouderlijk huis of je kantoor. Geef aan iedere kamer een cijfer, de eerste kamer die je vanaf de voordeur in loopt krijgt het cijfer 1, de volgende op je route krijgt nummer 2 en zo verder. Vervolgens ga je elk voorwerp aan een kamer in dat gebouw koppelen.

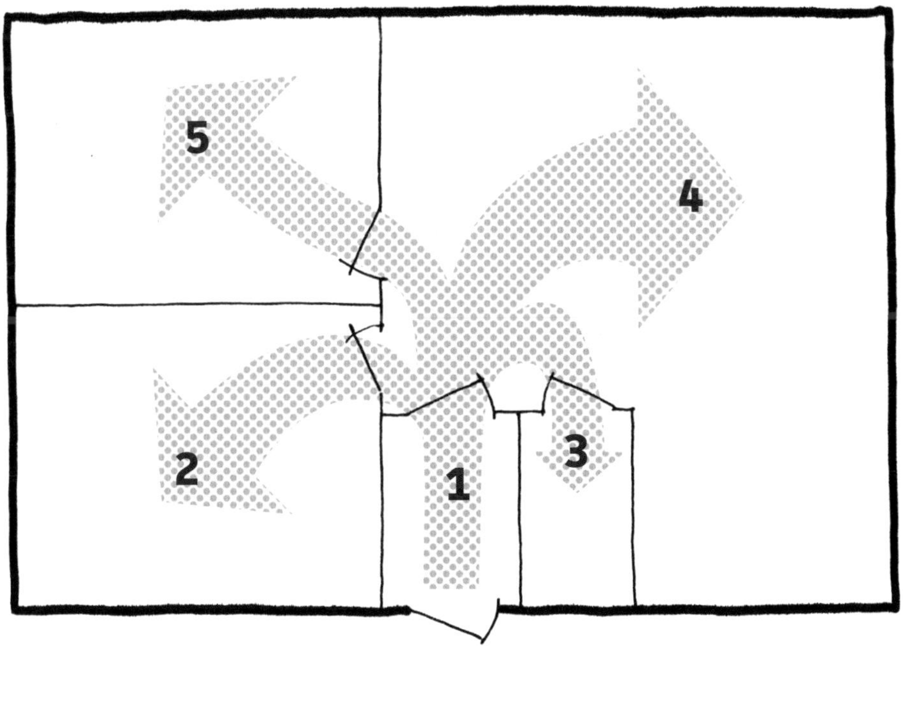

1 De gang koppel je aan de handboeien. Je kunt je dan bijvoorbeeld inbeelden dat je met handboeien om de voordeur openmaakt en bij de kapstok de sleutel hebt liggen waarmee je de handboeien afdoet.

2 De keuken koppel je aan de verfroller. Dus daar beeld je je bijvoorbeeld in dat je moeder de keuken in een verschrikkelijke donkerpaarse kleur aan het verven is.

3 De wc koppel je, hoe kan het ook anders, aan de eend. Misschien zwemt er een in rond of zit er een heel grote eend ongestoord zijn behoefte te doen.

Zo kun je gemakkelijk van kamer naar kamer gaan. Zodra je naar kamer 2 loopt, in dit geval de keuken, tref je daar in gedachten die smerige paarse kleur aan, en weet je dat het object de verfroller is.

Probeer het maar eens, het klinkt misschien omslachtig maar dat is het echt niet, en in vijf minuten creëer je daadwerkelijk een beter functionerend geheugen. Wil je meer items onthouden dan er kamers zijn in je geheugenpaleis? Dan begin je als de kamers vol zijn gewoon weer bij kamer 1 en stop je er een tweede item bij. Je kunt met wat oefening vijf items per kamer plaatsen (bijvoorbeeld in verschillende hoeken) en op die manier meer dan vijftig willekeurige woorden onthouden. Als je je 'geheim' niet aan anderen vertelt, lijkt het alsof jij een echt supergeheugen hebt. Sterker nog, dat heb je ook, je maakt het jezelf alleen wat makkelijker.

Fun Fact:
Er bestaat ook een zogeheten 'flashbulb memory'. Dat is het gegeven dat we gebeurtenissen die met veel emotie gepaard gaan veel makkelijker onthouden. Zo weten veel mensen bijvoorbeeld nog waar ze waren toen ze te horen kregen dat er een aanslag was gepleegd op de Twin Towers op 11 september 2001. Terwijl als je ze vraagt waar ze acht dagen later op precies datzelfde moment van de dag mee bezig waren, ze waarschijnlijk geen flauw idee hebben.

Mocht je toch geen interesse hebben in het oefenen van deze technieken, dan kun je natuurlijk altijd nog een supergeheugen simuleren. Daarvoor heb je een pakje speelkaarten en een proefpersoon nodig.

1 Geef het pakje kaarten aan je proefpersoon en vraag hem de boel goed te schudden. Vertel hem dat hij nu een volkomen unieke volgorde aanbrengt in de kaarten (lees maar hoe makkelijk dat gaat in hoofdstuk 49) en zeg hem dat jij straks zult tonen dat je een supergeheugen hebt. Jij kunt de volgorde van alle speelkaarten op rij precies onthouden!

2 Spreid het pak kaarten als een waaier met de plaatjes naar beneden uit voor de neus van je proefpersoon en vraag hem een willekeurige kaart uit het spel te nemen. Hij mag de kaart goed bekijken en hij moet 'm onthouden, maar hij mag 'm niet aan jou laten zien. Kijk ondertussen vlug welke kaart er onder op het spel ligt. Deze kaart, laten we bij wijze van voorbeeld zeggen dat het in dit geval de hartenvijf is, is jouw 'sleutelkaart'. Je hoeft alleen deze kaart te onthouden.

3 Steek je hand met het spel kaarten voor je uit en vraag je proefpersoon zijn kaart bovenop te leggen.

4 Dan zeg je hem dat je het spel in tweeën moet delen om ervoor te zorgen dat zijn kaart ergens in het midden zal verdwijnen. Je pakt ongeveer de helft van het pak af en legt die op tafel, daarna neem je het onderste gedeelte (dat je nog in je hand hebt) en legt dat boven op de andere helft van de kaarten. Dit heet 'couperen'. Hierdoor is de kaart van je proefpersoon niet alleen in het midden terechtgekomen, maar stiekem ook onder jouw sleutelkaart beland. Zeg vervolgens: 'Zo, jouw kaart zit midden in het spel, die vinden we niet meer terug.'

5 Nu keer je de stapel om en spreid je 'm helemaal uit op tafel.

6 Je zegt: 'Ik neem nu tien seconden de tijd om de volledige volgorde van de kaarten te onthouden.' Ga de hele rij langs met je vinger, en mompel de namen van de kaarten die je ziet. Doe alsof je het hele kaartspel in je geheugen aan het prenten bent.

7 Het enige wat je werkelijk moet onthouden is welke kaart er boven jouw sleutelkaart ligt. Dat is namelijk de kaart van je proefpersoon, die door het couperen op die plek is gekomen.

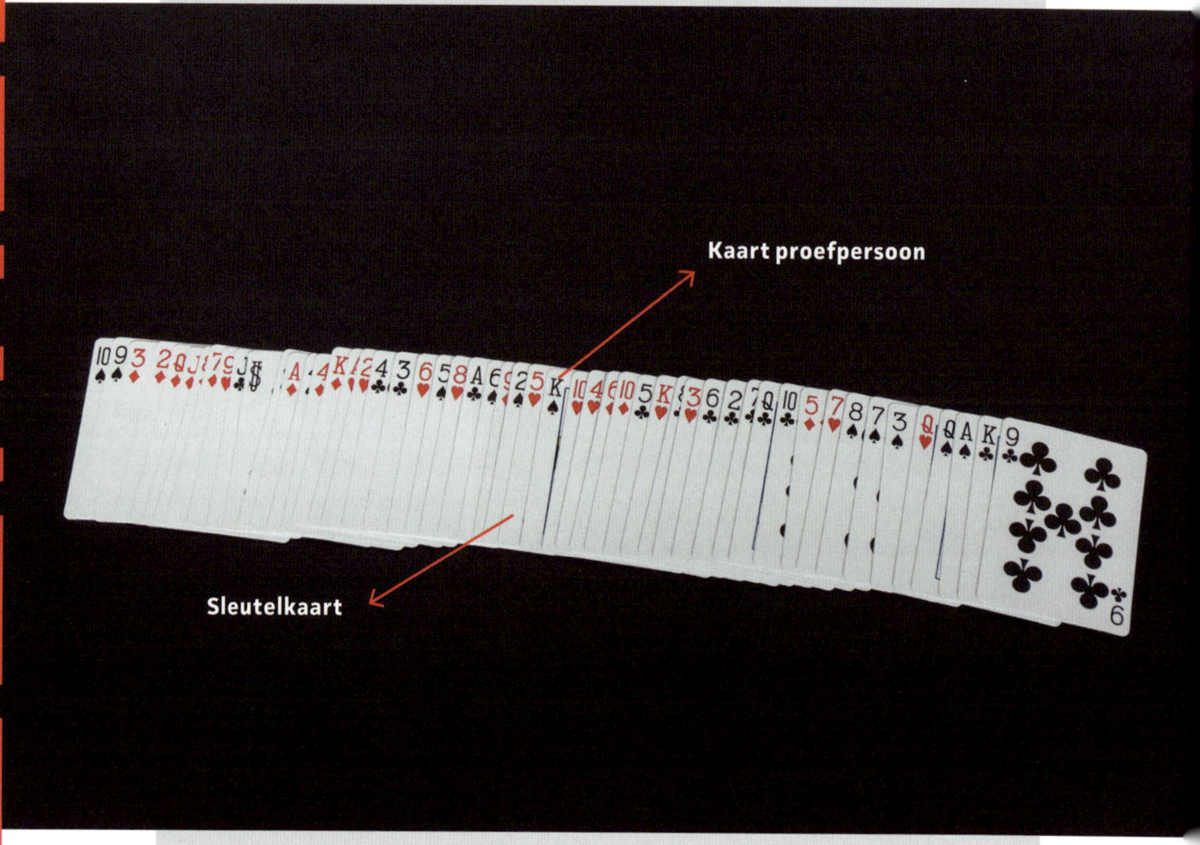

8 Draai je na tien seconden om en zeg: 'Nu moet jij jouw gekozen kaart terugvinden in de waaier en hem er ergens anders in steken. Ik zal straks zien waar jij het patroon van het kaartspel veranderd hebt!'

9 Als je proefpersoon klaar is met het verplaatsen van zijn kaart draai je je weer om. Je gaat weer zorgvuldig de hele rij kaarten langs. En nu haper je wanneer je bij je sleutelkaart aankomt. Je zegt: 'Hé, hier is er iets veranderd in het patroon...'

10 Nu ga je nog eens de rij kaarten langs en stop je wanneer je met je vinger aankomt bij de kaart van je proefpersoon en zeg je: 'Hier zie ik ook een verstoring van de volgorde.'

11 Je proefpersoon zal z'n ogen niet geloven. En hij valt helemaal van z'n stoel wanneer je exact zijn kaart uit het spel vist en vraagt: 'Was dit toevallig de kaart die je zojuist hebt verplaatst?'

Een geheugentruc, zo simpel als wat. Zolang je je sleutelkaart maar niet vergeet!

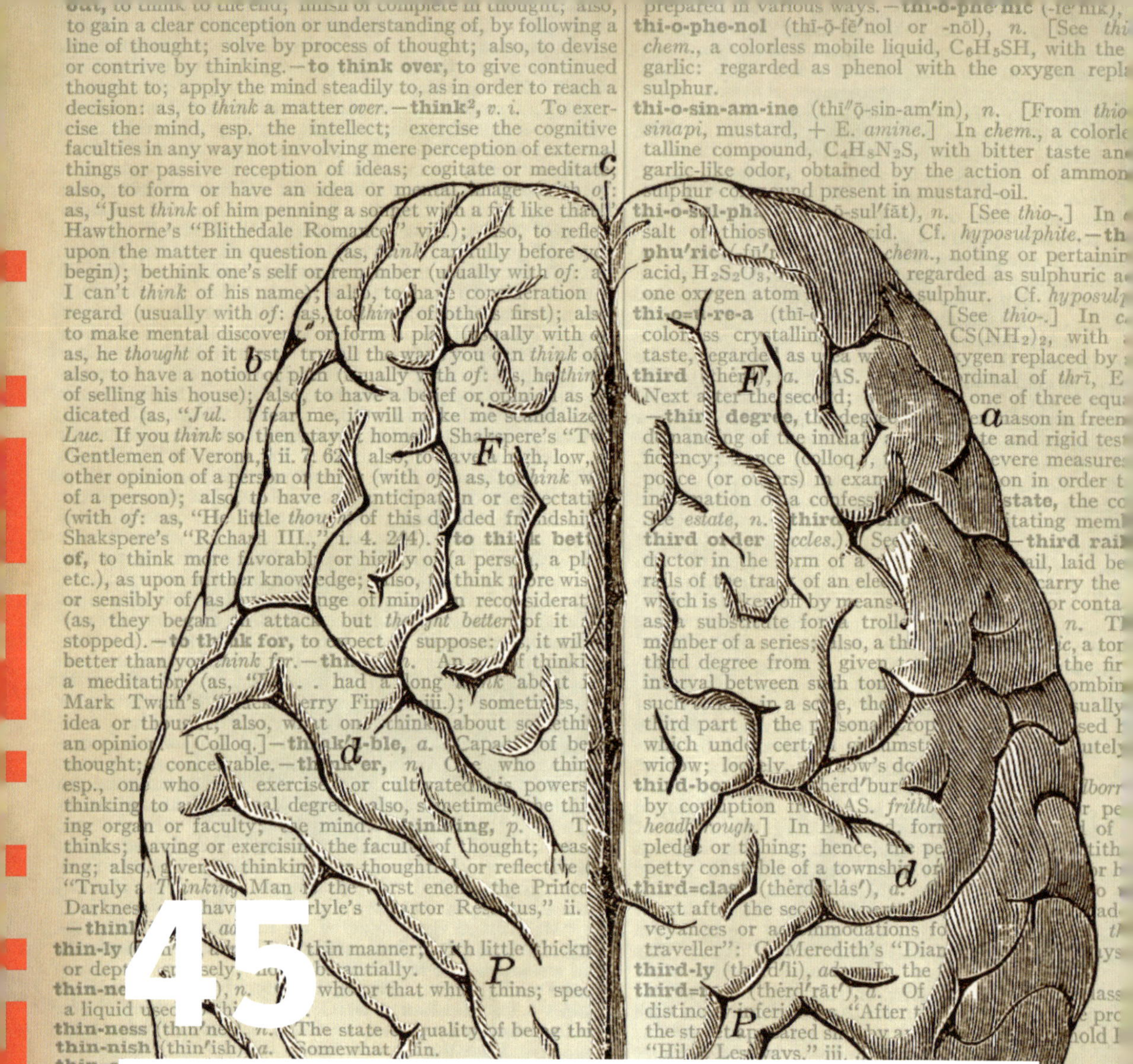

45

HANDIGE KENNIS

Neem een kijkje onder je schedel

Vaak wordt beweerd dat linkshandigen creatieve mensen zijn en dat rechtshandigen beter zijn in logica en ruimtelijk inzicht hebben. Is dat waar? Je komt er zo achter, maar doe eerst eens mee met het volgende testje. Sla je handen in elkaar en kruis je vingers. Welke duim zit nu bovenop, je linker- of je rechterduim?

Waarschijnlijk heb je er nog nooit een gedachte aan vuilgemaakt, maar zo'n 60 procent van de mensen doet bij het kruisen van zijn vingers zijn linkerduim bovenop, terwijl de overige 40 procent de voorkeur geeft aan de rechterduim bovenop. Deze voorkeur is waarschijnlijk genetisch vastgelegd. De tegenovergestelde manier voelt dan ook echt heel raar en ongemakkelijk aan. Probeer het maar eens door al je vingers een plekje op te schuiven, waardoor je andere duim bovenop ligt. Je brein heeft een heel duidelijke voorkeur voor een van de twee varianten.

Los van bovenstaande voorkeur hebben de meeste mensen een dominante hand, oor, voet en zelfs oog. Misschien heb je zelfs wel een dominante moeder, maar daar gaat dit hoofdstuk eigenlijk niet over. De volgende test geeft je inzicht in de dominante onderdelen van jouw eigen lichaam. Voer onderstaande handelingen uit zonder er te lang over na te denken.

Hand: Geef een vriend een spontaan applausje.

Voet: Leg een muntje op de grond en ga erop staan.

Oog: Pak een wc-rol, houd die in je uitgestrekte hand en kijk met je ogen door het gat naar een object in de verte (bijvoorbeeld een klok aan de muur). Beweeg nu de wc-rol langzaam naar je ogen toe terwijl je de klok door het gat blijft zien. Op welk oog komt het gat van de wc-rol uit?

Oor: Doe alsof je iemand in de kamer naast je probeert af te luisteren door je oor tegen de muur te leggen. Met welk oor luister je aan de muur?

En, hoe ging het? De hand die je bovenop had bij het applaudisseren, de voet waarmee je op het muntje ging staan, het oog waar de wc-rol op terechtkwam en het oor waarmee je tegen de muur luisterde zijn waarschijnlijk dominant.

Een hardnekkig gerucht, dat niet blijkt te kloppen, is dat deze voorkeuren voor links of rechts zouden samenhangen met een dominante hersenhelft. De grote hersenen (zo heet de buitenste schil van je brein) bestaan namelijk uit twee symmetrische helften, ook wel hemisferen genoemd. Je hebt dus een linker- en een rechterhemisfeer. Bijzonder hieraan is dat de linkerhelft de rechterkant van je lichaam aanstuurt en de rechterhelft de linkerkant van je lichaam. Dat is een belangrijk gegeven voor artsen, want het gevolg hiervan is bijvoorbeeld dat als je een hersenbloeding in de linkerhelft van je hersenen hebt, je de gevolgen daarvan (zoals verlamming) in het rechtergedeelte van je lichaam ziet optreden.

Een ander hardnekkig gerucht is dat de linkerkant van je brein over logica en taal zou gaan en dat in de rechterhelft je creativiteit verborgen zit. Gedeeltelijk klopt dat wel, maar de werkelijkheid is een stuk genuanceerder. De verschillende zijden houden zich met verschillende taken bezig. Dit fenomeen heet 'lateralisatie'. Het gebied waarin we taal en spraak verwerken zit bij de meeste mensen bijvoorbeeld voornamelijk (maar niet uitsluitend) in de linkerhemisfeer. Op eenzelfde manier kom je in de rechterhemisfeer vaak gespecialiseerde gebieden tegen die gaan over ruimtelijk inzicht. Maar beide hemisferen hebben vaak ook een (veel kleiner) gebied dat over het dominante proces van de andere hersenhelft gaat.

Het is dus níet zo dat beide hersenhelften een exclusief en verschillend takenpakket hebben. En ook het gegeven dat je links- of rechtshandig bent hangt niet samen met het hebben van een dominante hersenhelft.

Fun Fact:
Vijf van de laatste acht Amerikaanse presidenten waren linkshandig. Zij bevinden zich overigens in goed gezelschap. Ook Julius Caesar, Alexander de Grote en Napoleon waren linkshandig. Wellicht handig om te weten?

Ook al is het idee van een dominante hersenhelft misschien een mythe, het gegeven dat je met je linkerhersenhelft je rechterhand aanstuurt (en vice versa) kan een leuk inleidend verhaal zijn bij het experiment waarbij je iemands brein dusdanig verwart dat je hem kortstondig zijn verkeerde hand laat aansturen. Ingewikkeld? Voer de volgende instructies maar eens uit.

Vraag een proefpersoon om zijn armen voor zich uit te strekken met zijn handpalmen naar buiten. Daarna kruist hij de ene arm over de andere arm, vlecht zijn vingers door elkaar en draait beide armen naar binnen toe. Als het goed is ziet het er ongeveer zo uit.

In deze houding leg je je proefpersoon uit wat je zojuist geleerd hebt, namelijk dat elke hersenhelft de tegenovergestelde zijde van je lichaam aanstuurt. Jij kunt er echter met een magische knip met je vingers voor zorgen dat zijn hersenhelft tijdelijk de verkeerde lichaamshelft zal aansturen. Je voegt de daad bij het woord, knipt een keer met je vingers en vraagt je proefpersoon geconcentreerd naar zijn handen te kijken. Wijs daarna zijn linkerringvinger aan (zonder deze aan te raken!) en vraag hem die vinger snel omhoog te steken. De kans is groot dat hij de vinger van zijn andere hand omhoog zal steken. Met een verwarde proefpersoon tot gevolg.

Probeer het maar eens bij jezelf. Houd je eigen vingers in deze houding en probeer dan snel en zonder er lang over na te denken je linkerringvinger omhoog te steken. Door het kruisen van je handen kun je voor heel even de illusie wekken dat je brein je handen niet meer goed kan aansturen. Deze illusie werkt in principe bij iedereen, al is hij wat lastiger uit te voeren bij iemand met twee linkerhanden.

46

ALL YOU NEED IS PAVLOV

Leren conditioneren

Waarschijnlijk heb je weleens gehoord over de honden van Pavlov. Ivan Pavlov was een Russische fysioloog die onderzoek deed naar het spijsverteringsstelsel. Een echte dierenvriend was hij niet, want hij had de gewoonte om veel van zijn (soms nogal lugubere) experimenten op honden uit te voeren. Eigenlijk kwam hij min of meer bij toeval op het idee voor het experiment waar hij uiteindelijk zo beroemd mee geworden is. Voor zijn spijsverteringsexperimenten gaf hij zijn testhonden om de zoveel tijd een bak met voer. Zodra de honden de bak met voer zagen, begonnen ze te kwijlen. Maar Pavlov merkte op dat ze vaak ook al begonnen te kwijlen als ze wisten dat ze spoedig gevoerd zouden gaan worden.

Dit bracht hem op het volgende idee: elke keer als Pavlov een bak voer kwam brengen, liet hij eerst een belletje horen. Op die manier koppelde hij na verloop van tijd het belletje als auditieve stimulus (prikkel) aan het hongerige gevoel van zijn honden (reactie). Na verloop van tijd wilde hij weten of het hem gelukt was om zijn honden te conditioneren. Hij liet alleen het belletje horen en gaf zijn honden daarna geen eten. Toch begonnen de honden te kwijlen.

Pavlov was daarmee de eerste die met een neutrale prikkel (het belletje) een reactie (het kwijlen) wist op te wekken die normaal alleen door het eten zelf opgewekt werd. De honden waren geconditioneerd via een methode die 'klassieke conditionering' genoemd wordt.

Altijd al zelf in de voetsporen van Ivan Pavlov willen treden? Dit is je kans! Voor dit experiment heb je iets nodig wat een geluidssignaal kan maken, dit kan een oude fietsbel zijn of het speciale MINDF*CK-belletje dat je kunt vinden op mindfck.nl/belletje. Met dit geluidssignaal ga je nu een van je vrienden conditioneren. Zet een stoel klaar en vraag hem of hij op de stoel wil gaan zitten. Ga zelf in een stoel tegenover hem zitten en houd je analoge of digitale belletje in de aanslag. Je vriend moet nu recht voor zich uit blijven kijken.

Je legt nu uit dat je een klassiek experiment gaat herhalen, en dat je hem daarvoor een aantal keer in zijn ogen moet blazen. Het idee is dat je elke keer vlak voordat je in zijn ogen blaast, het belletje laat horen. Dus je laat het belletje rinkelen, en vlak nadat dit gebeurt blaas je kort en krachtig, waardoor je vriend zijn ogen zal dichtknijpen. Dit doe je zo'n zes keer met intervallen van een halve minuut. De grap is nu dat als je het belletje voor de zevende keer laat horen, maar nu zonder dat je blaast, je vriend alsnog zijn ogen zal dichtknijpen. Net zoals de honden van Pavlov conditioneer je hem zo dat zijn brein het belletje aan het blazen koppelt. Je kunt het een paar minuten later nog een keer proberen en waarschijnlijk zal hij nog steeds zijn ogen dichtknijpen zodra hij het belletje hoort. *Mind control!*

Naast klassieke conditionering bestaat er ook een variant die 'operante conditionering' heet. Daarbij wordt het gewenste gedrag aangeleerd door handelingen te bestraffen of te belonen. Als je bijvoorbeeld een knaagdier, zoals een rat, in een proefopstelling zet waarin hij elke keer als hij (toevallig) over een pedaaltje loopt een stukje kaas krijgt, dan heeft dat staan op dat pedaaltje een belonende werking. Na verloop van tijd zul je zien dat de rat vaker op het pedaaltje gaat staan om voedsel te krijgen: hij begint het patroon te herkennen en zich ernaar te gedragen. Andersom werkt dit ook als hij gestraft wordt. Als de rat elke keer als hij het pedaal indrukt een kleine stroomstoot krijgt, zal hij na verloop van tijd het pedaal niet meer indrukken. Zonder dat je je er bewust van bent, ben je zelf waarschijnlijk ook ten prooi gevallen aan allerlei vormen van conditionering. Sterker nog, je hele opvoeding is een vorm van operante conditionering. Als je ouders je niet op de goede momenten hadden beloond en gestraft zou je nu nog steeds appelmoes in je haar smeren en was dat zwemdiploma er nooit gekomen.

Ook in de reclamewereld maakt men gebruik van conditionering. Een voorbeeld van geslaagd geconditioneerd consumentengedrag was de slogan 'Vier uur, Cup-a-Soup'. Door deze boodschap maar lang genoeg te blijven herhalen en ervoor te zorgen dat de 'soep' ook daadwerkelijk aanwezig was in iedere bedrijfskantine wist de soepfabrikant de consumenten te conditioneren. Wanneer iemand bijvoorbeeld tegen z'n collega zei: 'We vergaderen morgen om vier uur', dacht of riep die collega meteen: 'Cup-a-Soup!'

Bij illusies kan conditionering je helpen om een truc te laten werken, bijvoorbeeld bij het laten verdwijnen van een munt in je elleboog. Mocht je daar wel oren naar hebben, ga dan aan een tafel zitten, zet een vriend tegenover je en vraag of je een munt mag lenen. Je vertelt hem dat je lichaam de merkwaardige eigenschap bezit om munten in zich op te nemen en dat je om die reden helaas nooit meer door de metaaldetector op het vliegveld komt.

Je gaat hem demonstreren dat je bijvoorbeeld een munt in je elleboog kunt wrijven. Je neemt de munt in je linkerhand, geeft hem vervolgens over in je rechterhand en zet je linkerelleboog op tafel terwijl je je linkerhand in je nek laat rusten. Met je rechterhand druk je de munt tegen je elleboog aan en begin je langzaam te wrijven over je onderarm.

Na een paar seconden laat je de munt – zogenaamd per ongeluk – op tafel vallen. Je excuseert je, pakt de munt op met je linkerhand, stopt hem weer in je rechterhand, zet je elleboog weer op tafel en begint opnieuw te wrijven. Dit lijkt een saai en gecompliceerd proces, maar eigenlijk ben je je toeschouwer aan het conditioneren met deze bewegingen!

Je herhaalt dit 'per ongeluk' laten vallen nog een aantal keer en geeft de munt telkens van je linkerhand naar je rechterhand over. Na een aantal keer – en nu komt het – doe je alsof je de munt weer van je linkerhand in je rechterhand stopt, alleen nu houd je hem stiekem in je linkerhand. Je zet je elleboog weer op tafel en je linkerhand wederom tegen je nek aan. Omdat je in deze hand nu stiekem de munt hebt zitten, kun je deze heel makkelijk uit het zicht van je toeschouwer in je kraag laten glijden, zonder dat iemand het ziet. Met je rechterhand doe je nog steeds alsof je de munt vast hebt en kun je ditmaal heel rustig de munt in de elleboog van je linkerarm wrijven. Et voilà, je hebt de munt in je elleboog gewreven, en kunt je beide handen vervolgens leeg laten zien!

Omdat je toeschouwer een herhalend patroon ziet van een vallende munt, het overgeven in je handen en daarna het wrijven, conditioneer je hem als het ware om te denken dat dit patroon zich steeds herhaalt. En vraagt je toeschouwer hoe je dit hebt gedaan, dan zeg je gewoon: 'Vraag dat maar aan Pavlov!'

47

NEUROLINGUÏSTISCH PROGRAMMEREN

Spoedcursus NLP voor beginners

In dit hoofdstuk duik je in de wondere wereld van neurolinguïstisch programmeren (NLP), maar eerst een klein experimentje. Let op, het is belangrijk dat je de volgende instructies nauwkeurig opvolgt, anders werkt het niet. Zo meteen moet je de zin die op de volgende pagina staat lezen en direct erna uitvoeren wat er gevraagd wordt. Het is heel belangrijk dat je na het lezen van de zin direct naar de stip kijkt die ernaast staat, en vooral niet meer wegkijkt tot je het antwoord op de vraag hebt. Ben je er klaar voor? Hier gaan we, succes!

De vraag is: 'Wat heb je gisteravond gegeten?'

En, wist je het je te herinneren? De kans is groot dat het moeizaam ging zolang je naar de stip bleef staren. Pas toen je wegkeek (of tegendraads was en meteen verder bent gegaan met lezen) wist je het waarschijnlijk weer. Dit komt doordat je vaak een oogbeweging nodig hebt om een herinnering op te halen uit je geheugen. Hoe dat samenhangt met NLP lees je straks. Maar eerst: wat is dat NLP nou eigenlijk?

Als je werk iets te maken heeft met sales, marketing of communicatie, of als je ooit over gloeiende kolen liep terwijl Emile Ratelband naast je stond en 'Tsjakaaaaaaa!' riep, is de kans groot dat je weleens van het begrip NLP hebt gehoord. NLP is eigenlijk een verzamelterm voor een set technieken die je kunt aanleren om het gedrag van jezelf en dat van anderen positief te beïnvloeden.

Niet alles wat je erover leest is even nuttig of wetenschappelijk onderbouwd (sterker nog, het is een officiële pseudowetenschap), maar het kent zeker interessante theorieën, die het in ieder geval verdienen om ervan op de hoogte te zijn.

NLP werd in de jaren zeventig bedacht door Richard Bandler en John Grinder, een psycholoog en een taalwetenschapper uit Amerika. Door goed te observeren hoe professionals uit verschillende therapeutische vakgebieden (zoals de hypnotherapie en gezinstherapie) hun werk uitoefenden, verzamelden ze kennis over de neurologische basis van gedrag, de invloed die taal daarop heeft en hoe je 'de mens' daarmee kunt programmeren. Inderdaad, je leest het goed. Net zoals je een computer kunt programmeren door een programmeertaal te leren en software te schrijven, bedachten deze heren een programmeertaal voor de computer in ons hoofd. Een taal (en zienswijze) die erop gericht is het beste uit jezelf en anderen te halen. Klinkt als magie? Daarom staat het ook in dit boek!

Er zijn bibliotheken vol met (vaak ook wel zweverige) boeken geschreven over de verscheidenheid aan technieken die onder de noemer NLP vallen, maar in het kort komt het ongeveer op het volgende neer. Je leest iemands gedrag en analyseert wat voor type persoon hij is, en die kennis gebruik je vervolgens om via taal zijn gedrag te beïnvloeden. Hierbij is het uitgangspunt dat er linguïstisch gezien vier interne representatiesystemen in de mens aanwezig zouden zijn: een visueel, auditief, kinesthetisch en internaliserend representatiesysteem.

Volg je het nog? Neem het volgende voorbeeld. Stel, je bent gisteravond naar een waanzinnig goed popconcert geweest en de volgende dag vertel je iemand hoe het was. Dit zou je (onder andere) op de volgende manieren kunnen doen:

'Het was een waanzinnig popconcert, je had het moeten zien!' (visueel)
of
'Het was een waanzinnig popconcert, je had het moeten horen!' (auditief)
of
'Het was een waanzinnig popconcert, het voelde echt fantastisch!' (kinesthetisch)
of
'Het was een waanzinnig popconcert, er werd zeer goed gespeeld!' (internaliserend)

Het achterliggende idee is dat elk mens een onbewuste voorkeur zou hebben voor een van deze systemen. Ben je bijvoorbeeld het type dat een voorkeur heeft voor het auditieve representatiesysteem, dan gebruik je in je spreektaal meer woorden als 'horen', 'klinken', 'oorverdovend' et cetera. Visuele types zullen meer woorden als 'zien', 'prachtig', 'oogverblindend' gebruiken. Bij kinestheten hoor je vooral woorden als 'voelen', 'intens' en 'heerlijk' en bij internaliserende personen vooral 'goed', 'technisch' en 'kwalitatief'. De manier waarop je iets vertelt, verklapt dus welk systeem jouw voorkeur heeft.

Zodra je dit systeem – door goed te luisteren naar de ander – hebt ontdekt, kun je er je voordeel mee doen door zelf meer het taalgebruik van het dominante representatiesysteem van de ander te gebruiken. Op die manier begrijpt de ander beter wat je bedoelt en zal hij misschien eerder naar je luisteren omdat je sneller op één lijn komt te zitten. In de NLP-wereld heet dat 'rapport bouwen' (een begrip dat dus niks te maken heeft met de beoordelingen die je van je leraar aardrijkskunde kreeg).

Naast deze persoonlijke benadering kent NLP op taalgebied ook allerlei algemene slimmigheden waarmee je een ander kunt beïnvloeden. Bijvoorbeeld met de woorden 'maar', 'en' of 'ondanks'. Kijk maar eens naar het volgende voorbeeld:

Vandaag is het zonnig
maar
morgen gaat het regenen

Vandaag is het zonnig
en
morgen gaat het regenen

Vandaag is het zonnig
ondanks
dat het morgen gaat regenen

In dit voorbeeld vertel je eigenlijk twee verschillende feiten, maar steeds met een ander koppelwoord ertussen. Het valt direct op dat je met het gebruik van het koppelwoord 'maar' de nadruk veel meer legt op het tweede gedeelte van de zin. Gebruik je 'en' dan voelen beide feiten gelijkwaardig aan, en bij 'ondanks' ligt de nadruk juist heel erg op het eerste gedeelte van de zin. Als vuistregel wordt weleens gezegd dat alles voor het woord 'maar' in een zin eigenlijk niet telt. Op die manier leert NLP je wat voor invloed woorden kunnen hebben op hoe jouw boodschap op een ander overkomt.

De taaltrucs uit NLP gaan niet alleen over hóe je iets moet zeggen, maar ook over wát je moet zeggen. Zo is het als je een keer te laat bent voor een vergadering niet zo handig om te zeggen: 'Sorry dat ik te laat ben!', maar kun je beter binnenkomen met: 'Ontzettend bedankt voor het wachten allemaal!' In dat laatste geval leg je de mentale focus van de anderen meer op de dienst die ze jou hebben bewezen (namelijk dat ze geduldig op je hebben gewacht) en minder op het negatieve feit waar ze zich toch al van bewust waren (namelijk dat je te laat was).

Tot slot nog een echte klassieker. Volgens de NLP-methodes kun je niet alleen iemands menstype vaststellen, en diegene bespelen met taal, maar ook achterhalen wat voor soort gedachten er in iemand omgaan aan de hand van diens oogbewegingen. Weet je nog dat je aan het begin van dit hoofdstuk moeite had je te herinneren wat je gisteravond had gegeten? Dat experiment liet zien dat je een oogbeweging nodig hebt om informatie uit je geheugen op te halen. Vandaar dat je naar de stip moest blijven staren. Zolang je ogen op één punt gefixeerd zijn en je niet wegkijkt, is het heel moeilijk een gedachte te laten ontstaan.

NLP heeft dat idee doorgetrokken en aan elke oogbeweging een 'type gedachte' gekoppeld. Kijk maar eens naar deze foto's.

Kort gezegd zou dit betekenen dat als iemand omhoogkijkt, hij met een visuele gedachte bezig is, als hij horizontaal/opzij kijkt met een auditieve gedachte en als hij omlaagkijkt, hij aan een gevoel zou denken.

En ziedaar, de basis van een truc is geboren! Vraag iemand om drie dingen op een briefje te schrijven: een bekend schilderij, zijn favoriete muzieknummer, en de herinnering aan hoe hij zich voelde op zijn laatste verjaardag. Nu laat je deze persoon zijn hoofd even leegmaken (bijvoorbeeld door hem het briefje te laten opvouwen en het in zijn zak te laten stoppen) en vervolgens mag hij je recht aankijken. Dan verzoek je hem of hij aan een van de dingen wil denken die hij zojuist heeft opgeschreven, terwijl hij je recht in de ogen aankijkt. Zodra hij dit doet, kijk je goed in welke richting zijn ogen zich verplaatsen, en als het goed is kun jij nu zien welke gedachte er door zijn hoofd gaat. Kijkt hij omhoog, dan denkt hij aan het schilderij (een visuele herinnering), kijkt hij opzij, dan zal hij aan het muzieknummer denken (auditief) en zie je hem omlaagkijken, dan zal hij aan zijn laatste verjaardag denken (een kinesthetische, gevoelsmatige herinnering).

Het bovenstaande experiment is erg leuk om te proberen maar er bestaat helaas, net zoals bij veel andere NLP-theorieën, geen hard bewijs voor. Toch klinkt de theorie sommige mensen als muziek in de oren, voelen andere zich er goed bij en zien derden het weer helemaal voor zich.

MINDF*CK
VHF
SOLID STATE
UHF
POWER
OFF
ON
EARPHONE
BRIGHT
CONTRAST
VOLUME
GOLD STAR

48

IK ZIE, IK ZIE WAT JIJ NIET ZIET

Gebruik je ogen voor de grote verdwijn-en-verschijntruc

Iedere goochelaar heeft in zijn repertoire een goede verdwijntruc nodig. Maar om jezelf of je lieftallige assistent in rook te laten opgaan, ben je meestal wel afhankelijk van de hulp van anderen. Gelukkig niet bij deze illusie! Het enige wat je hoeft te doen is geconcentreerd te blijven staren naar het zwarte stipje op de afbeelding hieronder. Houd je ogen erop gericht en blijf goed kijken (het kan even duren), tot je plotseling de blauwe ring ziet verdwijnen. Blijf zodra je hem ziet verdwijnen vooral naar het zwarte stipje staren, want zodra je je blikveld naar de blauwe ring verplaatst (om te checken of-ie echt weg is) zal hij ineens weer terug zijn.

En? Lukte het? Straks krijg je uitgelegd hoe dit werkt, maar eerst wordt de grote verdwijntruc aangevuld met een nog spectaculairdere verschijntruc.

Daarvoor moet je twee stappen uitvoeren. Kijk een minuut lang naar het rode kruisje in het midden van de volgende afbeelding. Houd het boek dicht bij je gezicht, zodat je alleen de afbeelding kunt zien. Kijk na een minuut snel naar een (witte en lege) muur. Go!

Had je zomaar ineens een poster van Barack Obama aan je muur hangen! Achter het langzaam verdwijnen van de blauwe cirkel en het plotseling verschijnen van Obama schuilt hetzelfde principe, namelijk de manier waarop je ogen je omgeving registreren. Dat doen ze met behulp van twee verschillende structuren in je netvlies, de zogenoemde 'kegeltjes' en 'staafjes'. De staafjes in je ogen nemen contrast waar, en het zijn de kegeltjes die kleuren opvangen en je brein daarover informeren.

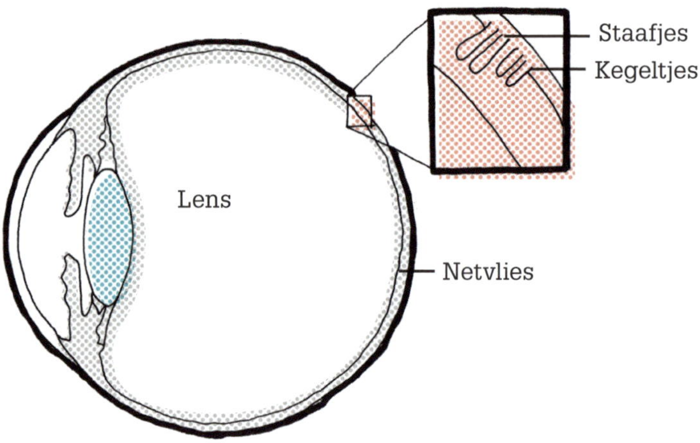

Voor het mengen van kleuren heb je de drie primaire kleuren nodig: rood, geel en blauw. Met geel en blauw maak je groen, met blauw en rood paars, en combineer je alles met elkaar dan krijg je zwart (of in ieder geval donkerbruin).

Bij licht werkt het mengen van kleur net even iets anders. Daar zijn de drie basiskleuren rood, groen en blauw. Als je groen en rood licht met elkaar mengt, dan krijg je geel licht, en meng je alle drie de kleuren licht, dan krijg je bijvoorbeeld wit licht. Dit mengen van licht zie je terug in elke televisie en elk beeldscherm dat kleuren kan weergeven. Als je een televisie van heel dichtbij bekijkt, zie je dat het uit een raster bestaat van allemaal minuscule rode, groene en blauwe lampjes.

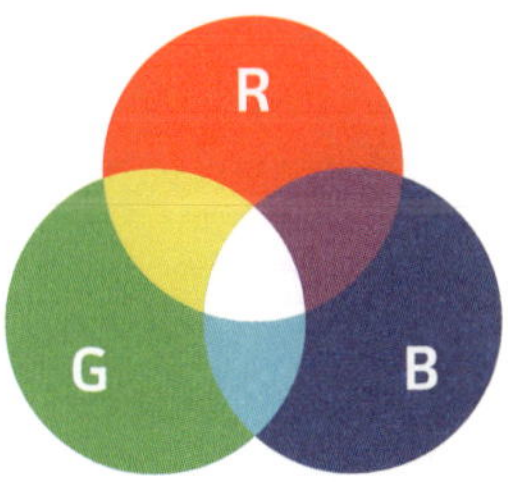

Het menselijk oog werkt eigenlijk ook als een tv, alleen dan andersom. De kegeltjes, die in je ogen verantwoordelijk zijn voor het registreren van een kleur en het doorgeven van die informatie aan je brein, zijn er in drie soorten: kegeltjes die rood, kegeltjes die groen en kegeltjes die blauw registreren. Met de combinatie van deze drie soorten kegeltjes kun je alle mogelijke kleuren waarnemen. Wanneer bijvoorbeeld zowel de rode als de groene kegeltjes signalen naar je brein sturen, dan kijk je naar iets wat geel is. En zijn alle drie de groepen kegels actief, dan zie je iets wits.

Die kegeltjes klinken misschien als een stel hardwerkende druktemakers die constant actief zijn, maar eigenlijk zijn ze stiekem een beetje lui. Want wanneer je lange tijd je ogen stil op een bepaald gekleurd vlak gericht houdt, stoppen de kegeltjes geleidelijk met het zenden van signalen naar je brein. Dat proces heet 'adaptatie' en is tevens de reden dat de blauwe ring in het eerste plaatje langzaam maar zeker verdween: de kegeltjes die blauw waarnamen werden lui en stopten met het signaal 'blauw!' doorgeven aan je brein.

Bij de Obama-illusie gebeurt ongeveer hetzelfde. De witte gebieden in die afbeelding activeren alle drie de typen kegeltjes (wit is een combinatie van alle kleuren), terwijl de plekken waar zwart te zien is geen enkel kegeltje activeren (zwart is een afwezigheid van alle kleuren). Als je dan, na een minuut staren, naar een lege witte muur kijkt, dan zijn alle kegeltjes die net 'wit' doorgaven inmiddels nogal lui en niet echt meer onder de indruk van de witte muur. Ze hebben al een overdosis 'wit' verwerkt en zullen de witte muur dus eerder als een wat donkerder grijs doorgeven. Op de plekken in de afbeelding waar het zwart was hebben de kegeltjes niks gedaan, ze zijn nog fris en niet uitgeput. Die zien het wit van de muur dus ineens veel intenser en zullen de kleur 'wit' ook veel actiever doorgeven aan je brein. Je ogen projecteren dus eigenlijk het negatief (het omgedraaide beeld) van datgene waar je net naar hebt gekeken op de muur. Dat heet een 'nabeeld', een afbeelding die blijft 'na-ebben' op je netvlies.

Naast nabeelden kun je ook nabewegingen opwekken. Bijvoorbeeld door een tijdje naar een waterval te blijven staren en dan direct naar de stenen of de bomen ernaast te kijken. Je zult zien dat de stenen en bomen dan omhoog lijken te bewegen. Of kijk op mindfck.nl/spiraal naar het filmpje van een draaiende spiraal. Kijk er minstens dertig seconden aandachtig naar en kijk dan naar je hand. Als het goed is zie je je huid heel vreemd bewegen.

Fun Fact:

Met de staafjes in je ogen zie je contrast, een verschil in lichtintensiteit tussen twee vlakken. De staafjes in je ogen zitten voornamelijk in de periferie, de buitenranden, van je blikveld. Daarom een tip voor als je met iemand romantisch naar de sterren ligt te kijken: maak indruk door de sterren nog feller te laten fonkelen voor je geliefde. Vertel hem of haar dat als je een ster scherp wilt zien, je er niet recht naar moet kijken, maar juist vlak ernaast. Het licht van de ster valt dan meer in de periferie van je netvlies, waar zich meer staafjes bevinden, waardoor je de ster helderder ziet. Romantisch!

Niet alleen je ogen kunnen een nabeeld genereren, je hebt vast weleens een luid concert of stampend feestje bezocht waarna je oren nog een tijdje suisden. En ook de zenuwen van je tastzin zijn vatbaar voor nabeelden. Wanneer je drukreceptoren druk detecteren gaan ook zij op een gegeven moment adapteren; het signaal naar het brein dat ze 'iets' voelen verzwakt. Vergelijk het maar eens met een zonnebril op je hoofd die je na een tijdje niet meer voelt zitten.

Het klinkt misschien een beetje maf, maar van die adaptatie kunnen zakkenrollers gebruikmaken om anderen spullen afhandig te maken. En al is het natuurlijk nooit de bedoeling iemands horloge te stelen, toch is het zeer interessant en leerzaam om te merken hoe je iemand anders kunt 'rollen' zonder dat hij het doorheeft. Let op, wat volgt is een zeer geavanceerde truc, die je behoorlijk lang moet oefenen!

Je gaat iemand ter afleiding aan een test onderwerpen, terwijl je hem stiekem van zijn horloge ontdoet. Hiervoor moet je een proefpersoon uitzoeken die een horloge met een haak-oogsluiting heeft, zoals op de afbeeldingen op de volgende bladzijde.

1. Allereerst leid je de proefpersoon af. Verzamel twee muntjes (bijvoorbeeld van 5 en 20 cent) en vertel hem dat je gaat testen hoe goed hij met zijn ogen dicht muntjes kan detecteren. Laat hem zijn handen uitsteken, zijn ogen sluiten en geef hem dan in elke hand een muntje, waarna hij zijn vuisten mag sluiten.

2. Pak de proefpersoon bij de polsen. Vertel hem een uitgebreid verhaal over het aanvoelen van verschillende muntwaardes, want je hebt even de tijd nodig voor deze truc: 'Je hebt nu in beide handen een muntje vast waarvan je de waarde niet weet. Voel je ze? Goed zo. Nou is de waarde van de muntjes schatten zonder je vingertoppen te gebruiken al moeilijk genoeg, maar als ik je handen zo in kleine rondjes draai is het al helemaal lastig.' Je begint met beide handen kleine ronddraaiende bewegingen te maken.

3 Uiteraard is dit ronddraaiverhaal een excuus om eens flink aan je proefpersoon zijn pols te morrelen. Je proefpersoon denkt dat hij de muntwaardes moet gaan voelen, dus zijn aandacht is daarop gericht. Ondertussen verricht je de handeling waar het werkelijk om gaat. Terwijl je de polsen van de proefpersoon vasthoudt, druk je stevig de klok van het horloge tegen zijn onderarm aan. Zoals je net hebt geleerd zullen de lokale drukreceptoren onder de klok een signaal naar het brein van je proefpersoon sturen, maar zal dit signaal na een tijdje uitdoven, waardoor je de plek eigenlijk minder gevoelig maakt. Hierdoor zal hij straks niet voelen dat zijn horloge af is!

4 Na een paar seconden stevig gedrukt te hebben ga je nu vingervlug te werk. Eerst duw je met je duim het horlogebandje naar rechts, uit het gespje.

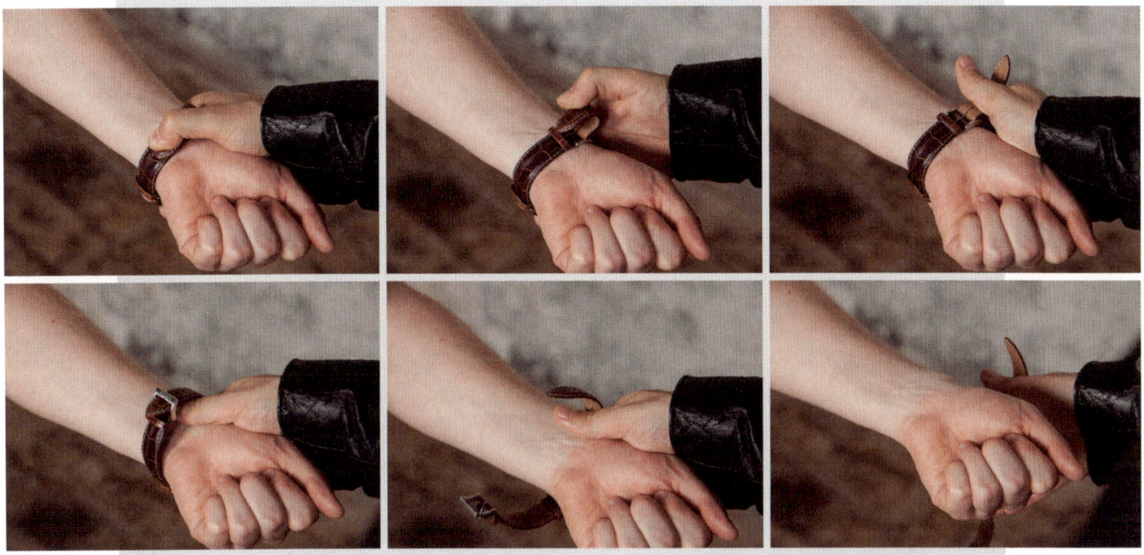

5 Vergeet ondertussen niet te praten tegen je proefpersoon. Zeg bijvoorbeeld: 'Concentreer je maar eens op de munt in je rechterhand, ga alle muntwaardes in je hoofd langs en probeer dan te voelen welke munt het is.' Terwijl je dit doet klem je het bandje tussen duim en wijsvinger en trek je dit naar rechts, waardoor het haakje uit het oogje schiet.

6 Met je duim duw je vervolgens het haakje weg.

7 Haal je duim weer terug en schuif hem geleidelijk tussen de pols van je proefpersoon en de bijna helemaal losse sluiting van het horloge. Breng vervolgens in een vloeiende beweging je duim omhoog, waarmee het bandje helemaal los komt te zitten.

8 Het horloge rust nu alleen nog maar op jouw vingers, die de klok vasthouden. Breng je hand naar beneden en pak het horloge door het bandje tussen duim en wijsvinger te klemmen. Vanwege het tactiele nabeeld zal je proefpersoon niets merken!

9 Hopelijk heb je je proefpersoon aan de praat weten te houden en heeft hij niks gemerkt. Hij zal er ondertussen misschien wel achter zijn welke munten hij in zijn handen heeft. Laat hem zijn ogen en vuisten openen om te zien of hij gelijk heeft. Daarna vraag je: 'Heb je ook enig idee hoelang je erover hebt gedaan?' Ongeacht het antwoord, haal jij zijn horloge uit je achterzak en zeg je: 'Ongeveer een minuut!'

Omdat dit experiment zeer gecompliceerd en spannend is om uit te voeren, moet je de techniek zo goed mogelijk beheersen. Die kun je oefenen door thuis een dummyarm te maken. Daarvoor neem je een bezemsteel of andere lange stok, waar je met twee dikke elastieken een opgerold T-shirt omheen bindt en vastmaakt, zodat het geheel de dikte van een pols heeft. Daar doe je dan vervolgens een horloge omheen en oefenen maar, die vingervlugheid!

Deze methode wordt daadwerkelijk gebruikt door zakkenrollers. Zij zullen je natuurlijk geen muntjes laten vasthouden, maar pakken bijvoorbeeld je pols vast terwijl je ze helpt van een steile trap af te lopen. In de tussentijd rollen ze met dezelfde vingervlugge bewegingen jouw horloge. Dus mocht iets dergelijks je overkomen, dan weet jij voortaan hoe laat het is!

49

KANSLOZE BEREKENINGEN

Ontketen een historisch unieke gebeurtenis

Je gaat nu iets unieks doen. Iets wat nog nooit eerder in de geschiedenis van de mensheid heeft plaatsgevonden. Houd je vast! Pak een spel speelkaarten. Een gewoon, maar wel volledig spel met 52 verschillende kaarten zonder jokers. Schud de kaarten.

Gelukt? In dat geval, gefeliciteerd! Je hebt zojuist een historisch unieke handeling verricht. Nog nooit sinds het ontstaan van het heelal heeft een pak speelkaarten op de volgorde gelegen die jij nu in je handen houdt. Echt waar.

Hoe dat kan? Dat is eigenlijk simpele wiskunde, uitgedrukt als '52!' En nee, dat is niet iemand die het nummer schreeuwt op een bingoavond, maar de notatie van het getal van alle mogelijke volgordes waarop speelkaarten uit een compleet spel kunnen liggen nadat ze geschud zijn. Het uitroepteken heet in de wiskunde een 'faculteit' en geeft aan dat je met het getal waar het achter staat geschreven de volgende vermenigvuldiging moet maken: 52 x 51 x 50 x 49 enzovoorts, tot je bij x 1 uitkomt. Het getal dat je dan krijgt is:

80.658.175.170943.878.571.660.636.856.403.766.975.289.505.440.883.277.824.
000.000.000.000

Dat getal is zo groot dat indien alle sterren van ons sterrenstelsel ieder een biljoen planeten zouden hebben, en er op iedere planeet een biljoen mensen zouden wonen en al die mensen ieder een biljoen pakjes speelkaarten zouden hebben en ze ze allemaal – op de een of andere manier – duizendmaal per seconde zouden schudden, en ze zouden dat al doen sinds de oerknal, dan zou het pas ongeveer nu voor gaan komen dat een volgorde hetzelfde is als de volgorde van een eerder geschud spel speelkaarten.

Maakt die uitleg het duidelijker voor je? Waarschijnlijk niet echt, want wat moet je je voorstellen bij een biljoen? Dat is duizend miljard, kom je daar echt verder mee? Mensen zijn niet alleen notoir slecht in het begrijpen van grote getallen, maar ook in het inschatten van kansen. Als we echt zouden begrijpen hoe kansberekening werkt, dan bestond er wellicht niet zoiets als de loterij en was ieder casino misschien allang failliet.

Denk je dat jij wel goed bent in het inschatten van je winkansen? Doe dan eens de volgende test. Stel je voor: je doet mee aan een tv-spelletje. Nadat je alle vragen goed beantwoord hebt, sta je voor drie deuren: A, B en C. Achter één deur staat de auto van je dromen. Achter de andere twee deuren staat een geit. Je hebt geen idee achter welke deur wat staat, maar je mag één deur kiezen en krijgt wat zich achter die deur bevindt.

Stel, je kiest A. De quizmaster zegt: 'Ik ga je nog niet laten zien wat er achter deur A staat, maar ik ga wel één foute keuze weghalen.' Hij opent deur C, waar inderdaad een geit achter staat. 'Je hebt nu nog één kans om over te stappen. Blijf je bij deur A of kies je toch voor deur B?' Wat doe je? Blijf je bij je keuze of stap je nog over naar deur B?

De meeste mensen zijn standvastige types, zo blijkt, want bijna niemand laat zich verleiden om de overstap te maken van A naar B. Waarom zou je je keuze ook veranderen? Wat maakt het uit? Nou, dat maakt heel veel uit. Door je keuze in deze situatie te veranderen vergroot je je winkans. Toen jij koos voor deur A was je kans om te winnen 1 op 3. Maar sinds de eliminatie van deur C heb je door te kiezen voor B ineens een veel grotere kans om te winnen, namelijk 2 op 3. Dat is misschien moeilijk voor te stellen met maar drie opties. Misschien wordt het duidelijker als je het je als volgt voorstelt. Stel je hebt niet drie, maar honderd deuren om uit te kiezen, zoals hier.

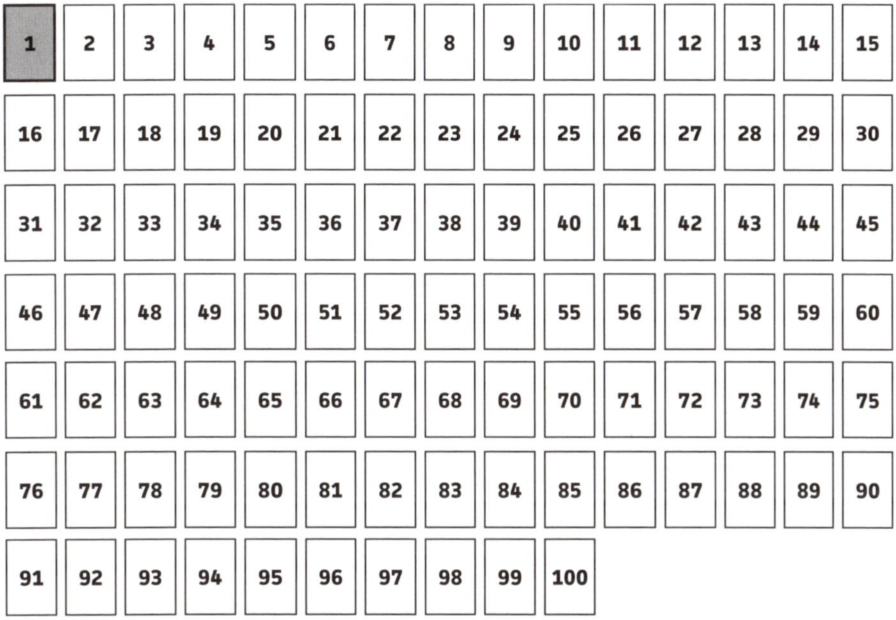

Nu kies jij de bovenste optie, want tja, waarom zou je moeilijk doen, je kans om te winnen is 1 op 100 en achter elke deur kan de prijs zitten. Nu elimineert de quizmaster 98 andere deuren die niet leiden naar jouw droomauto. Er blijft dus één andere deur over, deur 86:

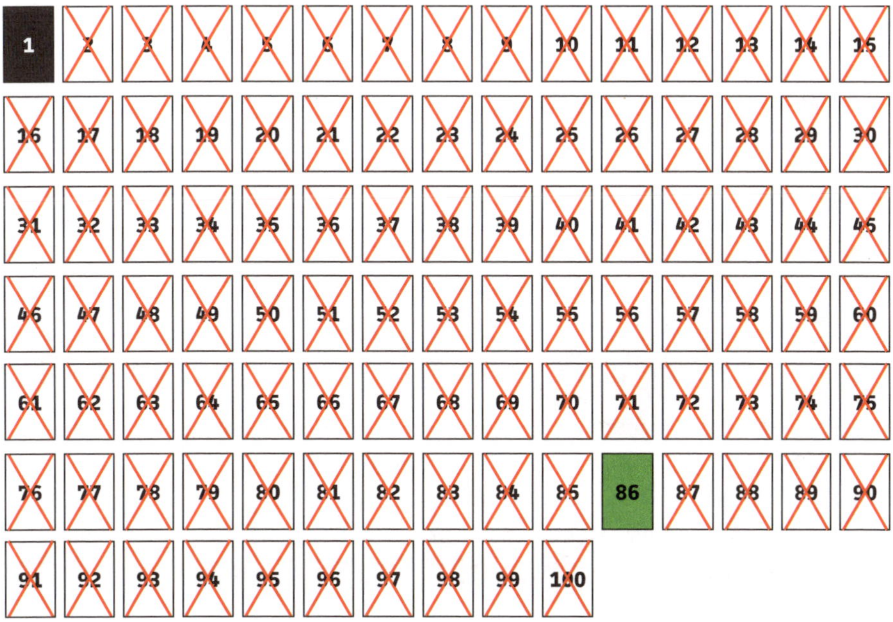

Wat zou je nu kiezen: blijven bij deur 1 of overstappen naar de enige andere deur die is overgebleven, deur 86? De kans dat die ene deur die jij niet hebt gekozen leidt naar de rode auto is opeens evident. Daar is zelfs 99 procent kans op, terwijl de deur die jij in het begin koos maar 1 procent kans had om te leiden naar een overwinning. Dat principe blijft hetzelfde en gaat ook op als je maar drie deuren hebt. Altijd overstappen dus!

Voelt het nog steeds tegenstrijdig aan? Maak je geen zorgen. Toen dit zogeheten Monty Hall-probleem voor het eerst in de krant werd gepubliceerd, struikelden de grootste wiskundigen over dit kansraadsel, en zonden ze brieven in over dat de uitleg niet klopte. Inmiddels is keihard aangetoond dat je kansen toch echt vergroten als je overstapt naar de andere deur.

Dat we het soms lastig vinden om kansen en grote getallen in te schatten is iets van alle tijden. Een voorbeeld hiervan is de beroemde Arabische dertiende-eeuwse fabel over de uitvinder van het schaakspel. Er was ooit een slimme uitvinder en briljante wiskundige die het schaakspel uitvond. Zijn koning was zo gecharmeerd van het spelletje dat hij de wiskundige graag wilde belonen voor zijn vondst. De uitvinder mocht alles noemen wat hij maar wilde. Als beloning noemde de wiskundige dat hij graag één rijstkorrel zou willen voor het eerste vakje op het schaakbord, twee korrels voor het tweede vakje, vier korrels voor het derde vakje, acht korrels voor het vierde vakje, enzovoorts, tot alle 64 vakjes van het bord gevuld waren met het dubbele aantal rijstkorrels van het vakje ervoor. De koning bulderde van het lachen om dit bescheiden verzoek en stond het maar al te graag toe.

Het lachen verging de koning echter toen de bewakers van de schatkist na een dagje rekenen kwamen rapporteren hoeveel rijstkorrels het hof aan de wiskundige schuldig was: in totaal meer dan 18 triljoen (18^{18}). Meer korrels dan er in de hele wereld te vinden waren. De wiskundige kreeg z'n beloning helaas niet; de boze koning, die zich aardig in de maling genomen voelde, liet z'n hoofd afhakken.

De manier waarop de slimme schaakuitvinder aan een levenslange voorraad gratis rijst hoopte te komen heet in de wiskunde 'exponentiële groei'. Het is de toename van een gegeven eenheid (rijst, mensen, euro's of wat dan ook) die begint als een langzame verdubbeling van een kleine hoeveelheid, maar al snel uitgroeit (omdat hij maar blijft verdubbelen) tot een onvoorstelbaar groot getal.

De grafiek hieronder geeft die groei weer. Je ziet dat de lijn eerst heel rustig stijgend begint, langzaam steiler wordt en dan plotseling door het plafond knalt. In het begin neemt de rijst zeer overzichtelijk toe. Maar het zijn de laatste vakjes op het schaakbord waar het de spuigaten uitloopt. De hoeveelheid rijst is dan al onvoorstelbaar groot en die wordt dan elk vakje wéér verdubbeld.

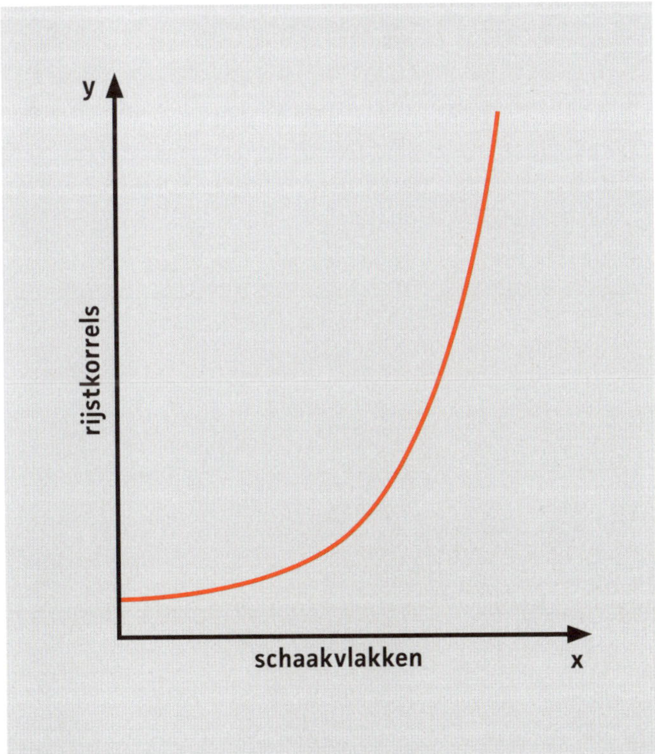

Het is dankzij dit principe dat je ook met enige zekerheid kunt zeggen dat er een beroemdheid in de familie zit. Als je uit Europa komt, dan weet je bij dezen dat je afstamt van de beroemdste koning uit de middeleeuwen, wiens rijk zich uitstrekte van Oostenrijk tot aan de Spaanse Pyreneeën, van Nederland tot en met Italië, de koning die door de paus hoogstpersoonlijk tot keizer is gekroond: Karel de Grote!

Hoe weet je dat? Denk nog eens terug aan het schaakbord. En ga nu eens dezelfde stappen nemen, niet met rijstkorrels, maar met voorouders. Jij bent geboren uit twee ouders, zij ook, dus jij hebt vier grootouders, acht overgrootouders, zestien betovergrootouders, tweeëndertig bet-bet-overgrootouders enzovoorts. Dat betekent dat er ontzettend veel overlap zit tussen de voorouders van iedere Europeaan die nu leeft. In feite lijkt je stamboom op dat punt niet meer op een boom, maar eerder op een netwerk, een web dat een relatief kleine groep voorouders verbindt met ons allemaal. Anders gezegd: als je je eigen stamlijnen blijft volgen móet je wel bij een relatief kleine groep voorouders uitkomen, die je noodzakelijkerwijs deelt met alle andere Europeanen die nu in leven zijn. Op basis van de wiskunde weten we zeker dat iedereen die in de negende eeuw kinderen had, een voorouder is van iedereen die nu leeft. En Karel de Grote had er minstens achttien (hij heette niet voor niets De Grote). Echt iets om over op te scheppen!

50

HOE VOORSPELBAAR BEN JIJ?

Heel erg voorspelbaar

Voor het volgende experiment is een computer geprogrammeerd om vijfendertig keer een virtueel muntje op te gooien en de resultaten van deze willekeurige reeks kop of munt te noteren. Ook is een mens gevraagd om zich in te beelden (dus zonder echt een muntje op te gooien) dat hij vijfendertig keer kop of munt gooit en deze mentale reeks op te schrijven. Dit waren de twee uitkomsten. Kun jij raden welke van de mens en welke van de computer is?

1: K M K K M K M M K K K M M M K M K K M K M M K M K K M K K K M K M K M

2: K M M K K K K K K M K K M M K M M M M M M M M M M K M K M M K K M K M

Eigenlijk is het heel makkelijk te zien. De bovenste rij is door een mens opgeschreven en de onderste door een computer. Dat kun je weten omdat de bovenste rij veel meer afwisseling vertoont dan de onderste. Een mens voelt de behoefte om kop en munt om de paar beurten af te wisselen – terwijl het in werkelijkheid (probeer het maar eens) prima kan voorkomen dat je zes of tien keer achter elkaar alleen kop of alleen munt gooit. Een computer is daar niet gevoelig voor. Met andere woorden: mensen willen altijd patronen waarnemen, ontdekken of zelfs aanbrengen in de werkelijkheid. Terwijl de werkelijkheid helemaal niet zo in elkaar steekt.

Misschien ken je het gevoel wel bij het maken van een multiplechoicetoets. Als je drie of vier keer achter elkaar A hebt opgeschreven ga je denken: dat kan toch niet, er moet toch straks na de vijfde of zesde keer een ander antwoord dan A komen, anders doe ik iets verkeerd! Maar waarom zou je dat denken? Er is totaal geen logische reden voor.

HOOFDSTUK 50

Fun Fact:
Weet je op een multiplechoicevraag het juiste antwoord niet en moet je gokken? Gok dan op het langste antwoord. Examinatoren moeten het correcte antwoord vaak zo zuiver mogelijk formuleren en om die reden hebben ze vaak net iets meer woorden nodig om de kwaliteit van die zin/bewering te waarborgen.

Het gedrag van anderen is dus vaak zeer voorspelbaar, maar hoe zit dat met jouw eigen gedrag? Dat gaan we nu testen! Kijk goed naar onderstaande afbeelding, en voer dan stap voor stap de opdrachten uit die eronder staan.

1. Strek je wijsvinger uit en zet hem dan op een willekeurige stad in een CIRKEL.
2. Beweeg je vinger naar links of naar rechts tot je vinger op de dichtstbijzijnde stad in een VIERKANT staat.
3. Beweeg dan je vinger in een rechte lijn omhoog of omlaag naar de dichtstbijzijnde stad in een CIRKEL.

4 Beweeg je vinger in een diagonale lijn naar het dichtstbijzijnde VIERKANT.

5 En tot slot beweeg je je vinger nog een keer in een rechte lijn naar links of rechts naar de dichtstbijzijnde CIRKEL.

Afhankelijk van de keuzes die je hebt gemaakt ben je nu op een willekeurige stad terechtgekomen die niemand van tevoren kon voorspellen. Tenzij je handelingen misschien toch voorspelbaarder waren dan je dacht. Houd de stad goed in gedachten en lees de onderstaande beweringen:

1. Je kunt je ogen niet wassen met shampoo.
2. Je kunt je haren niet tellen.
3. Je kunt niet snel door je neus ademen terwijl je je tong uit je mond steekt.
4. Je hebt zojuist nummer 3 geprobeerd.
6. Toen je nummer 3 probeerde kwam je erachter dat het wel kan, maar dat je op een hond lijkt als je het probeert.
7. Nu ben je aan het glimlachen, omdat je doorhebt dat je in de maling bent genomen.
8. Je hebt nummer 5 overgeslagen.
9. Je hebt zojuist gekeken en bent erachter gekomen dat er helemaal geen nummer 5 is.
10. Je kunt niet aan je elleboog likken.
11. Je hebt nummer 10 zojuist geprobeerd om erachter te komen dat het echt niet mogelijk is.
13. Wist je trouwens dat er in het Nederlands niks rijmt op het woord 'herfst'?
14. Je hebt het zojuist geprobeerd maar blijkbaar de hint in de titel van hoofdstuk 28 gemist.
15. Je bent er zojuist achter gekomen dat dit boek helemaal geen hoofdstuk 28 heeft.
16. Nu blijkt ook punt 12 verdwenen. Kom op! Opletten!
17. Als je opgelet had, dan had je ook allang gezien dat dit boek geen hoofdstuk 40 heeft.
18. Welkom terug, dat was dus wel een grapje.
19. Je denkt nu: oké, nu heb ik het wel weer gezien met deze beweringen (en gelijk heb je).
20. Tot slot, bedankt voor het lezen van dit boek. En heb je nog steeds een stad in gedachten? Sla deze pagina dan om, en laat je nog één keer mindf*cken!

WOORD VAN DANK

MINDF*CK zou er nooit zijn geweest zonder de volgende mensen.

Bedankt...
Floor Schiphorst, met wie we al vanaf het prille begin met veel plezier samenwerken.

René Nijman, die aan de wieg van het succes heeft gestaan (en de hoofdrol had in *Lange Leve de Koningin*).

Remco van Leen, voor al het vertrouwen en zonder wie MINDF*CK er letterlijk nooit zou zijn geweest.

Simone van den Ende, die MINDF*CK 'ontdekte' en het een kans durfde te geven.

Taco Ketelaar, die MINDF*CK de grens over heeft geholpen.

De AVROTROS: Eric van Stade, Leon van Rongen, Marloes de Leeuw, Charlotte Landman, Annette de Vries en alle andere die ons vanaf het begin hebben geholpen.

Dylan Ligtvoet en Daniel van Biemen, creatieve slijpstenen dat ze er rondlopen.

En natuurlijk de gezelligste en meest inspirerende crew die we ons kunnen wensen: Pelle Asselbergs, Tom Bakker, Michiel de Boer, Tessy van der Boom, Gaico Bos, David Boudestein, Erwan van Buuren, Merlijn Dielemans, Frank Emous, Charly Friedrichs, Bing Gall, Ben de Graaf, Django de Groot, Lois de Groot, Domenic Happe, Michiel Hazebroek, Johan Hoitink, Audrey van den Hout, Job Kraaijeveld, Florian Legters, Lisa Lente, Max Maloney, Mink Pinkster, Alban Riphagen, Tom Roes, Jonas Sacks, Bram van Spengen, Jeroen Schellekens, Christian Schut, Mark Visser, Tim van der Voort, Judith van Vugt, Liselotte van Weert, Kim Weverling, Thijs Wieman, Renee Wijnhoven en Maurits Woudenberg.

Victor wil graag persoonlijk bedanken:

Marcel, Joke, Laura, Caren, Jules, Bas, Julie, Floris en Olivier voor alle liefde, vertrouwen en ondersteuning.

M, ze weet zelf wel waarom.

Oscar wil graag persoonlijk bedanken:

Berry en Paul voor de creatieve genen, liefde en onverdeelde support.

Liselotte, mijn grote steun en toeverlaat.

En tot slot natuurlijk Thomas Muntz, een literaire geest in meerdere opzichten!

MEER WETEN?

Ariely, D. (2008). *Predictably irrational, revised and expanded edition: The hidden forces that shape our decisions.* Harper Collins.

Benson, N., Ginsburg, J., Grand, V., Lazyan, M., Weeks, M., & Collin, C. (2012). *The psychology book: Big ideas simply explained.* DK.

Blakeslee, S., Martinez-Conde, S., & Macknik, S. (2010). *Sleights of mind: What the neuroscience, of magic reveals about our brains.* Picador.

Cambridge Cognition and Brain Science Unit, http://www.mrc-cbu.cam.ac.uk/people/matt.davis/cmabridge/.

Chabris, C., & Simons, D. (2009). *The invisible gorilla: And other ways our intuitions deceive us.* Random House.

Cialdini, R. (2007). *Influence: The psychology of persuasion.* Harper Collins.

Deb, A. (2014). Phantom vibration and phantom ringing among mobile phone users: A systematic review of literature. *Asia Pacific Psychiatry, 7*, 231-239.

Drew, T., Vo, M., & Wolfe, J. (2013). The invisible gorilla strikes again: Sustained inattentional blindness in expert observers. *Psychological Science, 24* (9), 1848-1853.

Foer, J. (2012). *Moonwalking with Einstein.* Penguin Books.

Forer, B. (1949). The fallacy of personal validation: A classroom demonstration of gullibility. *The Journal of Abnormal and Social Psychology, 44*, 118-121.

French, C. (2003). Fantastic memories: The relevance of research into eyewitness testimony and false memories for reports of anomalous experiences. *Journal of Consciousness Studies, 10* (6-7), 153-174.

Graziano, M. (1999). Where is my arm? The relative role of vision and proprioception in the neuronal representation of limb position. *Proceedings of the National Academy of Sciences of the United States, 96* (18), 10418-10421.

Jay, J. (2008). *Magic: The complete course.* Workman Publishing.

Johansson, P., Hall, L., Tärning, B., Sikström, S., & Chater, N. (2013). Choice blindness and preference change: You will like this paper better if you (believe you) chose to read it! *Journal of Behavioral Decision Making, 27* (3), 281-289.

Kahneman, D. (2011). *Thinking, fast and slow.* Farrar, Straus and Giroux.

Mind Your Body, *National Geographic* (2014): http://braingamesdev.nationalgeographic.com/episode/8/.

Nash, M., & Barnier, A. (2012). *The Oxford handbook of hypnosis theory, research, and practice.* Oxford University Press.

Otero-Millan, J., Macknik, S., & Martinez-Conde, S. (2012). Microsaccades and blinks trigger illusory rotation in the 'rotating snakes' illusion. *The Journal of Neuroscience, 32* (17), 6043-6051.

Pattison, K. (2008). Worker interrupted: The cost of task switching. *fastcompany.com*: http://www.fastcompany.com/944128/worker-interrupted-cost-task-switching.

Ramachandran, V., & Hubbard, E. (2001). Synaesthesia: A window into perception, thought and language. *Journal of Consciousness Studies, 8* (12), 3-34.

Ready, R., & Burton, K. (2007). *NLP voor Dummies.* BBNC.

De Regt, H., & Dooremalen, H. (2014). *Wat een Onzin!* Boom Uitgevers.

Scherder, E. (2015). De Aanknop. *DWDD University Presenteert.* VARA.

Sitskoorn, M. (2012). *Ik wil iets van jou jij wilt iets van mij.* Bert Bakker.

Surowiecki, J. (2004). *The wisdom of crowds: Why the many are smarter than the few and how collective wisdom shapes business, economies, societies and nations.* Random House.

Thompson, P. (1980). Margaret Thatcher: A new illusion. *Perception, 9*, 483-484.

University College London, Institute for Cognitive Neuroscience: http://www.icn.ucl.ac.uk/motorcontrol/res_bimaninterf.htm.

Waldmann, W. (1984). *Groot Spectrum goochelboek.* Spectrum.

Wiseman, R. (2011). *Paranormality: The science of the super-natural.* MacMillan.

Wang, Z. (2014). Social cycling and conditional responses in the Rock-Paper-Scissor game. *Scientific reports, 4*, 5830.

101 ILLUSIES & EXPERIMENTEN